BIRGIT MASCHLER

Willkommen im Paradies!

Eine unkonventionelle Segelreise durch Papua-Neuguinea

Delius Klasing Verlag

Bibliografische Information Der Deutschen Bibliothek
Die Deutsche Bibliothek verzeichnet diese Publikation in der Deutschen Nationalbibliografie; detaillierte bibliografische Daten sind im Internet über »http://dnb.ddb.de« abrufbar.

1. Auflage
ISBN 3-7688-1787-3
ISBN 978-3-7688-1787-5

Weitere Informationen: www.willkommen-im-paradies.de
Fotos (einschließlich Titel): Birgit Maschler
Karten: Inch 3, Bielefeld
Umschlaggestaltung: Buchholz/Hinsch/Hensinger, Hamburg
Druck: Clausen & Bosse, Leck
Printed in Germany 2006

Delius Klasing Verlag, Siekerwall 21, D - 33602 Bielefeld
Tel.: 0521/559-0, Fax: 0521/559-115
E-Mail: info@delius-klasing.de
www.delius-klasing.de

Inhalt

Für Björn,
mit dem das Leben nie langweilig ist.

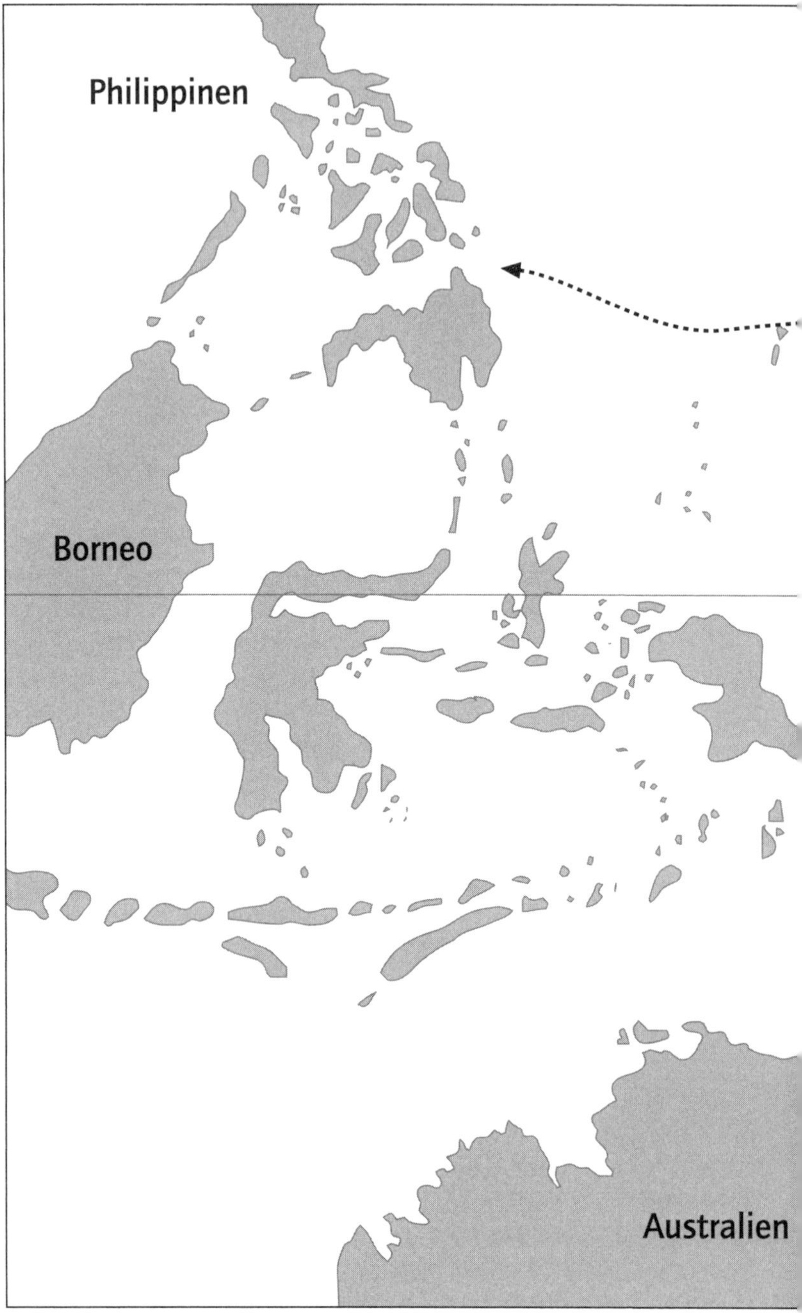

Philippinen
Borneo
Australien

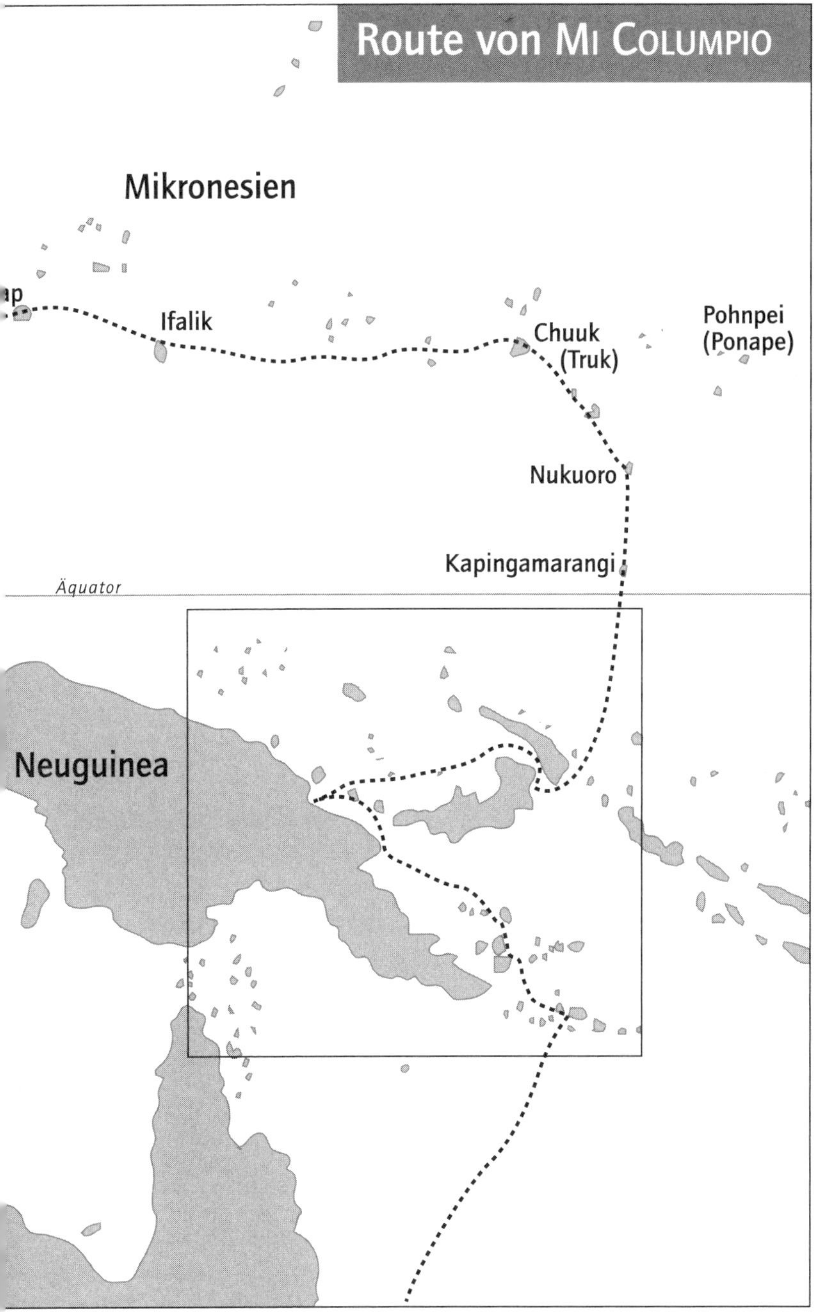

Route von Mi Columpio
Mikronesien
ap
Ifalik
Chuuk
(Truk)
Pohnpei
(Ponape)
Nukuoro
Kapingamarangi
Äquator
Neuguinea

Probieren geht über Studieren

Prolog

Die Sonnenstrahlen flimmern in der Mittagshitze auf der spiegelglatten Wasseroberfläche. Kein noch so kleiner Windhauch bewegt das trübe braune Flusswasser. Stille. Nur das Tuckern unseres kleinen Außenborders ist zu hören im dichten Dschungelgrün. Hinter uns – über die Betonbrücke von Fronteras – verläuft die einzige Straße von Guatemala City nach Tikal, wo die berühmte Pyramidenanlage steht, die in jedem Reiseführer mehrere Seiten füllt. Und vor uns, irgendwo zwischen den undurchdringlichen Mangroven in dem kleinen Seitenarm, in den unser Dinghi jetzt einbiegt, liegt unser Ziel: eine kleine Marina namens Suzanna's Laguna. Der spontane Bootsausflug ist uns sehr willkommen, bringt er doch Abwechslung von unseren täglichen Pflichten in der Casa Guatemala. In diesem etwas weiter flussabwärts gelegenen Waisenheim haben Björn und ich uns in unseren Semesterferien für ein paar Wochen als *volontarios*, als freiwillige Helfer, verpflichtet. Björn war bereits letztes Jahr einige Wochen hier. Einer seiner Dozenten an der Uni Hamburg, wo Björn Sport und Ethnologie studiert, unterstützt schon seit Jahren die Casa Guatemala und hatte ihn gefragt, ob er nicht Lust hätte, den Waisenkindern das Jonglieren beizubringen. Denn Björn ist auch professioneller Jongleur und Comedy-Artist und äußerst reiselustig. Wir hatten uns damals gerade kennen gelernt, und nach seiner Heimkehr stand bald fest, dass wir im nächsten Jahr gemeinsam nach Guatemala fliegen wollten. Um herumzureisen, um Spanisch zu lernen und um mit den Kindern zu arbeiten. Und so wechseln wir nun Windeln, bauen Schaukeln und bringen den älteren Kindern das Jonglieren bei.

Gestern hat nun ein amerikanischer Segler mit seiner Yacht an der Casa angelegt, die direkt am Ufer des Rio Dulce liegt. Björn, seit Jahren vom Traum vom eigenen Segelboot besessen, stürzte sich gleich auf ihn. Hatte er nicht immer wieder gehört, dass Boote in den Vereinigten Staaten, besonders wenn sie nach Wirbelstürmen ein paar Schäden davongetragen haben und weil ganz allgemein der Markt reichlicher bestückt ist, viel preiswerter seien als in Deutschland?

Der Ami grinste uns freundlich an: »Warum wollt ihr so weit reisen, um eine Yacht zu kaufen? Fahrt doch einfach vier, fünf Kilometer flussaufwärts. Da liegt in einer Marina ein wunderbares Segelboot zum Verkauf.«

Seit ich ihn kenne, schwärmt Björn mir von Segelbooten vor. Nicht, dass er Interesse am Regattasegeln hätte oder gar selbst segeln könnte. Weit gefehlt. Er hat nur diese fixe Idee im Kopf, seinen Traum: auf dem eigenem Boot durch die Südsee ... Und nur, weil er vor ein paar Jahren ein Mädel getroffen hat, das mit seinen Eltern um die Welt gesegelt ist und ihm von der Reise vorschwärmte. Von der Weite des Meeres, von tropischen Inseln und freundlichen Südseeinsulanern, von Freiheit, Palmen, Ungezwungenheit. Natürlich nimmt niemand ihn ernst, auch ich nicht. Wie auch? Was weiß ich schon vom Segeln? Nur das, was in den Segelbüchern steht, die mir Björn jedes Jahr ungewünscht zum Geburtstag und zu Weihnachten schenkt. *Taboo. Eines Mannes Freiheit* von Wolfgang Hausner, Björns Bibel, durfte ich schon lesen, und *104 Tage den Tod vor Augen* und andere schöne Bücher.

Vor uns öffnet sich jetzt der Mangrovendschungel und gibt den Blick auf zwei Dutzend Boote frei, die an maroden Holzstegen dümpeln. Nicht der kleinste Windhauch dringt bis hierher. Die heiße, feuchte Luft steht in der winzigen Bucht, der Schweiß läuft uns in Strömen über den ganzen Körper. Wir steuern das kleine, auf Pfähle gebaute Restaurant an und fragen nach der kleinen Yacht, die zum Verkauf stehen soll. Einer der Guatemalteken führt uns zu einem Boot. Enttäuschung! Dieses heruntergekommene Exemplar soll das hochgepriesene Segelboot sein? Außerdem ist es viel zu groß für uns zwei, seine Linien wirken kantig und hart, die Farbe blättert vom Rumpf. Das ist kein Boot für uns. Aber Halt! Ein paar Meter weiter zeigt unser Führer auf ein weiteres Boot, einen kleinen schnuckeligen Fahrtensegler. Ungefähr zehn Meter lang, aus Kunststoff, mit etwas Teak, schönen geschwungenen Formen und einem Kanuheck. Mit vier goldfarbenen Buchstaben am Rumpf: MICO.

Ob wir MICO von innen anschauen wollen? Aber sicher wollen wir das. Andächtig berühre ich das dunkle Mahagoniholz, lasse meinen Blick über die wunderschöne, sorgfältig gearbeitete Inneneinrichtung schweifen. Das Boot ist zu schön, um uns, die wir in Deutschland mit selbst gezimmerten Möbeln in kargen Studentenbuden leben, einmal zu gehören. Und ganz bestimmt viel zu teuer. Trotzdem möchte Björn unbedingt Suzanna sprechen, die Besitzerin der Marina. Und zu dritt sitzen wir kurze Zeit später in der luftigen Bar, trinken Papaya-Milchshakes. Dann kommt die alles entscheidende Antwort von Suzanna: »Nein, die MICO steht nicht zum Verkauf, soweit ich weiß.«

So schnell wie unser Traum entstanden ist, ist er auch wieder geplatzt. Obwohl ... Wie ist der Amerikaner auf die Idee gekommen, dass hier ein Boot den Besitzer wechseln soll? Weiß er mehr als Suzanna? Wir fragen sie nach der Adresse des Eigners. Es handelt sich um ein Paar, teils aus der Schweiz und teils aus den Niederlanden. Björn ist fest entschlossen, sofort anzurufen, sobald wir wieder in Deutschland sind.

Abends, als alle unsere Schützlinge im Waisenhaus schlafen, sitzen wir am Steg, starren hinaus auf das im Sternenlicht matt schimmernde Wasser des Rio Dulce. MICO. Der Name geht uns nicht mehr aus dem Sinn. Das Boot gefällt uns, sehr sogar. Es hat das gewisse Etwas. Und es hat eine komplette Ausrüstung an Bord, alles, was man zum Um-die-Welt-Segeln braucht: fünf Segel, zwei GPS, zwei Selbststeueranlagen, UKW, Echolot, eine

Sprayhood und ein Bimini-Top als Schutz vor der Sonne, Kisten voller Werkzeuge und Ersatzteile, Unmengen von Seekarten, eine Rettungsinsel und ein Dinghi samt Außenborder. Wir bräuchten nur noch an Bord zu gehen, Segeln zu lernen und könnten sofort los: Richtung Pazifik.

Wir planen, träumen, schwärmen, malen uns die Zukunft in den allerbuntesten Farben aus. Hindernisse haben an diesem Abend keinen Platz in unseren Gedanken. Ich weiß zwar nicht genau, wie wir – zwei Studenten, die gerade mal dreiundzwanzig und siebenundzwanzig Jahre alt sind – uns eine Segelyacht leisten sollen. Das Geld, das ich während des Semesters dazuverdiene, geht für meine Reisen in den Semesterferien drauf. Allerdings hat Björn alles, was er in den letzten Jahren als Jongleur und Comedy-Artist bei seinen Auftritten verdient hat, eisern für sein Boot in spe gespart. Ob es wohl reichen wird? Und sehr teuer kann ein Boot, das gut versteckt im hinterletzten Winkel der Welt liegt, eigentlich nicht sein …

MICO. Der Name ist eindeutig zu kurz für so eine schöne Yacht. Aber ihr einen neuen Namen zu geben, bringt bekanntlich Unglück, so weit reichen sogar unsere mageren Kenntnisse. Wie wäre es mit verlängern? Mi heißt auf Spanisch mein. MI CORAZON, mein Herz? Nein, das klingt zu kitschig. MI COLUMPIO? Nach all den Schaukeln, die wir in der Casa Guatemala für die Kinder gebaut haben? Ja, das ist es. MI COLUMPIO, meine Schaukel.

Das Zirpen der Grillen klingt durch die lauwarme Tropennacht. Riesige Kröten, die aussehen wie Steine, quaken hinter uns im Gebüsch. Wir liegen auf den noch warmen Holzplanken und schauen in das funkelnde Sternenparadies über unseren Köpfen. Und träumen. Träumen von MI COLUMPIO. Träumen von der Südsee.

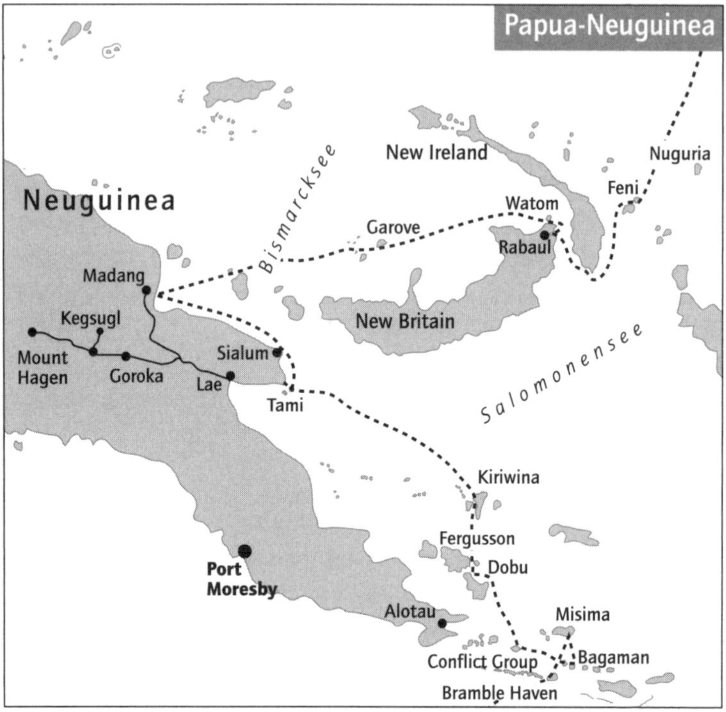
Papua-Neuguinea
New Ireland
Nuguria
Feni
Neuguinea
Bismarcksee
Watom
Garove
Rabaul
Madang
New Britain
Kegsugl
Mount
Hagen
Goroka
Sialum
Lae
Tami
Salomonensee
Kiriwina
Fergusson
Dobu
Port
Moresby
Alotau
Misima
Conflict Group
Bagaman
Bramble Haven

Vier Jahre später

Das Schönste beim Segeln ist das Ankommen

Von Townsville/Australien nach Papua-Neuguinea

An einem heißen Tropentag Ende November knallt die Sonne auf das Deck von MI COLUMPIO, die startklar im Yachthafen von Townsville vor sich hindümpelt. Vier Jahre sind seit unserem Aufenthalt in Guatemala vergangen, vier wunderbare ereignisreiche Jahre. Aus MICO, dem kleinen Boot in Suzanna's Laguna, ist nach langen und zähen Preisverhandlungen tatsächlich MI COLUMPIO, unser eigenes Boot, geworden. Doch nicht nur dieser Traum hat sich erfüllt. Ein Jahr später haben Björn und ich uns ein ganzes Semester Auszeit genommen und segelten – ohne jede Erfahrung – einfach los. Von Guatemala nach Belize und Honduras, weiter durch den Panamakanal zu den Galapagosinseln, dann in die Südsee und quer durch Französisch-Polynesien, die Cookinseln und Westsamoa direkt nach Australien. Nach neun Monaten und neuntausend Seemeilen hatten wir – getreu unserem Motto *Probieren geht über Studieren* – dann endlich das Segeln gelernt. Zumindest die Praxis, denn irgendwelche Scheine haben wir bis heute nicht gemacht! Eines Tages war das Geld endgültig alle, und auch die Uni und unsere Examen begannen wieder. Also ließen wir unsere treue MI COLUMPIO schweren Herzens in einer kleinen Marina im Norden von Brisbane zurück, flogen nach Hause und beendeten jeder unser Studium. Anschließend wäre ich als frisch gebackene Agrarökonomin mit Schwerpunkt Bevölkerungswissenschaften gerne für eine der Entwicklungshilfeorganisationen ins Ausland gegangen, als Björn eines Tages den abgefahrenen Vorschlag machte, ein Stelzentheater aufzubauen. Diese Idee kam meiner Freiheitsliebe mehr als entgegen: Ich würde mein eigener Chef sein, kreativ künstlerisch arbeiten – vorwiegend in den Sommermonaten –, und im Winter könnten wir regelmäßig zu MI COLUMPIO fliegen und weiter durch die Weltgeschichte segeln. Ein paar Monate später war unser Tanztheater auf Stelzen mit dem verräterischen Namen »Traumtänzer« geboren.

Zwei Jahre nach der Pazifiküberquerung waren wir dann nach Australien zu MI COLUMPIO zurückgekehrt. Alles, was wir auf den Südseeinseln nicht hatten reparieren können, wurde jetzt instand gesetzt, alles, was an Ausrüstung in Mittelamerika nicht zu kaufen gewesen war, bekamen wir in Brisbane. Mit unserem rundum erneuerten Boot erkundeten wir dann in den folgenden fünf Monaten als die wahrscheinlich langsamste ausländische Yacht alle Buchten und Inseln und Häfen der Kleinstädte zwischen Brisbane und Townsville. In diesem halben Jahr haben wir dieses Land wahrscheinlich besser kennen gelernt, als es unseren anfänglichen Illusionen gut getan hat. Es war eine interessante und auch schöne Zeit, die ich um nichts in der Welt missen möchte – aber jetzt sehnen wir uns nach einer anderen Lebensweise, nach einer anderen Kultur. Oder soll ich sagen, überhaupt nach Kultur? Die australische Ostküste ist bezaubernd mit ihren einsamen Stränden, gewaltigen Sanddünen, beeindruckenden Hügeln und Kaps, und vor allem menschenleer. Ein riesiger Naturpark, in dem man seine Seele baumeln lassen und zu sich selbst finden kann. Aber in Australien erlebten wir nicht nur Landschaft und Urlaub, sondern auch den ganz gewöhnlichen Alltag entlang der Queensland Coast. Und genau dieses Kleinstadtleben hängt uns nun zum Hals heraus. Ja, ich mag sie, die Australier; sie sind unkompliziert und freundlich, hilfsbereit und immer für einen Schnack zu haben. Doch die Unterhaltung drehte sich meist um das Wetter, die besten Plätze zum Angeln und Krebsfangen und ob es uns in Australien gefällt. Ist es da nicht verständlich, dass wir uns nach anderen, nach tiefsinnigeren Gesprächen förmlich sehnen?

Ende April hatten wir das Boot erneut aus dem Wasser geholt und waren für ein halbes Jahr zurück nach Deutschland geflogen. Jetzt sind wir wieder *downunder* – und unsere nächste Reise kann beginnen. Endlich! Was immer Papua-Neuguinea uns auch bringen mag, es wird definitiv anders sein als Australien. Und das ist gut so. Was wir jetzt brauchen, ist Abwechslung. Wie wir sie eigentlich immer brauchen. Ist Abwechslung nicht das, wofür Björn und ich leben? Und Papua-Neuguinea verspricht, etwas ganz Anderes zu werden. Wir haben keine Ahnung, was uns dort erwartet, ja wir hatten bis vor kurzem noch nicht mal geplant, dorthin zu segeln. Was wissen wir also von diesem halb vergessenen Land abseits von allen internationalen Flugrouten? Ehrlich gesagt nichts. Und wir lehnen es auch ab, Kilometer von Reiseliteratur und wissenschaftlichen Büchern in uns hineinzufressen. Wir wollen die Welt nicht durch die Augen anderer sehen, sondern uns völlig unvoreingenommen unser eigenes Bild machen. Eigentlich liegt PNG, wie es die Australier nennen, fast »zufällig« auf unserem Weg, denn uns bleibt ja nur der Winter zum Segeln, da wir im Sommer in Deutschland arbeiten. Der europäische Winter entspricht dem australischen Sommer, der Zeit, in der Wirbelstürme im Südpazifik ihr Unwesen treiben; nördlich des Äquators, im Nordpazifik, ist es jedoch ruhig. Darum ist Mikronesien unser Ziel. Und zwischen Australien und Mikronesien liegt – Papua-Neuguinea.

Die Entscheidung, uns nach all der Rennerei durch die Läden noch einen kompletten Tag auf Magnetic Island mit seiner wunderschönen Küste und den versteckten Sandbuchten auszuruhen, ist goldrichtig. Voll gepackte Einkaufswagen durch endlos lange Supermarktgänge zu schieben, mag das Hobby von vielen sein; meines ist es nicht. Andererseits hatte sich Townsville zum Einkaufen angeboten. Was sonst hätten wir zehn Tage lang in diesem verschlafenen Nest unternehmen sollen, als Vorräte für fünf Monate zu erwerben und unsere technische Ausstattung zu vervollständigen? Also kauften wir ein – in rauen Mengen. Zumindest die *basics* wie Nudeln, Reis, Mehl, Zucker, Öl, Kekse, Cracker, Cornflakes usw. sollen für die ganze Reise reichen. Hingebungsvoll widmete ich mich im Hafen dann noch meiner zweiten Lieblingsbeschäftigung: den Inhalt von achtunddreißig Plastiktüten auf einem zehn Meter langen Boot stoß-, roll- und sturmsicher zu verstauen. Am Ende (auch meinem, fragte ich mich kurzfristig) waren alle Schapps und Fächer bis in die hintersten Winkel mit Lebensmitteln, Klopapier und technischen Gerätschaften voll gestopft, die Diesel- und Wassertanks bis zum Rand gefüllt und ein großer Topf Suppe vorgekocht. Die neuen Batterien waren angeschlossen, ebenso das frisch erworbene zweite Solarpaneel und die noch unbenutzte Windsteueranlage, die wir aus Deutschland mitgebracht haben. Björn hat zum Schluss MICO vom Bug bis zum Heck nochmals durchgecheckt – es soll alles bestens funktionieren.

MI COLUMPIO lag schließlich mit all den Vorräten im Rumpf ein paar Zentimeter tiefer im Wasser, doch wir waren endlich wieder autark und unabhängig. Mag mir das Segeln an manchen Tagen – und vor allem in manchen Nächten – auch noch so widerlich vorkommen, die Freiheit, die uns das Leben an Bord beschert, ist mit nichts zu vergleichen. Wir können segeln, wohin wir wollen, und wir bleiben, so lange wir wollen. Wir haben unseren Schlafplatz und unser Essen immer dabei. Und dank der Solarpaneele haben wir auch unsere eigene Stromversorgung. Kurzum, falls die Welt bei uns zu Hause unterginge, würden wir es auf unserem kleinen Boot kaum bemerken. Denn MI COLUMPIO ist ab heute wieder unser eigener kleiner, für sich abgeschlossener Kosmos. Ohne Briefkasten und Telefonanschluss. Und deshalb unerreichbar für die Neuigkeiten, aber auch Nöte und Sorgen der Menschen an Land. Und Björn und ich werden wieder allein sein: nur wir zwei und das Meer, unter der Weite des Himmels und in unberührten Buchten, in denen wir Anker werfen können. Ohne Vorschriften, ohne Termine, ohne vorgeschriebene Route. Wir können uns einfach treiben lassen. Was wollen wir mehr?

Als der Anker steigt, steigt auch unsere Nervosität. Drei Jahre sind vergangen, seit wir zum letzten Mal die Nächte durchgesegelt sind; die Pazifiküberquerung mit ihren ständigen Nachtwachen, Flauten und Stürmen und der ganzen Einsamkeit liegt Ewigkeiten zurück. Können wir überhaupt noch segeln? In unserem Leben in Deutschland kommt es nicht vor. Wir sind in keinem Segelklub, kennen keine anderen Segler außer denen, die wir auf der Pazifiküberquerung kennen gelernt haben. Wir lesen keine Segelzeitschriften, haben noch nie einen Ostseetörn gemacht. Zu Hause existiert das Leben auf einem Boot für uns nicht, genauso wie das Leben in Deutschland für uns hier keine Rolle mehr spielt. Es sind zwei völlig verschiedene, voneinander getrennte Welten, zwischen denen wir im Halbjahresrhythmus hin und her wechseln. Als Segler, nein, als Segler fühlen wir uns nicht, eher als Reisende, die sich als Fortbewegungsmittel ein Segelboot gewählt haben.

Vielleicht benehmen wir uns deshalb immer wieder wie blutige Anfänger, und unter die Vorfreude, endlich ablegen zu können, mischt sich stets ein wenig Ängstlichkeit, auf jeden Fall eine Menge Nervosität. Haben wir uns ordnungsgemäß ausgerüstet? Haben wir alles richtig angeschlossen, nichts Wesentliches vergessen? In den nächsten Monaten können wir kaum Hilfe von außen erwarten, sondern werden vollständig auf uns selbst und unsere laienhaften handwerklichen Fähigkeiten angewiesen sein. Werden wir wieder seekrank? Werden wir mit den anstrengenden Nachtwachen und dem damit verbundenen Kräfte zehrenden Schlafmangel klarkommen? Und vor allem: Wird das Wetter halten? Die *season of cyclones* hat schon begonnen. Und die Wirbelstürme, die Björn so fürchtet, bilden sich besonders häufig über dem Revier zwischen Australien und Papua-Neuguinea, der Coral Sea, die in all ihrer Breite vor uns liegt und die wir innerhalb von fünf bis sechs Tagen zu durchqueren hoffen. Das mulmige Gefühl in der Magengrube wächst, genauso wie die Vorfreude auf das, was uns in den kommenden Monaten an Neuem, Aufregendem, Unbekanntem erwarten wird.

Bye-bye, Australien! Papua-Neuguinea, wir kommen!

Genauso sanft, wie wir am Tag zuvor in die Bucht hineingeglitten sind, segeln wir bei östlichen Winden wieder hinaus und sind gut gelaunt, weil laut Wetterbericht der Wind noch heute Nacht nach Südost drehen soll. Weil das Vollmondlicht das Meer und den Horizont und unser Boot in silbrig glänzendes Licht taucht, weil die Melodie von *Before the rain* kristallklar über die Wellen tönt, weil das Segeln in einigen Momenten so schön, so unwirklich und intensiv und beeindruckend ist wie wenig anderes auf dieser Welt. Und weil uns ein Delfinpärchen auf den ersten Metern der sechshundertfünfzig Seemeilen zu den Louisiaden, der südöstlichsten Inselgruppe Papua-Neuguineas, begleitet.

*

Kaum zwölf Stunden später sind wir dem Segeltrott verfallen. Langstreckensegeln ist für uns nun mal nicht Genuss oder gar Begeisterung, sondern wird als notwendiges Übel akzeptiert und als etwas betrachtet, was wir, sobald der Anker wieder gefallen ist, aus guten Gründen sofort aus unserem Gedächtnis verbannen. Das Unangenehme ist nicht, dass es an Bord immer schaukelt, viel schwerwiegender ist, dass wir geschaukelt werden. Ohne die kleinste Pause – vierundzwanzig Stunden am Stück und pro Tag. Dass wir uns dabei nach einiger Zeit müde, unwohl fühlen und uns schließlich speiübel wird, ist kein Wunder. Björn ist gleich am ersten Tag mit dem Opfern tapfer in Führung gegangen und hat mich bereits mit 2:0 überrundet. Daraufhin ist er in Sarkasmus verfallen und hat den scharfsinnigen Spruch kreiert:

Was ist der Unterschied zwischen Bulimie und Segeln? Antwort: Beim Segeln übergibt man sich vor dem Essen.

Apropos schaukeln. Beim Schaukeln denke ich unwillkürlich an eine sanfte, gleichmäßige Bewegung, die jedes Kleinkind und auch mich in baldigen Tiefschlaf befördern kann. Doch dieses Rucken, während MICO mächtig gegen die Wellen anstampft, lässt mich auch in der zweiten Nacht auf See kein Auge schließen, obwohl es bereits kurz nach Mitternacht ist und ich mich mit dem Einschlafen etwas beeilen sollte, da um zwei Uhr meine nächste Wache beginnt.

Stattdessen fangen meine Gedanken an zu kreisen und wandern zu unseren ersten Segelversuchen zurück. In den Rio Dulce, wo wir auf unserer neu getauften MI COLUMPIO saßen. Alles war neu, alles war unbekannt und spannend – und das meiste ziemlich kompliziert. Was wussten wir damals von Dieselmotoren und Racorfiltern, von *macerators* und Bordklos, von Funkgeräten und elektrischen Selbststeueranlagen? Nichts, rein gar nichts. Ulli, der uns als Segellehrer an der Uni Kiel die Grundbegriffe des Jollensegelns beigebracht hat, hatte uns auf die Frage, ob Yachtsegeln denn sehr schwierig sei, mit den Worten »O nein, das ist so einfach wie auf einer Jolle, bloß viel langsamer!« beruhigt. Doch von der ganzen Elektrik und Elektronik, von Kabeln, die vergammeln, und Filtern, die verstopfen, hatte er uns nichts erzählt.

O ja, wir waren vorsichtig und verantwortungsbewusst, zumindest hatten wir das Gefühl, uns so zu verhalten. Aber konnten wir wissen, dass das Getriebe sein eigenes Öl benötigt und die Getriebeölschraube nicht fest genug angezogen war? Vier Wochen, nachdem wir stolze Schiffsbesitzer geworden waren und zum ersten Mal aufs offene Meer, in die verlockende Karibik, hinaus wollten, ertönten schon kurz nach dem Auslaufen hässliche, kreischende Geräusche aus dem Motorraum, die nichts Gutes verhießen. Was passiert war, kann sich jeder mit ein bisschen Fantasie denken. Ohne Öl war das Getriebe leider in Nullkommanichts ruiniert. Und wir mussten den Rio Dulce nicht nur unter Segeln hinaufkreuzen, sondern auch ohne das geringste Fachwissen den gesamten Motorblock ausbauen, um an das dahinter versteckte Getriebe zu gelangen. Das Getriebe reparierte freundlicherweise ein amerikanischer Mechaniker vom Nachbarboot, aber wir zitterten bis zuletzt, ob wir all die Kabel und Schläuche, die wir entfernt hatten, wieder an ihren richtigen Platz steckten. Der geringste Fehler – und der Motor wäre endgültig ruiniert. Doch das Anfängerglück war auf unserer Seite, und von diesem Tag an, da waren wir uns sicher, würden wir alle anderen Widrigkeiten, die das Leben auf einem Segelboot so mit sich bringt, erfolgreich meistern. Und so war es denn auch – bisher zumindest.

Was für neue Reinfälle – und auch Erkenntnisse – wird wohl diese Reise für uns bereithalten? Unwillkürlich muss ich lächeln. Dafür, dass wir so wenig Ahnung vom Segeln haben, sind wir mittlerweile ganz schön weit gekommen.

*

Während der Zeit an Land habe ich offensichtlich komplett vergessen, wie anstrengend das Segeln für uns ist. Dieses ständige mulmige Gefühl in der Magengegend! Dieses Keinen-klaren-Gedanken-mehr-fassen-Können, weil mein Gehirn wie von Watte durchzogen ist! Diese saft- und kraftlosen Arme und Beine! Ich fühle mich in den ersten Tagen an Bord immer wie ein Alkoholiker, der gerade durch den tiefsten Vollrausch taumelt, gleichzeitig aber schon den heftigen Kater vom folgenden Morgen voraussieht. Jede Stunde muss ich mir aufs Neue klarmachen, dass ich mir das hier alles freiwillig antue. Wie haben wir es bloß geschafft, über den nie enden wollenden Pazifik zu kommen? Zweieinhalb Monate haben Björn und ich damals ohne jeden Außenkontakt auf dem Wasser verbracht, zweieinhalb Monate reine Segelzeit. Auch das haben wir überlebt, der Mensch ist ein Gewohnheitstier, sagt man, er gewöhnt sich an (fast) alles. Sogar an die ewige Schaukelei. Nur noch ein bisschen Geduld, rede ich mir ein, morgen oder spätestens übermorgen finden wir es wieder normal, dass sich der Boden unter uns bewegt und dass wir keinen Schritt tun können, ohne uns irgendwo festzuklammern. Beim Segeln hängen wir zwei kümmerlichen Gestalten anfangs immer mehr liegend als sitzend im Cockpit herum, den Blick apathisch zum auf und nieder tanzenden Horizont gerichtet. Wer sich zuerst bewegt, hat verloren.

»Kannst du nicht mal … holen?«

»Gleich.«

Dieser kurze Dialog wiederholt sich regelmäßig, bis uns entweder der Hunger oder eine notwendige Korrektur der Segelstellung aus unserer Lethargie in die Vertikale zwingt. Besonders das Zubereiten der Mahlzeiten hat es in sich. Breitbeinig in der Pantryecke stehend, verfluche ich alles, was rollt, zum Beispiel Eier, Tomaten und Kartoffeln, und bemühe mich meist erst mal erfolglos, die Zutaten in die Pfanne und nicht daneben zu befördern. Von draußen unterstützt mich Björn immer wieder mit dem Schrei: »Welle!!!« In der Regel zu spät, die Salatgurke hat bereits einen zwei Meter weiten, eleganten Abflug Richtung Motorabdeckung gemacht, und eigentlich könnten wir uns das Dressing immer dann sparen, wenn Björn kurz zuvor einen Ölwechsel gemacht hat. Die Suppe von vorgestern ist seit gestern ebenfalls seekrank und schmeckt jetzt genauso süß-säuerlich wie – ach, lassen wir das. Und die lieblos gekochten Nudeln landen zwar samt Soße auf dem Teller, im nächsten Moment aber inklusive Teller auf dem Fußboden.

»Welle!«, höre ich von draußen.

Zu spät. Das bisschen Dreck mit Diesel in der Soße wird dem Geschmack auch nicht mehr schaden. Die Spaghetti sind nach dreißig Sekunden im windigen Cockpit ohnehin eiskalt, und Appetit haben wir schon seit zwei Tagen nicht mehr.

Seit den frühen Abendstunden befinden wir uns mitten im Great Barrier Reef, das auf einer Länge von zweitausend Kilometern in

Nord-Süd-Richtung der australischen Ostküste vorgelagert ist. Was ich von den tausenden von Riffen sehe, die aufgrund einer Sichttiefe bis zu sechzig Metern bei Luftaufnahmen so farbenprächtig leuchten und deren türkisfarbene Tupfen im aquamarinblauen Meer das Herz jedes Australienreisenden höher schlagen lassen? Um ehrlich zu sein: nur ein Leuchtfeuer, das auf keiner unserer Seekarten verzeichnet ist. Vielleicht liegt es daran, dass unsere Karten aus dem Jahr 1965 stammen. Dafür haben sie nichts gekostet. Die ganze Nacht hindurch war ich damit beschäftigt zu raten, auf welchem Riff sich das blinkende Licht befinden könnte. Den richtigen Kurs für die Passage zwischen den Riffen fanden wir trotzdem, und dank GPS hielten wir uns weit genug von allen Gefahren entfernt. Am Morgen waren wir dann mit einem erstaunlichen Etmal von hundertvierundvierzig Seemeilen – darauf werde ich an späterer Stelle noch einmal zurückkommen müssen – in die rifffreie Zone entfleucht.

Ansonsten habe ich den Tag mit meinen zwei Lieblingsbeschäftigungen beim Segeln verbracht: schlafen und essen beziehungsweise dösen und an allem rumknabbern, was an Bord und möglichst ungesund ist. Immer gut gemischt.

Nachtrag: Ole macht seine Sache ausgesprochen gut. Ole ist der Name unserer neuen mechanischen Windsteueranlage aus Hamburg, die wir uns nach Australien haben schicken lassen. Er meistert den Kurs ziemlich gekonnt und ist vor allem, im Gegensatz zu uns, unermüdlich. Das gilt auch für Arndt, die elektrische Steueranlage, benannt nach dem Hamburger Rucksackreisenden, der uns am Rio Dulce im Tausch gegen Kost und Logis innerhalb von drei Tagen das Segeln auf MICO beigebracht hat. Arndt hat uns gezeigt, welche Leinen wir durch welchen Block führen und an welchem Ende welcher Schot wir ziehen sollen und warum. Und so schöne Wörter wie Baumniederholer und Bullenstander hat er uns ebenfalls gelehrt und eben auch die Handhabung der elektrischen Selbststeueranlage. Es liegt nun an uns, unsere beiden Helfer zu pflegen, ihnen gut zuzureden, sie pausenlos zu loben. Das ist weniger aufwändig und anstrengend als nochmals ungewollt achtzehn Tage und Nächte per Hand steuern zu müssen, wie damals von Samoa nach Australien, glauben wir.

Ach, überhaupt, habe ich MICO schon vorgestellt? Unser Null-Null-Sieben-Boot, das das siebte von insgesamt achtunddreißig jemals hergestellten Exemplaren dieses Typs ist ... Die Sieben ist auch meine Zahl und ebenfalls die von Björn: Ich bin nicht nur 1,77 Meter groß und habe jahrelang Siebenkampf gemacht, nein, ich bin auch noch am 7. Juli geboren und am 7.7.1977 sieben Jahre alt geworden. Wenn man die Quersumme aus Björns Geburtsdatum ausrechnet, dann kommt man ebenfalls auf die Sieben. Und im Tarot ist die Sieben der Wagen, was bedeutet, dass man aufbricht und sich auf den Weg macht. Wenn das mal kein gutes Omen ist ... Offiziell nennt sich MI COLUMPIO übrigens Alajuela 33, gebaut in Costa Mesa, Kalifornien. Zwanzig Jahre hat sie mittlerweile auf dem Buckel, man kann auch sagen, zwanzig Jahre Erfahrung, also weit mehr als wir. Sie ist ein Doppelender mit spitzem Heck, kuttergetakelt. Glücklicherweise besteht sie aus GFK. Ein Stahl- oder gar Holzboot hätten wir nie so lange sorglos irgendwo in den Tropen liegen lassen können. Und mit ihren zehn Metern Länge, dreieinhalb Metern Breite und nur einen Meter fünfzig Tiefgang hat sie genau die richtigen Maße für uns: klein und handlich, aber trotzdem groß genug, dass wir uns zu zweit an Bord nicht allzu sehr auf die Nerven gehen.

*

Unsere Erkenntnis am dritten Tag auf See lautet: »Das Unangenehmste beim Um-die-Welt-Segeln ist mit Abstand das Segeln!« Das denken wir nicht zum ersten Mal. Mir fallen auf einen Schlag tausend attraktivere Beschäftigungen ein, die ich ohne weiteres und sofort lieber täte, als bei Gewitter und Regen auf diesen schaukelnden Planken zu hocken und zu wissen, dass die Nacht gerade erst begonnen hat und ich mich gleich draußen im

Cockpit mit den Naturgewalten abkämpfen muss. Als ob ich den ganzen Tag lang nicht schon genügend geduscht hätte! Alle zwanzig Minuten schenkten Himmel und Meer mir abwechselnd eine Salz- und dann eine Süßwasserdusche. Das ist gut für Haare und Teint und hebt die Anzahl der Pickel am Po, der – vom vielen Sitzen und weil wir keine vernünftigen Seglerklamotten haben – ganz wund gescheuert ist. Mein pitschnasser, singender Björn lässt sich an der Pinne die gute Laune nicht vermiesen.

»So hübsch wie heute waren wir selten«, schmettert er aufs Meer hinaus.

Der nächste Morgen beginnt recht unterhaltsam: mit *Squallines*, so nennt man hier die periodisch auftretenden Starkwindfronten mit bis zu vierzig Knoten Geschwindigkeit und bis zu sechs Meter hohen Wellen, die sich vor uns aufsteilen. Björn fragt sich fortwährend, ob das der Beginn seines lange erwarteten *cyclone* ist. Und ich frage mich, wie masochistisch Hochseesegler veranlagt sein müssen, die an solchen Bedingungen Gefallen finden. Wir beide wollen in diesem Moment eigentlich nur runter vom Boot, aber das geht leider nicht. Bis zur letzten Konsequenz müssen wir unsere Knochen hinhalten. Wissen unsere Freunde zu Hause eigentlich, wie gut sie es haben? So sicher und bequem trotz nasskalten Nieselwetters? Kein Knacken irritiert sie, kein Knarren und Krachen – vor allem nicht unterm Kopfkissen –, kein Schaukeln macht ihnen Angst, kein Rucken, kein Rollen. Trotz der Tropenhitze tagsüber bleiben unsere Klamotten, Laken, Kissen stets klamm, was an dem hohen Salzgehalt der Luft liegt. Wir haben nach meinen Berechnungen ein Etmal von hundertvier Seemeilen geschafft und sind weit von unserem Idealkurs entfernt. Aber wie sollen wir bei diesem Wetter denn auch, bitte sehr, hoch an den Wind gehen? Ich frage mich, ob wir die Louisiaden überhaupt jemals erreichen werden. Bei den heftigen Wolkenfronten, wie sie uns im Durchschnitt regelmäßig alle sechzig Minuten überholen, bleibt uns gar keine andere Möglichkeit, als mit Wind und Welle abzulaufen. Nach einer halben Stunde geht dann solch ein Ministurm in einen sintflutartigen Wolkenbruch über, dem eine nicht weniger widerliche Windstille folgt. Zum elenden Rollen des Schiffes kommt noch das nervtötende Flappen des Tuchs. Doch es lohnt sich nicht, auch nur das Geringste an der Segelstellung zu korrigieren, da ein paar Minuten später der ganze Spaß wieder von vorne beginnt. Außerdem sind wir schon viel zu erschöpft dazu.

Als ob wir nicht genug zu kämpfen hätten, bekommen wir am Nachmittag noch Besuch von der australischen Küstenwache. Das kleine Flugzeug fliegt mit einem Höllenlärm knapp über unsere Mastspitze hinweg und fordert uns per Funk auf, uns zu identifizieren. Immer wieder bemühen wir uns, den spanischen Namen unseres Schiffes einem ausschließlich Englisch sprechenden Australier zu buchstabieren, bis wir nach dem fünften Versuch aufgeben.

»*Just call us M.C.!*«

Doch das Beste wartet noch auf uns. Da wir kurioserweise seit Tagen per SSB-Funk nur den Wetterbericht für die West-, nicht aber für die Ostküste Australiens empfangen, fragt Björn den Piloten nach den Wetteraussichten für die kommenden Tage. Die Antwort des Witzboldes, der garantiert zum Abendessen die Füße unter den heimischen Esstisch strecken wird, lautet: »Morgen soll es so werden wie heute, also erstklassiges Segelwetter!«

*

Aber so richtig widerlich, zum Schütteln und Gänsehautkriegen ist es, nachts nur mit Öljacke und Unterhose bekleidet, im heftig prasselnden Regen zu sitzen und unglücklich zuzuschauen, wie das Regenwasser in kleinen Rinnsalen und Bächen überall dort entlang- und hineinläuft, wo es gar nichts verloren hat. Und nebenan, nur ein paar Meter weiter, fegt der Wind die Gischt von den Wellenkämmen, die ein wolkenverhangener Mond düster bescheint. Als kleines gelbes Häufchen Elend sitze ich im Cockpit und stelle mir zum hundertsten Mal die leidige Frage, was ich hier eigentlich mache. Björn dürfte sich diese Frage in dieser Nacht noch häufiger gestellt haben, denn er hat tapfer bestimmt viermal so lange wie ich an Deck ausgeharrt.

Schlafen war bei mir nach all der Überanstrengung immer noch nicht drin. Gründe: siehe vorgestern. Dementsprechend brodelt unsere Stimmung fast auf dem Siedepunkt. Nicht einmal eine Tüte Tortillachips und Champignon-Cremesuppe können den geistigen wie körperlichen Verfall mehr aufhalten. Mann, kann das Leben schrecklich sein! Wir würden so gerne abschalten, nur kurz ein bisschen Ruhe bekommen. Um nicht noch mehr kostbare Höhe zu verlieren und um endlich ein, zwei Stunden am Stück schlafen zu können, beschließt Björn beizudrehen. Doch wie dieses Manöver ausgeführt wird, haben wir während der letzten drei Jahre an Land glatt vergessen. Gut, dass wir das unentbehrliche Nachschlagewerk für Chaossegler wie uns immer dabeihaben. Die *Seemannschaft* klärt uns im Schnellverfahren darüber auf, wohin Vorsegel und Pinne zum Beidrehen gebunden werden müssen.

Björn liegt bereits im komaähnlichen Zustand in der Koje, also bleibt es an mir hängen, unser Wir-wollen-Pause-machen-Sprüchlein über den Äther zu senden. Mangels Sicht und Radar halten wir das für unsere einzige, wenn auch geringe Chance, von Supertankern nicht über den Haufen gefahren zu werden. Es handelt sich um unsere persönliche Form der Beschwörung: »*This is a security warning for the Coral Sea ... Position ... Please stay clear.*« Natürlich antwortet niemand, zum Glück, denn so höre ich auch nicht, ob mich jemand auslacht.

Zum Mittagessen hat der Wettergott endlich Erbarmen mit uns und lässt nach dreißig Stunden Mistwetter Wind und Wellen schlagartig abflauen. Apropos Wellen: Als wir dem elenden Hin- und Hergeschaukel in der plötzlichen Flaute ein Ende setzen und den Motor anwerfen wollen, passiert gar nichts. Er rattert zwar in normaler Basslage los, doch wir bewegen uns nicht vom Fleck. Des Rätsels Lösung: Die Propellerwelle sitzt aus irgendwelchen Gründen nicht mehr richtig am Propellerschaft. Björn muss die nächste Stunde im engen, stickigen Motorraum, seinem absoluten Lieblingsplatz, verbringen.

Wie schon oft klettert der arme Kerl auch diesmal immer wieder aus seinem Kabuff, leichenblass, um sich über Bord zu übergeben. Anschließend muss er sich wieder zusammenfalten, um bei dieser idiotischen Konstruktion mühsam Schraube um Schraube von der Welle abzudrehen. Zwischendurch, als kleines Bonbon sozusagen, darf er ins aquamarinfarbene Wasser springen und Welle samt Propeller wieder in die richtige Position bringen, um anschließend Schraube für Schraube wieder ordnungsgemäß anzuziehen. Währenddessen übe ich mich im Beidrehen – dieses Mal schon ohne schriftliche Anleitung. Segeln an und für sich ist nicht so schwierig, sogar wir Autodidakten sind noch immer, so lange Wind weht, ohne Probleme von A nach B gekommen. Wenn bloß diese vermaledeiten technischen Probleme auf den Booten nicht wären. Ein Motor ist nur wirklich hilfreich, wenn er funktioniert. Für GPS, Echolot, Selbststeueranlage gilt das Gleiche! Nicht umsonst heißt der heimliche Untertitel der meisten Törnberichte von Weltumseglungen: Wir reparieren unser Segelboot an den schönsten Plätzen der Welt.

Ich nutze die ersten trockenen Stunden, um meine blauen Flecken zu begutachten, die ich mir beim Segeln täglich in rauen Mengen einfange, und um mich mit dem aufgefangenen Regenwasser zu übergießen. Welch ein erhabenes Gefühl, für ein paar Stunden wieder salzfrei zu sein und Haare zu haben, die wehen statt kleben.

Am Horizont tauchen die altvertrauten Schönwetterwolken auf. Wenn wir in den vergangenen beiden Tagen nur nicht so weit vom Kurs abgekommen wären. Wir sind zwar gut vorangekommen, aber leider in die falsche Richtung unterwegs. Bramble Haven, das Atoll am »Eingang« der Louisiaden, zu dem wir wegen seiner Abgeschiedenheit unbedingt wollen, liegt von uns weiter entfernt denn je – glauben wir. Wenn der Wind weiterhin aus Ost kommt, landen wir zwar irgendwann an der Küste Neuguineas, aber vor dem Festland, wie die Hauptinsel genannt wird, und dort wollen wir gar nicht hin. Samarai an der östlichsten Spitze des *mainland* könnten wir vielleicht ansteuern, wenn wir konsequent hoch am Wind laufen. Falls wir das nicht schaffen, wäre Bona Bona fünfzig Seemeilen weiter im Westen unsere letzte Chance. Bis dahin sind es noch hundertsechzig Seemeilen, die wir unbedingt schaffen müssen, denn für eine Route weiter westlich fehlen uns ganz simpel die Seekarten.

*

Wenn ich beim Segeln nur nicht immer so einen unglaublichen Hunger hätte! Es ist vier Uhr nachts, und ich weiß nicht mehr, was ich noch essen soll! Ständig meinen Energietank auffüllen zu müssen, um das durchgehende Magengegrummel zu unterdrücken, grenzt mittlerweile schon an Arbeit. Segeln kostet mich sehr viel Kraft. Dagegen hilft nur zu schlafen, was ich letzte Nacht auch ausgiebig und tief und fest für dreimal zwei Stunden genossen habe, sodass ich das Leben an Bord heute schon fast wieder als schön empfinde. Der Tiefschlaf hat mir so gut getan – endlich konnte ich für kurze Zeit komplett abschalten.

Freudige Überraschung am Morgen: Der Wind hat tatsächlich auf Südost gedreht. Kriegsrat am Mittag: Welches Ziel steuern wir nun eigentlich an? Da auf einer Strecke von fast zweihundert Seemeilen das der Küste Papua-Neuguineas vorgelagerte, versunkene Riff jegliches Queren verhindert, bleiben für uns nur zwei Möglichkeiten. Im Westen durch den Western Channel nach Samarai, um in der kleinen Stadt einzuklarieren, oder im Osten das unbewohnte Atoll mit den fünf kleinen Inseln anzulaufen, das zu den ungezählten Riffen und Inseln der Louisiaden gehört. Wir entscheiden uns für Bramble Haven, weil wir uns dort ungestört erst einmal ausruhen wollen. Kurs 70°NE und immer ganz hoch am Wind gegen die Wellen an. Falls wir es schaffen, müssen wir nur noch eine klitzekleine Nacht durchhalten. Björn entschließt sich, den Riss im Großsegel zu nähen, der entstand, als rohe Kräfte beim Reffbändselbinden sinnlos walteten. Nur noch etwas Geduld, Geduld, Geduld …

Wir zügeln unsere Ungeduld, indem wir unseren kleinen, am letzten Tag noch in Townsville erstandenen Sprachführer aus der Kajüte holen und beginnen, Pidgin zu lernen. Diese Sprache gefällt uns beiden auf Anhieb. Regierungssprache in Papua-Neuguinea ist zwar Englisch, aber laut Buch sollen die Menschen statt hunderter verschiedener Stammessprachen sowohl untereinander als auch mit Fremden Pidgin sprechen, wovon böse Zungen behaupten, es wäre eine Art Idiotenenglisch. Ich dagegen behaupte, Pidgin ist die logischere, weil vereinfachte Form des Englischen. Immerhin werden die Wörter ausgesprochen wie geschrieben. »*Mi laikim yu tru*« scheint mir ohne weiteres verständlich, und außerdem hat sich das Pidgin fast zu einer offiziellen zweiten Sprache in Papua-Neuguinea entwickelt, deren Einwohner sich selbst *Wantoks* nennen: *one talk* – alle Stämme, die Mitglieder einer Sprachgruppe sind. Auch »*mi hamamas*«, was »ich bin glücklich« heißt, klingt in unseren Ohren wunderbar. Oder »*glas long kepten*«: das Glas gehört dem *captain*, logisch, dass damit nur ein Fernglas gemeint sein kann. Zu schön finden wir auch die Bezeichnung »*pikinini bilong god*«, was der Pidgin-Name für Jesus ist, den Sohn Gottes, also »das Kind, das Gott gehört«. Oder »*nambawan pikinini bilong Misis Kwin*« – Prinz Charles. Die Sprache ist herrlich! »*Nek bilong mi drai*«, mein Hals ist trocken, heißt »ich habe Durst«. Und Hunger »*mi hangre*«.

Ich habe schon wieder Hunger.

*

Kein Lüftchen weht mehr am nächsten Morgen, dafür begrüßen uns Sonnenschein und eine lang gezogene Dünung, auf der MICO brav rauf- und runtertuckert, denn wir müssen natürlich motoren. Leider sind wir beide körperlich und geistig viel zu zerschlagen, um uns ausgiebig über den herrlichen Ausblick freuen zu können. Björn schläft fast im Sitzen, und mir ist schummrig im Kopf. Ein Barrakuda an unserer Angel weckt uns aus der Lethargie, und Björn, der für die angelbegeisterten Australier immer einen zynischen Spruch auf Lager hatte, macht sich plötzlich mit Eifer daran, ihn ins Boot zu befördern, zu töten und zu filetieren, damit das Barrakuda-Poisson-cru (rohes, in dünne Scheiben geschnittenes Fischfilet, in Zitrone, Zwiebel und Kokoscreme mariniert) so schnell wie möglich auf dem Tisch stehen kann. Für Björn ist es das beste und leckerste Essen der Welt!

Dann tauchen endlich erst zwei, dann drei, vier, fünf Inselchen am Horizont auf. Bramble Haven! Für uns in diesem Augenblick Bramble Heaven. Im nächsten Augenblick können wir auch das Riff erkennen. Die Südwestpassage ist Meilen breit, und die Wellen brechen sich hoch gischtend in südseeklischeefarbenem Wasser. MICO gleitet wie auf Schienen in die ruhige, riesige Lagune und Björn erledigt ins Bett.

Da sind wir also gelandet – in PNG (sprich: Pie-en-dschie). Trotz meiner immensen Müdigkeit genieße ich die Faszination eines Atolls, die Ruhe und Geborgenheit, die so ein Riffwall ausstrahlt. Und ich habe das unerklärliche Gefühl, dass erst genau hier und jetzt unser Abenteuer beginnt. Eine Stunde später raffen wir unsere letzten Kräfte zusammen und werfen den Anker in die recht heftige Strömung, direkt in den Pass zwischen zwei kleinen Inseln. Und mit dem Anker werfen wir gleichzeitig den Segelstress über Bord. Wir sind angekommen. Endlich Ruhe.

Zwei Sekunden später stürzt sich ein Schwarm gemeiner Stubenfliegen auf uns. Das Willkommenskommando hatte ich mir anders vorgestellt, doch noch sind uns die Fliegen egal, Hauptsache, wir können essen, essen und viel schlafen – im Paradies der unberührten Inseln.

Postkartenidylle pur

Bramble Haven

Die Einzigartigkeit eines Atolls, das Ersehnte, Erträumte und schon wieder Vergessene, die Weite, die Lichtfülle und die unbeschreiblich grandiose Einsamkeit begrüßen uns am nächsten Morgen. Wir schauen auf ein paar kleine Inselchen, auf denen sich hunderte von Kokospalmen drängen und schmale weiße Sandstrände rundherum laufen, und zwischen uns und dieser Traumkulisse ist nichts als türkisfarbenes Wasser – ein Anblick wie auf dem vertrauten Reklamefoto, das regelmäßig ab November in jedem besseren deutschen Reisebüro im Schaufenster hängt. Und nun sind wir Teil dieser Idylle. Um das zu erleben, gibt manch sonnenhungriger Deutscher ein halbes Vermögen aus. Ja, wir wissen schon, warum wir beide unsere Diplome in die Schublade gelegt haben. Wir haben zwar keine Sicherheiten, auch kein festes Einkommen, und wir reisen mit magerem Budget, dafür aber können wir uns unser Leben so einteilen, wie wir es wollen. Auch aus diesem Grund haben wir uns damals für unser Stelzentheater entschlossen. Nicht nur, weil diese Arbeit Spaß macht.

Verschlafen hocken wir mitten im Paradies, verscheuchen ein paar Fliegen von unseren Beinen und die Erinnerung an die vergangenen Segeltage aus unseren Köpfen und genießen das Faulsein, ehe wir an Land gehen. Das Anstrengendste am »Tag eins« ist das unfachmännische Öffnen einer herabgefallenen Kokosnuss mithilfe eines Schraubenziehers (hatten wir nicht mal eine Machete an Bord?). Dafür gestaltet sich das Muschelnsammeln umso einfacher: Kaum am Strand angekommen, glitzert vor mir schon eine frisch angespülte Kaurischnecke. Mein angeborener Pilz- und Ostereiersuchinstinkt packt mich sofort, und ich finde Kegelschnecken und Porzellanschnecken, Landkartenmuscheln,

Teufelskrallen und kleine Tritonhörner. Natürlich sind sie bereits alle tot, aber die Farben leuchten noch immer, und die Formen faszinieren mich. Ein paar Meter weiter liegen Clams herum, Riesenmuscheln, von der Sonne ausgeblichen und groß wie ... wie dreimal Björns Kopf, ungefähr. Sie haben denjenigen, die sie aus dem Meer geholt haben, mindestens ein leckeres Mittagessen eingebracht, und wir überlegen ernsthaft, ob wir eine von diesen Monsterschalen mitnehmen und per Seefracht nach Hause schicken sollen. Als Denkmal im Garten zwischen Stiefmütterchen und Petersilie.

Die beiden Inselchen, zwischen denen wir ankern, sind unbewohnt, aber keineswegs unbepflanzt. Kokospalmen, Papaya, Bananen und Limonen gedeihen und grünen im wahrsten Sinne des Wortes – denn noch sind die Früchte nicht reif. Björn sieht in allem wie immer nur die Zutaten für Poisson cru. Zum Glück treffen wir keine Einheimischen an, keine Papuas, denn ehe wir uns auf fremde Menschen einlassen, wollen wir uns erst einmal an die neue Umgebung gewöhnen. An das heiße Klima und an die unbekannte Tier- und Pflanzenwelt. Freunde in Deutschland hatten uns noch kurz vorm Abflug vor den berühmt-berüchtigten Salzwasser-Krokodilen gewarnt, die im letzten Jahr in den Salomonen einen Schweizer Segler, der gerade nach seinem Anker tauchte, ohne jegliche Vorwarnung angegriffen und verzehrt haben. Zurzeit sehe ich deshalb am Strand in jedem angespülten Baumstamm ein Krokodil, das sich genüsslich in der Sonne aalt und nur darauf wartet, endlich zuschnappen zu können.

*

Fliegen, Fliegen, wenn wir euch kriegen! Und ihr Schildkröten, deren gewaltige Kriechspuren wir überall sehen, wohin legt ihr bloß eure Eier? Morgens um fünf Uhr, noch in angenehmer Kühle, frühstücken wir in der Nähe einer gewaltigen Schildkrötenmutter, die laut schnaufend mit ihren Vorderflossen einen halben Busch ausgräbt, um ein ausreichend tiefes und großes Loch für ihre rund hundert Eier zu schaufeln. Nach einer halben Stunde Schwerstarbeit kämpft sie sich schnurstracks zurück zum Meer. Björn und ich sehen uns verdattert an, denn sie hat das Loch nicht zur Eiablage geschaufelt, wie wir vermutet haben, wahrscheinlich hat sie die Objekte unserer Neugier lange vorher unter einem Zentner Sand verschwinden lassen. Einige Zeit später angelt Björn beim Dinghifahren eine *blue crevalle*, die auch Trevally heißen. Sie schimmert tiefblau metallisch und ist recht stattlich. Und dann treffe ich beim Schnorcheln unterm Boot meinen ersten Hai der Saison, einen mittleren Weißspitzenhai, dem ich tapfer in die Augen schaue, bevor ich mich lieber in Richtung Dinghi zurückziehe.

Am Nachmittag sind auch unsere Seelen endlich hier angekommen. Wir träumen im Schatten der Palmen am Strand, blinzeln schläfrig aufs glitzernde Meer. Sonnenstrahlen tanzen auf spiegelglatter Oberfläche. Auf eine so friedliche Wunderwelt haben wir nicht gleich auf unserer ersten Insel zu hoffen gewagt. Ein Tropentraum. Nur die Schildkröten rasen toll dreist direkt unterm fahrenden Dinghi hindurch, ein Exemplar kriecht sogar abends drei Meter neben Björn und unserem Lagerfeuer an Land und beschließt, dort ihre Eier abzulegen.

Mittlerweile ist unsere Angst vor dem Unbekannten der Neugierde gewichen. Wozu haben wir uns denn für unseren Kurs abseits vom Segel-Highway entschieden? Doch um zwang- und ziellos umherzustreifen und Plätze zu entdecken, die noch nicht von anderen Weltenbummlern überlaufen sind. Inseln ohne Hotels, Restaurants und öffentliche Verkehrsmittel wollten wir aufsuchen. Und Buchten, in denen nicht noch zwanzig andere Boote ankern. Natürlich ist die internationale Seglergemeinschaft meist nett und unkompliziert, wir haben auf unserem Weg die interessantesten Menschen, Gleichgesinnte, ja sogar Freunde fürs Leben kennen gelernt und auch immer wieder

Inseln angelaufen, auf denen schon Freunde warteten. Mit ihnen haben wir abends gemeinsam ein Lagerfeuer am Strand angezündet oder an Bord dem guten chilenischen Wein aus dem Pappkarton gefrönt. Doch auf dieser Reise wollen wir Neuland betreten und Menschen kennen lernen, über deren Lebensweise wir im Gegensatz zu der unserer bisherigen Seglerfreunde noch kaum etwas wissen.

*

Willkommen Dezember! Wunderbarer, warmer, sonnendurchfluteter Dezember! Beim Aufwachen wundern wir uns einige Sekunden lang darüber, wie anders unser Ankerplatz jetzt aussieht. Bis uns wieder einfällt, dass in der vergangenen Nacht der Wind und deshalb auch MICO gedreht haben und unser Boot freundschaftliche Kontakte mit einem hochragenden Korallenblock aufgenommen hat. Wir flüchten also auf die geschützte Seite der Insel, und auch hier leuchtet das Türkis des Wassers um uns herum, auf dem MI COLUMPIO zu schweben scheint. Postkartenidylle pur! Ich halte mit der Kamera fest, was immer ich vor die Linse bekomme, wer weiß, ob ich so lichterfüllte Schönheit noch häufiger einfangen kann. Und wie schade, dass sich Glück nicht knipsen lässt! Das Glück, das an diesem sonnigen und friedlichen Morgen in mir aufsteigt und augenblicklich alle Zweifel am Sinn des Lebens wegwischt! Die Sonne strahlt mit mir um die Wette. Ich benehme mich, als ob die ganze Welt oder doch zumindest dieses kleine sandige Eiland vor meinen Augen uns gehören würde. Das Schlauchboot (habe ich unser Dinghi eigentlich bereits vorgestellt? Wegen seiner Lieblingsbeschäftigung – am Rumpf von MICO hin und her zu tänzeln und daran herumzuschubbern – haben wir es auf den Namen QUIETSCHIE getauft) fliegt dank seines 10-PS-Motors mit mir über die glasklare Farbenpracht des flachen Wassers zum weißen, unberührten Strand. Obwohl, unberührt? Im Laufe der Nacht haben mindestens zwanzig Schildkrötenweibchen der Insel einen Landbesuch abgestattet, wie man unschwer an den breiten, reifenähnlichen Spuren erkennen kann. Muscheln und Schnecken springen mir an diesem Strand beinahe in die Hände, während ich mich pudelnackt der Sonne und meines Lebens erfreue und ein Bild aus Schalen auf der Landzunge kreiere: PNG. Diese drei Buchstaben sind für mich im Moment das Synonym für Freiheit, Abenteuer und Unbekanntes.

Was haben wir nicht alles von diesem Land gehört. Die meisten Australier haben uns von dieser Reise abgeraten, und zwar mit der eigenartigen Begründung, in ihrem Land sei es viel schöner und ob wir denn schon Lizard Island gesehen hätten. Nein, hatten wir natürlich noch nicht. Aber wie sollten wir ihnen erklären, dass uns an ihren landschaftlich so reizvollen Inseln ein wesentlicher Aspekt fehlt, der eine Insel für uns nicht nur hübsch, sondern faszinierend, ja gar einzigartig macht? Wir sind neugierig auf die Menschen, deren Kultur und Lebensweise uns im Gegensatz zur anglo-amerikanisch-australischen völlig unbekannt ist. Entspricht die Lebensweise in abgelegenen Regionen von Papua-Neuguinea noch den alten Berichten der Missionare? Sind die Menschen dort wirklich noch so bunt gekleidet und traditionell bemalt, wie man es in jedem Bildband sieht? Sind sie verschlossen und abweisend oder offen und freundlich? In Australien nutzen die Menschen die Natur in ihrer Freizeit zum Fischen, Picknicken, Amüsieren und Sightseeing. Aber in PNG scheinen viele Menschen noch in perfekter Symbiose mit der Natur zu leben, und das ist es, was wir miterleben möchten, was uns neugierig werden lässt. Hier wartet auf uns ein Land, in dem ein Teil der Bewohner vielleicht noch im Steinzeitalter lebt, in Einbäumen aufs Meer hinaus paddelt und in den Hütten ausschließlich auf dem offenen Feuer kocht.

Wir beschließen, dass es Zeit ist, unseren Weg fortzusetzen. Wir möchten mit eigenen Augen sehen, was andere uns erzählt haben. Wir möchten endlich wissen, nicht mehr nur glauben.

*

Im Gegensatz zu Adam und Eva verlassen wir ohne jeglichen Rausschmiss und aus freien Stücken unser Paradies. Die Neugierde hat nach ein paar faulen Tagen wieder die Oberhand über die Bequemlichkeit gewonnen, und am Horizont zeichnen sich scharf die Umrisse einer hohen Insel ab, deren schroffe Formen uns ebenso wie der Name locken: Panasia – das klingt in meinen Ohren sehr verwunschen und vor allem nicht ganz so europäisch oder amerikanisch wie Bramble Haven. Auch die Seekarte fasziniert uns: Sie ist über und über mit Sprenkeln und Kringeln versehen, die sich als Untiefen, Reste von Riffen, vorwitzige Korallenköpfe oder einfach nur als Mini-Inseln entpuppen. Nachts werden mich keine zehn Pferde dazu bringen, dort hindurchzusegeln. Aber jetzt steht die Sonne hoch am Himmel, das spiegelglatte Meer wird von keiner noch so kleinen Welle getrübt. Die Navigation kann sich also nicht als allzu schwierig erweisen.

Ein paar Stunden später hat Mico ein paar Kratzer mehr, und wir haben ein paar Lektionen dazugelernt. Erstens: Niemals zu spät loszufahren; kleine gemeine Gegenströmungen schaffen es leicht, die kalkulierte Reisezeit zu verdoppeln. Zweitens: Niemals unseren Seekarten zu vertrauen, sondern ausschließlich den eigenen Augen. Eingezeichnet war die Laguneneinfahrt auf der Westseite, doch in Wirklichkeit hat sie sich leider auf der Ostseite angesiedelt. Drittens: Niemals gegen die schräg stehende Sonne nach Riffen Ausschau zu halten – als ob ich das nicht schon vorher gewusst hätte, aber woher das Riff auf einmal so schnell kam, ist mir unbegreiflich ... Viertens: Mehr als langsam zu fahren, besonders wenn der Ausguck im Bugkorb vor sich hinträumt. Und fünftens: Die Sicherheit des Schiffes geht vor Bequemlichkeit und landschaftlicher Schönheit.

Glücklicherweise ist Mico ein sehr geduldiges Schiff. Ob wir die Segel viel zu dichtholen und schwer durchs Wasser pflügen oder wie ein Surfer dahinfliegen, ob wir Patenthalsen machen oder Korallenbrocken zu spät entdecken und touchieren, stets verzeiht sie unsere Fehler. Was bleibt ihr allerdings auch anderes übrig? Und was bleibt uns anderes übrig, als im letzten Tageslicht unser Heil in der Flucht aufs halbwegs offene Meer zu suchen, um diesen Riffen zu entkommen? Ich würde zwar lieber den Sonnenuntergang vor dieser prächtigen Kulisse genießen, vor dem gigantischen Felsbrocken, dessen Hänge bei diesem Sonnenstand mit golden gefärbten Palmen bestanden sind. Ich würde auch gerne die kommende Nacht schlafend in der Koje verbringen, aber der Captain sagt nein. Und manchmal hat der Captain Recht. Also zittern wir auf unserem Schiffchen im letzten Tageslicht zwischen zwei meilenlangen Riffen hindurch.

»Siehst du das Riff auf deiner Seite?«

»Nö.«

»Ich auf meiner auch nicht, aber eigentlich müsste hier eines sein.«

Wir kommen uns sehr verantwortungsbewusst und erfahren vor, als wir endlich im offenen Wasser sind. Vielleicht finden das auch die Delfine, die sich bald darauf zu uns gesellen, um uns ihr komplettes Showprogramm vorzuführen. Vergnügt flitzen sie durchs pechschwarze Wasser, tummeln sich zu dritt, zu viert unterm Bugkorb, dabei phosphoreszierende Streifen hinter sich lassend. Hier ein Synchronsprung, dort sogar ein Salto. Wir applaudieren begeistert. Was für ein herrlicher Anblick!

Irgendwo im Dunkeln hinter uns träumt unerreichbar Panasia. Irgendwo im Dunkeln vor uns wartet Misima, die Hauptinsel der Louisiaden. Zur Nachtruhe stellen wir den Motor ab, kein Segel bleibt oben, und wir treiben in völliger Stille auf dem von Sternen beschienenen Wasser durch ein Gebiet mit unzähligen Riffen, in dem wir uns geschworen hatten, nur tagsüber in Bewegung zu sein.

*

Der nächste Morgen. Die Sonne glitzert über einem sehr blauen, sehr ruhigen Meer. Windstille scheint in den Louisiaden also öfter vorzukommen. Seit sechs Uhr läuft der Motor wieder. Bei diesen Wetterbedingungen ist es ein Leichtes, zwischen den Riffen hindurchzufinden, die in bräunlichen Tönen unter der Wasseroberfläche schimmern und an denen sich hin und wieder kleine Wellen brechen. Ein paar Seemeilen vor uns erhebt sich, die Gipfel von Regenwolken verhangen, die hohe Insel Misima steil aus dem Meer. Wir sehen üppige Vegetation an den Hängen, dazwischen eine böse, klaffende Wunde: eine Goldmine. Langsam kommt die Hauptstadt, wahrscheinlich ist es eher das Hautdorf, von Misima und den gesamten Louisiaden in Sicht. Bwagoia.

Ich hüpfe ungeduldig von einem Bein aufs andere, lache übers ganze Gesicht und finde alles unglaublich abgefahren. Björn macht sich über mich lustig und fragt, welche Droge ich eingeworfen und warum ich ihm nichts abgegeben habe. Es sei doch nichts Besonderes daran, in ein paar Minuten in diesen kleinen Hafen einzulaufen. Ich strahle ihn an. O doch, für mich ist es etwas ganz Besonderes. Immerhin werde ich gleich meinem ersten echten Papua von Angesicht zu Angesicht gegenüberstehen! Und deshalb bin ich aufgeregt und gut gelaunt und neugierig und ...

»Und naturbekifft«, meint Björn. »Wie immer.«

Langsam läuft MICO zwischen zwei rostigen Pollern hindurch in den winzigen Naturhafen. Auf der einen Seite nichts als Mangroven, auf der anderen ein Strand mit Hütten und Kanus. Kinder winken. Meinen die tatsächlich uns? Gerührt und irgendwie stolz auf diese freundliche Begrüßung winken wir zurück. Dann schieben wir uns sanft an den Holzsteg heran, dahinter erheben sich ein paar mit Wellblech gedeckte Schuppen und Lagerhäuser. Bwagoia, dieses kleine heruntergekommene – oder möglicherweise gerade hochgekommene – Hafennest wirkt auf mich wie ein Dorf aus einem der Romane von Jack London oder W. Somerset Maugham. Hundert Jahre früher können die ersten Eindrücke auf den Besucher auch nicht viel anders gewesen sein.

»Der Schoner legte an, dunkle Gestalten in abgerissener Kleidung lungerten auf der Pier, zwischen schmutzigen Pfützen schlichen abgemagerte Hunde herum. Aus schwarzen Gesichtern blitzte das Weiß der Augenpaare, die jede unserer Gesten beobachteten ...«

Nur eines haben diese Autoren in ihren Erzählungen zu erwähnen vergessen. Kaum einer hat das Lächeln beschrieben, dieses freundliche, neugierige und doch so herzliche Lächeln, das sofort alle meine Bedenken und natürlich auch meine Zurückhaltung wegwischt.

Unsere kleine MI COLUMPIO gleitet wie ein stolzer weißer Schwan am Steg entlang, wir werden bei jeder Bewegung und dem Ankermanöver aufmerksam beobachtet. Ein paar Minuten später stehen wir selber auf der Holzkonstruktion, ebenfalls lächelnd, ebenfalls aufmerksam die Anwesenden betrachtend.

»Wo geht es hier bitte zum Hafenkapitän?«, fragt Björn.

Wir bemerken einen Lagerschuppen zur rechten Seite, einen zur linken, dazwischen führt die von Pfützen übersäte Sandpiste über einen Hang hinauf ins eigentliche Dorf Bwagoia. Die Schuppen entpuppen sich bei genauerem Hinsehen als Supermärkte, ein blau gestrichener Container mit vergitterten Fenstern als Bank. Bwagoia ist der Hauptumschlagplatz der Louisiaden für Waren aller Art. Hierher kommen die Bewohner der umliegenden Inseln, um ihre Früchte auf dem Markt zu verkaufen und in den Supermärkten selbst Nahrungsmittel wie Reis, Zucker und Mehl zu erwerben. Hierher kommen die Arbeiter und Ingenieure, die in der nahe gelegenen Goldmine beschäftigt sind; hier legen die Versorgungsschiffe aus Alotau, der Provinzhauptstadt, an, um die wenigen Reisenden auszuladen, die es auf diese abgelegene Insel verschlägt. Nach langem Herumfragen finden wir auf der Polizeistation den kleinen, rundlichen Hafenkapitän, der uns gerne einklarieren würde – in einer Stunde. Der einzige offizielle Stempel, den es auf ganz Misima gibt und den er zur Ausübung seines Amtes benötigt, liegt nämlich noch am Flugplatz, wo am Morgen ein Flugzeug gelandet ist, und der Flugplatz ist fünf Kilometer entfernt. Also warten wir und amüsieren uns und finden das Ganze sehr sympathisch.

Sowohl Damo, der *port officer*, als auch Francis, der Polizist, finden es merkwürdig, von Björn im strömenden Regen in einem schlecht aufgeblasenen Dinghi zur MI COLUMPIO gerudert zu werden. Warum wir denn keinen Außenborder hätten? Doch, wir haben ja einen, er hängt an der Reling, aber sollen wir tatsächlich zugeben, dass wir den Schlüssel für das Vorhängeschloss, mit dem er festgemacht ist, gerade mal wieder verlegt haben? Andererseits finden auch wir es merkwürdig, warum die beiden zum Einklarieren an Bord kommen wollen. Des Rätsels Lösung ist ganz einfach: Während Damo auf unbürokratische Weise die Formalitäten erledigt und uns kunstvoll die Abbildung des Wappentieres von PNG, des Paradiesvogels, als Stempel in unsere Pässe drückt, hat Francis bereits eine von unseren zwei Wodkaflaschen entdeckt, die für Not- und Bestechungsfälle gedacht sind. Innerhalb der nächsten Stunde schaltet er sich alle zehn Minuten mit der Frage in unsere Unterhaltung ein: »Könnte ich noch ein Glas haben, bitte?« Er genießt es immer schön verdünnt mit dreißig Grad warmem Wasser. Bequem ist es ja, an Bord einklariert zu werden, aber es dauert eine Ewigkeit, diese *officials* (hicks) wieder vom Schiff zu befördern.

Vieles im Leben scheint sich zu wiederholen. Als weißhäutige Reisende durch Bwagoia zu spazieren, unterscheidet sich nur unwesentlich von einem Traumtänzer-Auftritt in Deutschland. Ob ich in fantastischen Kostümen auf Stelzen durch die Menschenmenge eines Stadtfestes tanze oder barfuß über diese Tropeninsel von PNG schlendere – ich fühle im Verhalten der Zuschauer kaum einen Unterschied. Alle starren mich an, zunächst befremdet von dem Unbekannten, dann etwas neugieriger, meist sogar freundlich, während ich lächle, lächle, lächle, frei nach dem Motto: *Keine Angst, Leute, ich sehe zwar anders aus als ihr, aber ich habe nichts Böses im Sinn.* Trotzdem fängt hier und da ein Kleinkind an zu schreien, denn die Angst vor dem Fremden ist manchmal stärker als die Neugier. Auch diese Reaktion kennen wir von unseren Auftritten. Doch eigentlich fühle ich mich hier weniger fremdartig, als wenn ich mich auf Stelzen bewege. In unseren Traumtänzer-Kostümen sehen wir aus wie Wesen von einem anderen Stern, die die Zuschauer zunächst nicht einordnen können. Doch dass diese dreieinhalb Meter hohen Gestalten freundlich gesinnt sind, merkt jeder nach wenigen Sekunden, da wir stets direkt auf die Zuschauer zugehen, mit ihnen flirten, spielen, Schabernack treiben. Ob auf Betriebs- oder Stadtfesten, ob in Parks, Schlössern oder Fußgängerzonen – in unseren futuristischen, venezianischen oder knallbunt brasilianischen Kostümen sind wir auch in der größten Menschenmenge nicht zu übersehen und fallen immer auf. Wie hier.

In Bwagoia leben zwei oder drei Weiße und auch eine Hand voll Chinesen. Ihnen gehören die Supermärkte. Auf Misima wurden zwar schon vor über hundert Jahren Gold und mittlerweile auch Silber entdeckt, aber ein richtiger *run* auf den Ort hat erst eingesetzt, als die neue Mine vor ein paar Jahren in Betrieb genommen wurde. Seitdem hat die so genannte moderne Zeit immer mehr Einzug auf dieser abgelegenen Insel genommen.

*

Es regnet. Nein, Wassermassen stürzen sich seit den frühen Morgenstunden auf die Erde und auf unser Boot nieder. Bin ich nicht aus Deutschland geflüchtet, um dem grauen, verhangenen Trauerhimmel zu entkommen? Bin ich nicht wegen der bunten, leuchtenden, vom Sonnenlicht erweckten Farben in dieses tropische Land gekommen? Ich brauche den Sonnenschein zum Leben wie andere ihr Bier oder ihr regelmäßiges Einkommen! Ohne Sonne fehlt mir die Lebensenergie.

Und nun stehe ich auf acht Grad Süd, und auch hier ist die Welt in wolkiges Grau eingehüllt, in eine warme, lastende Feuchtigkeit, die aber gleichzeitig dafür sorgt, dass die Natur im üppigsten Grün explodiert. Alles hat eben seine Nach- und Vorteile. Und den Regen im Regenwald zu erleben, ist überraschend faszinierend. Stellt man sich alles Grün dieser Welt vor, in allen Schattierungen, über- und untereinander in verschiedenen Etagen, und komprimiert dann das Ganze und zwängt es in einen Rahmen – so ungefähr ist mein Eindruck vom Regenwald, als wir per Minibus auf einer kurvenreichen Straße Bwagoia verlassen. Mit Damo an unserer Seite, den wir per Zufall vorm Social Club, einer Hütte mit kneipenähnlichen Strukturen, angetroffen haben und der sich spontan entschlossen hat, statt Bier zu trinken mit uns Totenköpfe anschauen zu gehen. Eigentlich bin ich an menschlichen Überresten nicht sonderlich interessiert. Aber wie gesagt, es regnet, und die Höhle mit den Schädeln, zu der wir jetzt fahren, ist laut Damo die einzige »Sehenswürdigkeit« auf Misima. Ein paar Minuten später stehen wir im strömenden Regen mitten in der Wildnis, vor uns kauern sich ein paar heruntergekommene Hütten auf einer Lichtung zusammen und um sie herum glänzt Schlamm, gelber, glitschiger Schlamm.

Welch ein Glück, dass wir Damo dabei haben, denn außer einigen Schweinchen, die frei herumlaufen und von den Schlammmassen ganz begeistert sind, zeigt sich keine lebende Seele. Wir tapsen verlegen zwischen den Hütten herum und finden schließlich eine Familie, die gerne bereit ist, uns ihre zwei halbwüchsigen Töchter als Führerinnen zur Verfügung zu stellen. Gemeinsam rutschen und schlingern wir über Baumwurzeln und matschige Trampelpfade durch den Urwald. Zumindest ist der Regen warm und die Höhle mit den Totenköpfen an einer landschaftlich reizvollen Stelle platziert.

Schon bevor wir sie erreichen, hören wir das Tosen des Ozeans, der sich mit voller Wucht gegen die schroffe Steilküste der Nordseite Misimas wirft. Ein paar Schritte weiter und direkt vor unseren Füßen fallen die Felsen vierzig Meter senkrecht in die Tiefe ab, wo sie ein vom Wasser geschaffenes, natürliches Becken bilden, in dem die Wellen gurgeln und schäumen. Das Panorama würde bei strahlendem Sonnenschein bestimmt noch tausendmal imposanter wirken, doch wir sind ja nicht wegen der schönen Aussicht hier. Die Totenköpfe liegen versteckt in einer Felsspalte über dem Bassin, fein säuberlich nebeneinander aufgereiht, und modern dort langsam vor sich hin. Warum sie gerade dort liegen, können uns unsere Begleiter leider nicht erklären, auch nicht, wie alt sie sind oder ob die Menschen eines natürlichen Todes gestorben sind. Vielleicht ist es einfach nur der Friedhof des kleinen Dorfes?

»Soll ich dir einen Kopf mitbringen?«, fragt Björn, der sich zuerst in die schmale Spalte zwängt.

Ich verzichte dankend.

Zurück in Bwagoia lädt Damo uns noch auf ein Gläschen in den Social Club ein. Gläser gibt es allerdings nicht, dafür aber einige Flaschen vom besten Pacific Lager. Nach papuanischem Reinheitsgebot gebraut, ist es wahrscheinlich das einzige Bier weltweit mit einer Palme auf dem Etikett. Prunkstück im Social Club ist der Fernseher, vor dessen Mattscheibe einige betont coole Jugendliche lümmeln. Doch auch hier werden wir freundlich begrüßt. In der ganzen Atmosphäre und im Verhalten der jungen Männer schwingt nicht der geringste Hauch von Aggressivität. Was mögen sie von uns denken, während wir mit ihnen den Abend verbringen? Und was vom Werbefernsehen, das, aus der Hauptstadt Port Moresby gesendet, die Bewohner Papua-Neuguineas in den typisch westlichen Werbeklischees vorführt? Einheimische beim Beachvolleyballspielen in knalliger Bademode, beim familiären Frühstück nach westlichem Geschmack (gibt es in PNG etwa auch Rama?) oder am Abend mit der Clique bei einem Besuch vom TFC (scheint eine Schwester von KFC zu sein – der Kentucky-Fried-Chicken-Restaurants). Zwischendurch weist ein schwarzhäutiger Weihnachtsmann mit schneeweißem Bart darauf hin, dass bereits in neunzehn Tagen Weihnachten vor der Tür steht und er als passendes Geschenk eine Stereoanlage für siebenhundertneunundneunzig Kina anzubieten hätte. Ein Kina entspricht immerhin fünunddreißig Cent.

Nachdenklich schlendern wir durch die unbeleuchtete Hauptstraße zurück zum Hafen. Welche Wünsche wohl durch diese Sendungen in den Köpfen und Herzen der jungen Menschen geweckt werden, die bei einem Durchschnittseinkommen von hundert bis hundertfünfzig Kina, also fünfunddreißig bis fünfzig Euro pro Monat ein bescheidenes Leben auf dieser Insel führen? Die noch das dörfliche geldlose Leben als Selbstversorger und den Tauschhandel kennen gelernt haben und jetzt mit den amerikanischen Seifenopern samt Werbeverkaufsschau konfrontiert werden. Was wird sich hier alles in den nächsten Jahren noch verändern?

Wenn das Ankommen doch nur so einfach wäre ...

Bagaman Island

Einhundertzweiundzwanzig Essbananen und ein Ast Kochbananen machen sich mit uns auf den Weg über das spiegelglatte Meer in Richtung Calvados Chain. Francis hat tatsächlich Wort gehalten und in den frühen Morgenstunden die mindestens dreiundzwanzigmal versprochenen Früchte als Reiseproviant vorbeigebracht. Tuckatuckatuck. Nur der Lärm unseres Motors unterbricht die glitzernde blaue Stille. Weiße Wattewölkchen spielen mit den sanft gerundeten Gipfeln der Inselkette vor uns, in der Ferne leuchten die blauen Dreieckssegel zweier Auslegerkanus mit der Farbe des Meeres um die Wette. Nur Misima hat sich hinter uns schon wieder, wie anscheinend jeden Tag, in dichte Wolkenmassen gehüllt. Uns stört es nicht, denn wir wollen weiter, zu den nur zwei Motorstunden entfernten Inseln der Calvados Chain. Auf Wind warten lohnt sich nicht: Francis hat uns jede Hoffnung auf das Ende der Flaute genommen.

»Die nächsten zwei Monate wird sich hier kein Lüftchen bewegen«, stellt er trocken fest. Hoffentlich wird er Unrecht behalten.

Gegen drei Uhr nachmittags wird es Zeit zu ankern, bevor die Sonnenstrahlen wieder schräg auf die Wasseroberfläche treffen. Wir können uns mal wieder nicht entscheiden: diese Insel da – oder die – oder die? Moturina liegt am nächsten, und Björn beschließt, an der denkbar ungünstigsten Stelle, der Landspitze, den Anker zu werfen. Streit ist vorprogrammiert. Der Sonnenuntergang ist bezaubernd, aber ich möchte die blutrote Sonne trotz der heftigen Dünung als festen Punkt hinter den Hügeln von Moturina sehen und nicht abwechselnd einmal weit oberhalb des ersten Relingseils und einen Augenblick später tief unter dem zweiten. Hoch, runter, hoch, runter – mir wird wieder einmal übel. Warum ankern wir nicht, wie es sich für normale Segler gehört, in der geschützten Bucht, die sich an Backbord voraus auftut? Was soll der Stress?

Die Erklärung liegt auf der Hand: Die Angst vor dem Unbekannten, unserer Meinung nach der größte Feind des Menschen, hat uns erneut gepackt. Auf gut Deutsch, wir haben Schiss, haben Berührungsängste vor den Menschen, deren Hütten wir in einiger Entfernung am Strand sehen. Würden wir weiter in die Bucht laufen, müssten wir direkt vor dem Dorf ankern. Erst würden die Papuas herangepaddelt kommen, und dann müssten wir – schon aus Höflichkeit – an Land gehen. Und auf Moturina gibt es keine Anonymität wie in Bwagoia. Wir wären die einzigen Fremden, die einzigen Weißen. Wie sollen wir auftreten? Welche Verhaltensregeln gibt es? Und wie würde man uns empfangen? Ein mulmiges Gefühl pocht in der Magengegend.

*

Sollen wir es trotz aller Bedenken wagen? Nein ... Lieber gondeln wir im Dinghi zu einem der kleinen unbewohnten Motus am Außenriff. Am Strand wimmelt es von Muscheln, glatt und glänzend, bunt und fein gemustert. Die schönsten Schneckengehäuse der Welt liegen vor uns im weißen Sand, lassen unsere Herzen höher schlagen und uns für die nächste Stunde unsere Sorgen vergessen. Barfuß umrunden wir das winzige Inselchen, planschen in den heranschwappenden Wellen, bücken uns alle zwei, drei Meter und zeigen einander stolz und glücklich den neuesten Fund.

Zurück an Bord setzen wir uns erneut zusammen. Wir müssen uns doch nur selbst überwinden und einfach den ersten Schritt ins Dorf wagen. Das kann doch nicht so schwierig sein. Wir können es schaffen, und wir werden es schaffen. Doch Moturina aufzusuchen ist uns zu peinlich, nachdem wir bereits unhöflicherweise so lange mit unserem Antrittsbesuch gezaudert haben. Schließlich lagen wir einen ganzen Abend lang vor dieser Landspitze und bilden uns nun ein, dass die Einwohner unsere Unsicherheit sehr wohl wahrgenommen haben. Darum wählen wir für unseren Versuch die nächstgelegene Insel, Bagaman. Unser neues und doch altbekanntes Konzept lautet: adrette Kleidung, höflich-gepflegtes Auftreten und immer schön lächeln. Unsere vielen Schutzengel werden schon aufpassen …

Tapfer tuckern wir dann mit QUIETSCHIE zu einer Bucht vor dem Ende des Dorfes. Ein Mann wartet bereits am Strand auf uns, ist gerade vom Fischen zurückgekommen.

»Guten Abend! Dürfen wir uns hier ein wenig umschauen?«, fragen wir auf Englisch.

Na klar dürfen wir. Kein Problem, kein Problem. Und während wir uns immer noch sehr zurückhaltend dem Dorf nähern, kommen Kinder aus den Hütten gestürmt wie Mäuse aus ihren Löchern. Ein Schwarm dieser kleinen schwarzen Gestalten folgt uns auf Schritt und Tritt, wenn auch in gebührendem Abstand. Einige der Kleinsten fangen jedoch an zu weinen, als sie uns sehen. Sehen wir für sie etwa bedrohlich aus? Vielleicht sind wir ein bisschen zu weiß und zu groß, wer weiß. Vielleicht heißt auch das Kinderspiel bei ihnen *Wer hat Angst vorm weißen Mann*? Aus den Hütteneingängen lugen die Frauen hervor, um einen Blick auf die Fremden zu erhaschen. Dann lädt uns ein junger Mann, der auf den christlichen Namen Gilbert getauft wurde, zum Fest am nächsten Tag ins Nachbardorf ein. Wow! Trotzdem kommt es uns irgendwie deplatziert vor, wie Sightseeing-Touristen durch das Dorf zu marschieren. Fehlt nur ein Fremdenführer, am besten mit hoch in die Luft gestrecktem Regenschirm, der uns auf die Sehenswürdigkeiten hinweist: »In diesem Original-Eingeborenendorf sehen Sie noch die Kochstellen im Freien, dort die berühmten geschnitzten Auslegerkanus von Achtzehnhundertdunnemal. Bitte beachten Sie das Mutterschwein unter der Pfahlhütte.« Oder so ähnlich. Langsam treten wir unseren Rückzug an. Wir haben uns vorgewagt – und hoffentlich nicht danebenbenommen.

An Bord sitzen wir noch lange auf dem Vorschiff, amüsieren uns im Nachhinein über unser schüchternes Auftreten und fragen uns, ob wir beim ersten Besuch einer polynesischen Insel die gleichen Vorbehalte hatten. Denn Polynesien hat ein so ganz anderes Image als Melanesien, wird von fast allen Seglern als Ziel ihrer Sehnsüchte angesehen. Wer will nicht in die Südsee zu den Schönheiten mit den langen schwarzen Haaren, zu Inseln wie Tahiti oder Samoa mit ihrer üppigen paradiesischen Natur? Die halbe Welt träumt davon, doch wer träumt von Melanesien, von den schwarzen Inseln? Was wissen wir wirklich von den Menschen mit der sehr dunklen Haut und den krausen Haaren? Nicht viele Segler wählen sich Papua-Neuguinea, die Salomonen oder Vanuatu als Ziel. Das mag aber auch an dem undurchdringlichen Dschungel auf den Inseln und dem damit verbundenen hohen Malariarisiko liegen, an den unzähligen, nicht vollzählig kartografierten Riffen, an der Angst vor angeblichen Überfällen in den größeren Städten, denn in Australien kursieren viele Gerüchte und Negativmeldungen in den Medien über organisiertes Banditentum. Vielleicht liegt es aber auch daran, dass die Menschen hier dem internationalen Schönheitsideal so wenig entsprechen.

*

Am nächsten Morgen beschließen wir, uns unseren eigenen Watermaker zu bauen, was wir aus Zeitgründen in Australien nicht mehr geschafft haben. Ein handelsübliches Gerät zum Trinkwasseraufbereiten haben wir nicht dabei, denn je mehr technischen Schnickschnack man an Bord aufstellt, desto mehr Elektroschrott schippert man im Laufe der Zeit über die Meere. Jedenfalls haben wir die Erfahrung gemacht, dass das meiste Zeugs unterwegs kaputtgeht. Und man kann ja auch mit einfachen Mitteln klarkommen. Schwarze Teichfolie, zwei aufgeschnittene Plastikrohre, Schlauchenden, Kleber, Bänder haben wir mitgenommen, und schnell ist unsere Regenauffangvorrichtung fertig. Wetten, dass es ab jetzt nicht mehr regnen wird? Unsere selbst entworfene Konstruktion aber zieht bald die Aufmerksamkeit eines jungen Mannes namens Ceaku an, der uns aus seinem Auslegerkanu heraus bestaunt.

»Beste Folie zum Segeln«, meint er.

Die hier als Segel verwendeten blauen Plastikfolien halten kaum ein halbes Jahr, was immerhin eine verhältnismäßig lange Zeit ist im Vergleich zu den traditionellen Segeln aus Pandanusmatten, die laut Ceaku alle vier Wochen erneuert werden mussten.

Wie schön, dass die Menschen überall auf der Welt die gleichen Probleme haben und sich überhaupt so ähnlich sind. Uns überkommt stets ein Kribbeln, wenn wir zögernd zum ersten Mal ein Dorf betreten, und Ceaku paddelt mit dem gleichen, doch so überflüssigen Gefühl zu den vorbeikommenden Segelyachten hinaus. Zum Glück können wir gemeinsam bei Tee und Keksen im Cockpit darüber lachen.

Am Nachmittag kommt Jo herübergepaddelt: »Das Fest, das Fest! Wollt ihr nicht ein paar Fotos machen?«

Klar wollen wir das. Außerdem scheinen es die Dorfbewohner, da sie an Segler mehr gewöhnt sind als wir an Papuas, von uns zu erwarten.

Das Fest entpuppt sich als Teil einer Beerdigungsprozedur. Sind wir als Fremde da nicht etwas fehl am Platz? Aber nein, wird uns von allen Seiten versichert, der Betrauerte ist bereits vor acht Jahren gestorben. Doch da es sich um ein Familienoberhaupt handelt, steht ihm eine besondere, kostspielige Beerdigungsfeier zu, die sich dadurch lange hinauszieht. Die weit verstreut auf den umliegenden Inseln lebende Verwandtschaft musste eingeladen werden – deshalb also liegen so viele Segelkanus am Strand – und wurde, soweit wir verstanden haben, reichlich mit Früchten, geflochtenen Matten und Körben, ja sogar einem Schwein beschenkt. Die Familie auf Bagaman kostet diese Zeremonie stolze zweihundertfünfzig Kina. Verständlich, dass sie das Fest nicht früher ausrichten konnte, weil sie den Betrag erst ansparen musste. Den Ablauf der übrigen Zeremonien verstehen wir leider nicht. So bleibt uns nichts anderes übrig, als zu beobachten.

Alle erwachsenen Familienmitglieder, zwanzig an der Zahl, sitzen im Kreis um die in der Mitte zu einem Berg aufgetürmten Geschenke herum. Auf jedem Kopf thront ein umgedrehter Teller – übrigens aus Plastik –, um die Schultern wird ein zusätzliches Kleidungsstück drapiert, ins krause Haar ein auf ein Stöckchen gepiekster Geldschein gesteckt. Dann schreitet einer der Männer um die Gruppe herum und lehnt jedem eine Steinaxt gegen den Rücken.

Björn, der im Nebenfach Ethnologie mit Spezialgebiet Südsee studiert hat, klärt mich mit seinem schon halb vergessenen Wissen auf: »Den Steinäxten kommt eine wichtige Bedeutung im *Kula*-Ring zu, einem Tauschhandelsverfahren zwischen den Louisiaden, Samarai und den D'Entrecasteauxinseln. Und der *Kula*-Ring hat, soweit ich mich entsinne, mehrere Funktionen: eine Handelsfunktion, eine soziale Funktion und eine magische Bedeutung. Kernstücke des Ganzen sind die *bagi*, auf eine spezielle Art gefertigte Muschelketten, von denen bei Versammlungen eine immer im Uhrzeigersinn zum nächsten *Kula*-Partner weitergegeben wird, und die *mwali*, das sind anders gearbeitete Muschelketten, von denen eine gegen den Uhrzeiger im Sitzkreis herumwandert. Jeder *Kula*-Teilnehmer hat bestimmte *Kula*-Partner auf den verschiedenen Nachbarinseln, die er auf Lebenszeit behält. Stirbt einer der Partner, rücken die Kinder nach. Das hat auch eine sehr pragmatische Bedeutung, denn auf diese Weise haben die Menschen nach der Ankunft auf fremden Inseln immer schon ein paar Kontaktpersonen, bei denen sie übernachten können und mit denen sie mit Yams, Früchten oder Fisch Tauschhandel treiben. Der *Kula* ist eine geniale kommunikative Einrichtung, die auf der Welt wahrscheinlich einmalig ist, und wurde hier schon zu Zeiten praktiziert, als sich in anderen Regionen von Papua-Neuguinea die Bewohner zweier benachbarter Dörfer noch gegenseitig die Köpfe einschlugen oder ausschließlich zwecks Raubes und Totschlags ihr eigenes Dorf verließen.«

Nun bin ich zwar um einiges schlauer, weiß aber immer noch nichts über die Symbolik der Steinäxte. Björn erklärt mir, dass die Forschung bis heute noch nicht viel über die Zeit weiß, in der sie ursprünglich entstanden sind. Auch hinsichtlich der spirituellen Bedeutungen, die einmal mit Werkzeugen oder anderen praktischen Dingen verbunden waren, tappt die Wissenschaft noch über weite Strecken im Dunkeln. Vielleicht ist es den Menschen hier gerade deshalb gelungen, so viel von ihrer Kultur zu bewahren? Björn jedenfalls weiß nur, dass die Äxte sehr wertvoll sind und ausschließlich aus einem ganz besonderen Stein hergestellt werden, den es nur in einem einzigen Steinbruch auf der Hauptinsel gibt. Damit gebe ich mich zufrieden. Wichtiger ist es, mir meinen eigenen Blick auf dieser Reise nicht durch das verbiegen zu lassen, was Wissenschaftler irgendwann mal vorformuliert haben. Außerdem will ich keinen historischen Abriss nacherzählen, sondern unsere eigene Sichtweise der Welt darstellen. Wir wollen selbst das Leben beurteilen und es lieber in lauter intensive Momente unterteilen statt in Kapitel aus dem Geschichtsbuch. Jedenfalls so gut es geht. In der Zeremonie, an der wir hier teilnehmen dürfen, bleiben die kunstvoll bearbeiteten Werkzeuge nur kurze Zeit an die Rücken der Familienmitglieder gelehnt, und schon zwei Minuten später werden Äxte, Teller und Tücher wieder eingesammelt. Dann werden wir aufgefordert, den Platz zu verlassen. Was jetzt folge, sei nicht für die Augen von Außenstehenden bestimmt. Schade.

Als wir am Abend unseren in Australien für teures Geld erstandenen Weißwein öffnen, werden auch wir sauer, denn er sieht nicht nur aus wie Essig, nein, er schmeckt auch so. Björn vermutet sogar, dass es sich tatsächlich um Essig handelt. Na denn prost! Vor uns liegen fünf Monate mit zehn Litern Essig an Bord. Mehr als frustriert will Björn gerade einen Beutel (wir sprechen hier von der Verpackung von australischem Wein) nach dem anderen ins Wasser kippen, als es an die Bordwand klopft. Jo, Gilbert und ein dritter Mann, Army, den wir am Nachmittag im Dorf kennen gelernt haben, wollen uns besuchen.

»Kommt an Bord«, lädt Björn sie ein. »Was wollt ihr trinken? Kaffee, Saft oder ... oder vielleicht Wein?« Damit wirft er unsere Vorsätze, Einheimische nicht mit Alkohol zu bewirten, gleich beim ersten Mal über den Haufen.

»Wein«, erklingt es unisono, denn den hätten sie noch nie getrunken.

Und o Wunder, den drei Herren scheint unser Essigwein äußerst gut zu munden. Sie loben ihn unaufhörlich, und schließlich schenken auch wir uns ein – wenn auch kleines – Glas ein. Gilbert stimmt die Nationalhymne von PNG an, ich pfeife die deutsche auf meinem Flötchen, Kerzenlicht flackert in unserem Cockpit. Es ist schön, Gäste an Bord zu haben, noch dazu so interessierte und aufgeschlossene Gäste. Wie lauten doch Armys zweite und dritte Frage, nachdem er erfahren hat, aus welchem Land wir kommen?

»Wie ist das jetzt in Deutschland nach der Wiedervereinigung? Haben sich die Menschen in Ost- und Westdeutschland mittlerweile aneinander gewöhnt?«

Da bleibt uns einfach nur die Spucke weg. Steinzeit und Globalisierung an einem Tag?

Später, beim Zähneputzen, schwärmt Björn: »Von wegen Entwicklungsland! Die haben eine Bildung hier, von der andere Nationen nur träumen können. Und alle sprechen fließend Englisch. Ach, es ist einfach wunderbar hier.«

*

Am nächsten Morgen schauen wir zu den dunklen, im Schatten liegenden Berghängen hinüber. Überall wuchert der von der frühen Morgensonne noch nicht beschienene, üppig grüne Urwald. Wir betrachten die Palmengärten am Ufer. Zwischen den Hütten steigen die ersten Rauchschwaden der Feuer für die Morgenmahlzeit auf. Stille. Frieden. Wir sind nicht nur in einer anderen Welt gelandet, sondern auch in einer anderen Zeit. Ohne Elektrizität und andere so genannte Wohltaten der Moderne. Und wir sitzen mittendrin, mit einem *kappa*, soll heißen Malzkaffee, in der Hand. Bilderbuchschön!

Die noch frische Morgenluft animiert uns zu einem »Spazierklimmgang« auf die andere Seite der Insel. Doch für welchen Weg sollen wir uns entscheiden? Alle hundert Meter teilt sich der schmale Trampelpfad, schlängelt sich nun in unterschiedlichen Richtungen durch den Urwald, verschwindet nach links und rechts. Instinktiv folgen wir dem Weg, der uns auf die andere Seite ans Meer bringen wird. Ich weiß nicht, wie unsere Intuition genau funktioniert, aber sie funktioniert tadellos. Acht Gabelungen, null Fehler. Unter dem dichten Blätterdach kraxeln wir schließlich ein bemoostes, rutschiges Bachbett hinauf. Wozu immer nur von Schutzengeln lesen? Hier lerne ich, auf ihre Hilfe zu vertrauen, bis sich vor uns der Dschungel öffnet und den Blick auf einen märchenhaften weißen Sandstrand und die vorgelagerten Korallenriffe freigibt. Welch ein gesegnetes Fleckchen Erde!

Army erwartet uns am Nachmittag am Strand, lädt uns in sein Haus ein, breitet die Pandanusmatte auf seiner Veranda für uns aus und gestattet uns, auch einen Blick in das Innere zu werfen. Drei Zimmer, durch akkurat aus Palmblättern geflochtene Wände abgeteilt. Durch die Bodenplanken hören und sehen wir mehrere Schweine, die eine Etage tiefer leben. In einer Ecke des vorderen Raumes, auf einem Rechteck aus Sand, befindet sich die Feuerstelle, im Gebälk des ebenfalls mit Palmenwedeln gedeckten Hauses hängen zahlreiche Werkzeuge. Ich bin erstaunt, wie viel Platz man in so einer Hütte hat – und wie heimelig sie wirkt.

Wir freuen uns wahnsinnig, als wir sogar zum Essen eingeladen werden. Das fängt ja supergut an. Kaum sind wir sechs Tage in PNG, und schon geht ein lange gehegter Wunsch in Erfüllung.

Nur für uns wird eine weitere Matte im Inneren der Hütte ausgebreitet. Darüber kommt zu Ehren der Gäste ein Stück Stoff als Tischtuch, auf dem von Patricia, Armys Frau, die verschiedensten Schüsselchen angeordnet werden. Kochbananen gibt es, Schweinefleisch, das Army dann gerne an unserer Stelle vertilgt, da wir schon seit mehreren Jahren kein Fleisch mehr essen, Süßkartoffeln in Kokosnusscreme und Essbananen, dazu eine Tasse Tee. Das alles ist wirklich lecker, aber furchtbar sättigend. Unsere Gastgeber jedoch drängen uns freundlich, nochmals nachzunehmen. Und nochmals. Pappsatt liegen wir alle anschließend nach Papua-Tradition auf der Veranda, umringt von zwei Dutzend neugieriger Kinder und Jugendlicher. Wie Björn mit solch einem vollen Bauch auf die Idee kommen kann, als Dankeschön eine kleine Jongliershow hinzulegen, bleibt mir schleierhaft. Doch Menschenansammlungen sind bei Björn immer gleichbedeutend mit Publikum. Army ist von Björns Vorschlag ebenso überrascht, aber einverstanden und voller Neugier, und die Nachricht, dass die weißen Besucher eine Show veranstalten, verbreitet sich wie ein Lauffeuer im ganzen Dorf. Bis Björn mit seinen Jonglierutensilien vom Boot zurückkommt, hat sich die Menschenmenge vorm Haus mindestens verdreifacht.

Die Fackeln werden im Herdfeuer angezündet, der staubige Dorfboden dient als Bühne. Die Vorstellung kann beginnen. Aus den Gesichtern der Zuschauer lösen sich nach und nach Anspannung und Verwunderung und weichen zaghafter Begeisterung. Glücklicherweise ist Björn mit seiner zehnjährigen Erfahrung ein Bühnenprofi. Er weiß einfach, wie er sein Publikum, egal welchen Alters oder welcher Hautfarbe, nicht nur mit Jongliertricks in den Bann ziehen, sondern vor allem auch durch Slapstick-Einlagen zum Lachen bringen kann. Und lachen, ja, das lieben die Menschen hier. Bewunderndes »Ay, ay!«, ertönt jetzt von allen Seiten, es scheint die hiesige Form des Applauses zu sein, denn niemand klatscht. Diabolo, Devilstick, fünf Bälle wirbeln durch die Luft, drei Keulen, dann sechs zusammen mit mir. Bei der Feuerjonglage zum Abschluss sind auch die letzten skeptischen Zuschauer hellauf begeistert. Ja, Feuerfackeln sind im Gegensatz zu Diabolo und Keulen auf den Inseln hier bekannt – und schon jedes Kind weiß, wie gefährlich und auch schwierig das Spiel mit dem Feuer ist.

Ein lächelnder Army tritt zu uns heran, reicht uns zur Erfrischung eine Kokosnuss und bedankt sich im Namen der Dorfbewohner. So etwas hätte noch keiner hier je gesehen, sagt er. Na, hoffentlich erwarten sie jetzt nicht von jedem Segler Darbietungen solcher Art. Mein Blick schweift von den Zuschauern hinüber zu unserem in der Bucht liegenden Schiffchen. Ohne das Jonglieren hätten wir uns MI COLUMPIO niemals leisten können, denn Björn hat das Geld für unser schwimmendes Zuhause ausschließlich mit Straßenshows und seinen Auftritten als Comedy-Artist verdient.

Wieder zu zweit, verbringen wir den Abend auf dem Vorschiff. Abermillionen von Sternen funkeln auf uns nieder. Wir lassen die letzten zwei Tage auf Bagaman Revue passieren und lachen über unsere anfänglichen Ängste. Wir, die es von Berufs wegen gewohnt sind, auf Leute zuzugehen und sie zu unterhalten, haben kurz geglaubt, dass hier andere Gesetzmäßigkeiten gelten würden? Wir wissen doch: Wenn wir freundlich zu anderen sind, sind sie es fast immer auch zu uns. Was immer wir anderen antun, es kommt zu uns zurück. Aus diesem Grunde wünschen wir (fast) allen anderen stets das Beste. Nur so geht es auch uns selber gut.

Auf der Suche nach dem Sinn des Reisens

Conflict Group

Kein Wein, kein Bier. In Townsville hat es nicht geklappt, in Bwagoia nicht, hier auch nicht. Wovon ich spreche? Vom Bier-selbst-Brauen natürlich. Jeder halbwegs praktisch veranlagte Australier stellt sein Bier selbst her: aus Wasser, Hefe und einem Bierbrau-Set, von dem wir noch zehn Pack an Bord haben. Doch es will und will bei uns nicht gelingen. Kein Gärprozess, folglich kein Alkohol, folglich kein Bier. Nach vierzehnmaligem Lesen der Gebrauchsanleitung finden wir die Erklärung: Es ist zu heiß an Bord. Ab 28 °C kann die Hefe nicht mehr richtig arbeiten. Wird die Temperatur aber in den nächsten Monaten noch mal für drei kurze Tage unter 28 °C sinken? Bestimmt nicht. Werden wir an einem Kühlhaus vorbeisegeln? Bestimmt nicht. Werden wir also alkoholfrei durch PNG segeln? Bestimmt.

Noch einmal heißt unser Ziel Panasia. Es ist schwierig zu erklären, welch unwiderstehliche Anziehungskraft diese Insel auf uns ausübt, sodass wir es wagen, trotz der Riffe noch einmal die Passage in die Lagune zu suchen. Fasziniert uns der wohlklingende Name? Sind es die senkrecht aus dem Wasser ragenden, schroffen Felswände? Das Türkis der Lagune? Die Unterwasserwelt an dem steil abfallenden Riff, die Björn so sehr gefallen hat? Oder ist es die kleine Schwesterinsel, deren Palmenhaine uns vor ein paar Tagen so verlockend anlächelten, als wir im letzten Abendlicht aufs offene Meer hinausgeflüchtet sind? Ja, mir scheint, uns lockt dieses kleine Eiland, das wir, da unsere Seekarte es nicht für nötig erachtet hat, ihm einen Namen zukommen zu lassen, auf den ach so kreativen Namen Pana Bonita getauft haben. *Pana* heißt nämlich in der Sprache der Louisiaden Insel, und *bonita* heißt schön. Ja, schön ist sie definitiv. Ein Traum von einem tropischen Inselchen. So schön, als hätte ein Genießer alle Schönheiten der Natur zu einer einzigartigen Filmkulisse zusammengetragen. Zwischen hoch aufgetürmten Felszacken in einem kleinen Tal verstecken sich unzählige Gärten mit niedrigen Zäunen um abgesteckte Beete voller Papaya, Yams und Bananen. Auf der sandigen Landzunge direkt am Strand träumen die gut erhaltenen Hütten eines verlassenen Dorfes in der gleißenden Mittagssonne vor sich hin. Noch sind die Früchte nicht reif, noch stehen die verschlossenen Hütten leer. Aber in ein paar Wochen werden die Bewohner der zehn, fünfzehn Meilen entfernten Nachbarinsel, wo nicht genug wächst, um die Menschen ausreichend zu ernähren, das Dorf wieder zum Leben erwecken. Und die unzähligen Fliegen auf der Insel, die sich gerade auf uns stürzen, werden dann ihnen auf die Nerven fallen. Jedes Paradies hat seine Schattenseiten, und hoffentlich sind es auf Pana Bonita nur die Fliegen. Denn einige Wochen später hören wir etwas, was uns noch nachträglich kalte Schauer über den Rücken jagt: Auf einer der Inseln in unmittelbarer Umgebung befindet sich im Inselinneren ein Sumpfgebiet, in dem die von mir so gefürchteten Salzwasser-Krokodile leben sollen. Und eines von ihnen hat angeblich dieselbe Vorliebe wie wir und genießt es, durch die Lagunen von Panasia und Pana Bonita zu schwimmen ...

*

Warum werden wir bloß schon wieder so ungeduldig? Die prächtige Calvados Chain, ja die gesamten Louisiaden liegen direkt vor unseren Füßen und locken uns mit ihren überall am Horizont aus dem Meer auftauchenden Felskegeln zum Verweilen. Doch wir haben wie immer Hummeln im Hintern. Wir wollen alles auf einmal sehen. Den vormals geplanten Abstecher zu den Salomoninseln haben wir bereits aufgegeben, denn in dieser

Ecke Melanesiens gibt es so viel zu entdecken, dass wir weder dem einen noch dem anderen Landstrich gerecht werden würden, wenn wir hektisch durchhetzen. Noch liegt fast ganz Papua-Neuguinea vor uns, Inselgruppen mit so klangvollem Namen wie Trobriandinseln und Städten wie Rabaul und Madang, von denen uns einige Papuas bereits vorschwärmten. Die Sehnsucht nach dem Unbekannten, nach dem Neuen, treibt uns weiter, vielleicht ist es auch die Angst, etwas Wichtiges oder Wunderbares zu verpassen.

Erneut durchpflügen wir unter Motor das spiegelglatte Meer. Klarinette spielend sitze ich im Bugkorb. Vor mir durchschneiden die Strahlen der senkrecht stehenden Sonne die leuchtende Wasseroberfläche, um sich nach fünf bis sechs Metern im Blau zu verlieren. Plötzlich: Delfine! Genau unter mir, das heißt direkt unterm Bugkorb und vor dem Bug, tummelt sich eine Schule dieser faszinierenden Schwimmer, bemüht, auf MICOs bei dieser Geschwindigkeit kaum vorhandenen Bugwelle mitzusurfen. Wir sollten sofort stoppen, ins Wasser springen und nähere Bekanntschaft schließen, die Voraussetzungen dafür sind ideal. Wenn da bloß nicht meine ewige Angst wäre, diesmal vor der azurfarbenen Tiefe des Ozeans. Unter MICO sollen riesige Haie und andere Meeresungeheuer herumschwimmen und nur darauf warten, Björn oder mich genüsslich zu verzehren? Natürlich weiß ich, dass Haie normalerweise direkt unter der Wasseroberfläche nichts verloren haben, sondern im tieferen Wasser oder in der Nähe von Riffen und Inseln jagen, eben da, wo sich kleinere Beute tummelt. Außerdem produziere ich weder Geräusche wie ein Tunfischschwarm noch wie ein im Todeskampf zappelnder Fisch, noch blute ich wie er. Wovor fürchte ich mich also? Wahrscheinlich doch nur vor den fiktiven Grausamkeiten einiger Haiarten, die ihnen von Hollywoodregisseuren angedichtet worden sind.

Dann tauchen die Delfine nacheinander unter den Bug ab und verschwinden auf Nimmerwiedersehen, wahrscheinlich langweilt sie unsere mickrige Reisegeschwindigkeit. Statt dessen tauchen am Horizont die ersten flachen Inselchen der unbewohnten Conflict Group auf.

Der Name klingt in unseren Ohren alles andere als vielversprechend, aber laut unserem *Cruising Guide* soll es auf einer der Inseln Süßwasser geben. Das ist genau das, was wir im Moment brauchen, denn das verhasste Wäschewaschen haben wir schon viel zu lange aufgeschoben, und die Passage zwischen den Korallenblöcken sieht trotz der steil aus der Tiefe aufragenden Korallenblöcke nicht ganz so schlimm aus wie die, die wir zu Beginn unserer Seglerkarriere in Belize bewältigen mussten. Damals sind wir brav dem im *Cruising Guide* angegebenen Kurs gefolgt – genau aufs Riff. Björn, vorne im Bugkorb stehend, hatte bis zuletzt geglaubt, dass der Wall aus Korallen vor uns die Einfahrt darstellte und dass die Korallen tief genug lägen, um darüber wegzukommen. Er wurde eines Besseren belehrt! Krachend schob sich MI COLUMPIO im Zickzack über das Riff hinweg, über die armen geschundenen Korallen, und erst nach einer unendlich langen Zitterpartie erreichten wir wie durch ein Wunder unversehrt das korallenfreie Wasser der Lagune. Seit diesem Tag übernimmt Björn bei Riffpassagen die Pinne, und ich stehe im Bug.

Doch auch mit mir als Ausguck ist der erste Konflikt nicht mehr abzuwenden: MI COLUMPIO versus einen plötzlich aus dem Nichts aufragenden Korallenkopf. Die Runde geht an ihn, und uns bleibt nichts weiter übrig, als uns nach der Methode von Versuch und Irrtum mal vor, mal zurück unseren Weg zu einem Ankerplatz zu suchen. Nach einer anstrengenden langen Stunde, in der wir unter ausgiebiger Verwendung aller uns bekannten Schimpfwörter zwischen den Korallenblöcken herumirren, finden wir ein einziges, zum Ankern geeignetes Flach. Doch der für uns bereits angenehm kühle, achtundzwanzig Grad warme Tropenabend versöhnt uns wieder mit der Welt. Stille, Ruhe, Alleinsein. Die absolute Einsamkeit wirkt nicht im Mindesten beängstigend, wir finden sie nur befreiend. Endlich können wir sein, wer wir wirklich sind. Hier zählt es nicht, ob wir Weiße, ob wir

Segler oder Fremde oder Birgit und Björn sind, wir sind einfach. Und unsere Gedanken und Gefühle haben Platz, sich weit auszubreiten.

*

Der zweite Konflikt bahnt sich am nächsten Morgen kurz nach Sonnenaufgang an: das immerwährende Problem der Nordeuropäer mit den tropischen Temperaturen. Morgens um halb sechs überschreitet das Thermometer bereits 30 °C, die ersten Schweißtropfen perlen eine knappe Stunde später über unsere fast nackten Körper. Zum Frühstück um sieben Uhr ziehen wir uns in den Schatten der Kajüte vor der noch schräg stehenden, aber schon brennenden Sonne zurück.

»War dieses Riff gestern eigentlich auch schon neben uns?«, sinniere ich laut mit Blick auf das spiegelglatte Wasser zu meinen Füßen.

»Mmh, gute Frage.«

Nicht nur unsere Körper, auch unsere Gehirne funktionieren in den frühen Morgenstunden und bei diesen Temperaturen ausgesprochen träge. Schließlich kommen wir zu der Erkenntnis, dass Riffe sich nicht bewegen können, aber dass MI COLUMPIO das sehr gut kann. Darum ist wohl die kleine Insel, vor der wir gestern Anker geworfen haben, nun so weit entfernt ... Grund zur Panik besteht nicht. Bis zu dem Riff, das nur knapp mit Wasser bedeckt ist, haben wir immerhin noch drei Meter Abstand. Bei der vorherrschenden Windgeschwindigkeit von 0,1 Knoten können wir noch in aller Ruhe zu Ende frühstücken, bevor wir langsam, ganz langsam den Anker wieder hochholen und an unseren alten Ankerplatz zurückmotoren.

Eine halbe Stunde später sind wir bei 38 °C angelangt. Jede noch so geringe Anstrengung hat einen weiteren Schweißausbruch zur Folge. Also lautet unsere Devise für den heutigen Tag: erst Wäsche waschen, dann Nichtstun.

Mann, bin ich faul! Und ich koste das Herumliegen, diese Zeit ohne jegliche Verpflichtung und Verantwortung, mit jeder einzelnen Faser meines Körpers aus. Morgen ist auch noch ein Tag. Wantenleiter bauen? Pinne abschleifen? *Mañana.* Dieses wunderbare Wort haben wir in Guatemala gelernt. Wer kann bei dieser Hitze schon arbeiten! Meine Poren sind weit geöffnet, auf der Haut bilden sich in Sekundenschnelle kleine Wasserkugeln und rollen zwischen den Brüsten dem Bauchnabel entgegen. Weitere Schweißtropfen rinnen mir in die Augen und durch die Kniekehlen. Nur hinter den Ohren scheint es bislang noch trocken zu sein. Dazu nerven uns die Fliegen, die sich in ihrer Dreistigkeit bevorzugt auf unsere nackten Beine setzen. Um wenigstens ein paar Seiten ungestört lesen zu können, verkriechen wir uns unter unsere Moskitonetze. Doch obwohl sie draußen im Cockpit hängen, ist die Hitze darunter unerträglich. Außerdem fühlen wir uns wie Gefangene auf unserem eigenen Schiff. Schließlich drehen wir den Spieß einfach um, locken die Fliegen zu uns unters Moskitonetz, winden uns dann vorsichtig unter dem weißen Schleier hervor – und fangen auf diese Weise pro Runde circa zwanzig Nervensägen.

Dann machen wir uns doch noch an die Arbeit. Nachdem wir monatelang in Australien vergeblich versucht hatten, mit sündhaft teurem Dinghikleber die winzigen Risse und Löcher in unserem Schlauchboot abzudichten, haben wir endlich den passenden Einfall. Wir versuchen unser Glück mit ganz banalem Sekundenkleber, ohne den wir nie auf Törn gehen. Klebt anscheinend nicht nur die Fingerspitzen zusammen, sondern auch die Flicken aufs QUIETSCHIE. Und scheint zu halten. Endlich sieht unser Dinghi nicht mehr aus wie eine halb vollgelaufene Badewanne. Wir testen unser Werk, fahren durch die Lagune, gleiten übers unbewegte Wasser. Der Fahrtwind ist piewarm, die paar Spritzer Gischt haben dieselbe Temperatur wie Schweißtropfen. Die Flicken halten! Dinghifahren ist herrlich. Laut zwar, aber schnell und unbeschwert. Das Wasser fliegt dank des 10-PS-

Außenborders nur so unter uns vorbei. Ich fahre am liebsten im Stehen. Das ist für mich, die normalerweise vorne sitzt, die einzige Möglichkeit, halbwegs trocken an Land zu kommen. Ich halte die Festmacherleine mit beiden Händen wie Zügel, »reite« über das Wasser, angespannt, jede kleine oder große Welle in den Knien spürend, mit den Knien ausgleichend. Das ist Nervenkitzel, wie ich ihn liebe. Ich suche mit den Augen Untiefen und Korallenblöcke, und zeige Björn, der am Gashebel sitzt, die Richtung an.

Im Licht der rot glühenden untergehenden Sonne widmen wir uns unserer zweiten Lieblingsbeschäftigung. Genüsslich spülen wir uns das Salz und den Schweiß, sozusagen den vergangenen Tag, von der Haut. Ein Liter kühles, herrliches Süßwasser muss ausreichen, um einen Körper von 1,77 und dann noch einen von 1,93 Metern zu erfrischen und zu säubern. Und es reicht auch. Nur zum Haarewaschen gönnen wir uns einen extra Liter des knapp bemessenen kostbaren Gutes. Eine heiße Dusche? Habe ich noch nie vermisst. Wasser in Hülle und Fülle? Habe ich um mich herum – den größten Ozean der Welt.

Sauber und frisch liegen wir danach lang ausgestreckt auf dem Vordeck und lassen uns gemeinsam von den Milliarden funkelnder Sterne bescheinen. Ein tiefes Gefühl der Dankbarkeit durchflutet meinen Körper. Ich taste nach Björns Hand, ergreife, drücke sie. Ich bin überwältigt von der Schönheit dieses Augenblicks. Dass ich das erleben, dass ich hier sein darf! Danke, Björn, dass du deinen Traum vom Segeln in der Südsee wahr gemacht und mich mitgenommen hast. Danke.

*

MICO scheint in einer Glaskugel zu schweben, Himmel, Horizont und Wasseroberfläche formen eine durchsichtige, gräulich schillernde Hülle. Kein noch so leichter Windhauch, nicht die geringste Kräuselbewegung laufen übers Wasser. Korallen und Fische in der Tiefe sind bis ins kleinste Detail zu erkennen, unser

Anker ruht sich fein säuberlich platziert auf dem Meeresgrund aus. Erhitzt beschließen wir, uns im Wasser abzukühlen, im lauwarmen Wasser. Erst ab zwei Metern Tiefe spüre ich beim Tauchen eine angenehme Frische, in sechs Metern treffe ich auf meinen zweiten Hai in diesem Jahr. Ich schätze, er erschrickt genauso über meinen Anblick wie ich über den seinen, jedenfalls drehen wir beide augenblicklich in unterschiedliche Richtungen ab.

Doch noch länger auf Wind zu warten macht in diesem Atoll wirklich kaum Sinn. Sollen wir einen weiteren Tag hier sitzen und schwitzen? Und dann vielleicht noch einen? Unseren Vorsatz, uns auf dieser Reise nach Wind und Wetter zu richten und nicht nach Lust und Laune, werfen wir am Abend eines weiteren unerträglich heißen Tages kurz entschlossen über Bord. Motor an und los! Auf zu neuen Bekanntschaften!

In knalligem Rot-orange versinkt die Sonne im Ozean. Kitschiger und prächtiger geht es kaum. Das Meer hüllt sich in zartes Altrosa, in dessen Mitte ein Springbrunnen sprudelt. Ein Springbrunnen? Spinne ich denn?

»Björn, Björn, komm ganz schnell her!«

Björn kann nichts entdecken, auch ich sehe die Fontäne nicht mehr. Aber da war etwas, hundertprozentig! Während ich mich noch vergeblich abmühe, Björn von meinem gesunden Verstand zu überzeugen, taucht direkt neben MICO für den Bruchteil einer Sekunde etwas Riesiges auf und verschwindet im nächsten Moment wieder in den Fluten. Entgeistert starren wir beide auf die konzentrischen Kreise, die über die spiegelglatte Wasseroberfläche laufen.

»Ein Wal ...«

Freunde fürs Leben

Dobu

Wir haben keine Termine, keine Verpflichtungen, wir können uns einfach treiben lassen. Was für ein Luxus! Es gibt keinen vorgeschriebenen Kurs, keine vorgebuchten Termine. Niemand denkt oder plant für uns. Und das ist für uns nicht anstrengend, sondern wunderbare Unabhängigkeit. Unser sechster Sinn ist wach und neugierig und bereit fürs Unerwartete und macht unser Leben hier so lebenswert und uns so zufrieden. Was wird uns als Nächstes über den Weg laufen oder schwimmen? Wo werden wir die nächste Nacht verbringen? Was für Menschen werden wir treffen? Diese Spannung haben wir gesucht. Und jeden Tag scheint die Sonne.

Unsere Route stellen wir zurzeit eindeutig nach dem Klang der Namen zusammen. D'Entrecasteaux-Archipel, benannt nach Joseph-Antoine-Raymond Bruny d'Entrecasteau, dem berühmten französischen Seefahrer, der die Inselgruppe 1792 entdeckte. Trobriand Islands ... Ob die Inseln wohl halten, wozu sie unsere Fantasie inspirieren? Vor uns liegen die drei großen D'Entrecasteaux Islands: Normanby, Fergusson und Goodenough. Mit über zweieinhalbtausend Meter hohen erloschenen Vulkanen. Grün, üppig, fruchtbar. Ein herrlicher Kontrast zu den gerade mal sechzig Seemeilen entfernten, sandigen Korallenatollen der Conflict Group, der den Reiz dieses tropischen Landes ausmacht: Papua-Neuguinea hat auf engstem Raum alles an Naturschönheiten zu bieten, was das Herz begehrt. Tausende von Inseln und viertausend Meter hohe Berge, ungezähmten, undurchdringlichen Regenwald und mächtige Urwaldflüsse, eine herrliche dicht bevölkerte Unterwasserwelt und aktive Vulkane. Wilde Natur pur. Und obwohl auf den D'Entrecasteaux Islands seit 1994 kein Vulkan mehr ausgebrochen ist, zischen, dampfen und sprudeln noch immer an vielen Plätzen heiße Quellen und schweflige Gase. Wie beim Bubble Bath auf Dobu, unserem Ziel. Die heißen Quellen hat uns übrigens vor einem Jahr ein deutsch-amerikanisches Seglerpärchen in Brisbane empfohlen. Die beiden waren so nett, uns ihre favorisierten Plätze in PNG aufzuschreiben. So haben wir außer den schönen Namen zumindest noch einen weiteren Anhaltspunkt, nach dem wir uns unsere Reiseroute zusammenbasteln. Einen normalen Reiseführer über PNG besitzen wir nämlich nicht – er war uns schlichtweg zu teuer. Die Louisiaden, die einzige Inselgruppe, von der wir vorher genau wussten, dass wir sie anlaufen würden, nehmen im aktuellen *Lonely-Planet*-Reiseführer gerade mal eine halbe Seite ein. Und für eine halbe Seite fünfundzwanzig australische Dollar zu bezahlen – das fanden wir beide damals in Townsville ziemlich übertrieben.

Doch leider steht die Sonne bereits tief am Horizont, als wir uns nach fast vierundzwanzig Stunden unter Motor der kleinen Insel langsam nähern. Ganz begeistert finden wir uns plötzlich mitten im Paradies wieder. Sprachlos schauen wir uns um und bestaunen die hohen Berge von Normanby und Fergusson, die eine weite, friedlich daliegende Bucht umschließen und zur Krönung der ohnehin schon atemberaubenden Szenerie noch vom Oya Tabu, dem heiligen Berg, überragt werden. Goldenes Sonnenlicht überglänzt uns und unser Boot, das langsam über einen farbenprächtigen Korallenteppich gleitet. Durchs spiegelglatte Wasser hindurch kann ich, vorne auf dem Bugkorb stehend und Björn mit Armbewegungen Weisungen erteilend, bis zu den kleinsten Verästelungen der flach wachsenden Korallen hinabschauen. Von der Pracht der unzähligen Formen und Farben überwältigt, vergesse ich fast, auf die Wassertiefe zu achten.

»Nur noch acht Fuß«, schreit Björn an der Pinne, »noch sechs.«

Wenn man bedenkt, dass die Entfernung zwischen Echolot und MICOs Kiel genau vier Fuß und dass ein Fuß gerade mal dreißig Zentimeter beträgt, kann ich die Aufregung gut verstehen. Sechzig Zentimeter Wasser zwischen Koralle und Schiff, das ist kaum mehr als die berühmt-berüchtigte Handbreit …

»Rechts, weiter rechts!«, schreie ich zurück und wedle mit den Armen. Natürlich weiß ich, dass ich korrekterweise »Nach Steuerbord!« rufen müsste. Aber uns hat das – ganz besonders in brenzligen Situationen – noch nie interessiert, denn wir haben uns auch ohne Fachsprache noch immer verständigen können. Ein paar korrekte Deutsche störten sich allerdings während unserer Pazifiküberquerung an unserem Vokabular. Damals hatten wir morgens um sechs Uhr auf Samoa unseren Ankerplatz im vollgestopften Naturhafen von Apia gewechselt. Als Björn mir vom Bug aus das Kommando »Rechts! Rechts!« zurief, ertönte vom Boot neben uns der besserwisserische Kommentar: »Das heißt nicht rechts, das heißt Steuerbord!« Ach ja, die lieben Landsleute!

Vor Dobu belehrt uns jetzt glücklicherweise niemand. Die Passage wird wieder tiefer, doch glitzert die sinkende Sonne so auf der Wasseroberfläche, dass ich vom Bugkorb aus kaum noch etwas erkennen kann. Was bleibt uns anderes übrig, als vor dieser kleinen bewohnten Insel zu ankern, um unseren Weg erst im Morgenlicht fortzusetzen?

Fünf Minuten später nähert sich das erste Kanu, und wir bitten Derek und Damien an Bord – die christlichen Namen sind für uns jedes Mal wieder ziemlich überraschend.

»So ein kleines Segelboot hat hier noch nie geankert«, begrüßen uns die beiden ein wenig schüchtern. Es sei überhaupt das erste Mal, dass sich ein fremdes Schiff nach Neumara, sprich Ne-u-mara, dem Inselchen vor uns, verirrt hat, schieben sie dann noch hinterher, und wir haben keinen Grund daran zu zweifeln. Noch immer sehr zurückhaltend, erzählt Derek uns in einwandfreiem Englisch, dass er sich gerade auf dem Heimweg nach Dobu befand, als er uns kommen sah und unbedingt als Erster vorbeischauen wollte.

»Unsere Insel ist viel zu steil und zerklüftet und hat viel zu wenig Platz für all die Menschen, die darauf wohnen. Darum haben wir unsere Gärten auf Neumara angelegt. Eigentlich sind die paar Häuser auf Neumara auch nur ein Ableger meines Dorfes, eine Außenstation sozusagen.« Er lacht. »Für all die Familienmitglieder, denen es auf Dobu zu eng wird. Fahrt einfach hinüber und schaut es euch selbst an.«

*

Leicht aufgeregt befolgen wir am nächsten Morgen seinen Rat und landen auf Neumara. Am Strand wartet bereits Willy auf uns. Und wie später noch oft auf dieser Reise, machen wir die erstaunliche Erfahrung, dass uns ein wildfremder Mensch sofort und wie seit Urzeiten bekannt und vertraut erscheint. Vielleicht weil wir ihm in vielen Dingen ähnlich sind und wir uns in ihm wiedererkennen? Ein einziger Blick genügt, um festzustellen, dass wir auf dieser Insel einen Freund fürs Leben gefunden haben. Genauso scheint es auch Willy zu empfinden. Sympathie und gegenseitige Achtung füreinander erfüllt uns von der ersten Sekunde an, und der nur eineinhalb Meter große oder besser gesagt kleine Mann mit den gütigen Augen nimmt uns unter seine Fittiche. Uns wird die Ehre einer persönlichen Inselführung zuteil, wobei er uns geduldig und ausnahmslos alle möglichen und unmöglichen Fragen beantwortet. Zu dritt schlendern wir den von Palmen gesäumten Weg entlang, während uns Willys kleine Tochter Veronica scheu und in gebührendem Abstand folgt. Frauen mit riesigen Körben, die sie auf den Köpfen balancieren, kommen uns entgegen und grüßen mit einem für unsere Ohren freundlich klingenden Wortschwall: »*Gona gona boboana.*«

Guten Morgen. Das sind also unsere ersten Worte in Dobu-Sprache. Bald schon beherrschen wir dank Willy die, wie er meint, wichtigsten Wörter: Hallo, danke, mein Freund, auf Wiedersehen. So können wir gleich jedem Menschen, der uns auf dem schmalen Pfad entgegenkommt oder uns, vor seiner

Hütte sitzend, neugierig mustert, ein nettes »*Kagutoki*« zuwerfen.

Ehe ich es zu erwähnen vergesse: Björn hat gestern in einem Anflug von Langeweile neue Namen für uns gefunden. Nach den Hauptdarstellern des Romans, den wir beide gerade gelesen haben und der die Lebensgeschichte von Fanny Stevenson, der Frau des Schriftstellers Robert Louis Stevenson, beschreibt. Es handelt sich um *Die Vagabundin*, und wir heißen auf Dobu und Neumara ab sofort Fanny und Louis. Was für die Einheimischen viel leichter auszusprechen ist als Birgit und Björn, aber auf unserer Seite zu ständigen Versprechern und Erheiterung führt.

»Birgit, äh, Fanny, könntest du mal ...«

Vor einem abseits gelegenen, unter hohen Urwaldbäumen versteckten Anwesen machen wir Halt. Zwei Frauen mit knallrot verfärbten Zähnen und Lippen sitzen dort in einer nach allen Seiten hin offenen Hütte und kauen genüsslich ihre Betelnüsse. Es handelt sich um die Ehefrau von Willys Bruder und seine Mutter, und beide wollen sogleich wissen, ob wir Betelnüsse kennen oder sogar schon probiert haben. Gehört haben wir schon von der »Hauptdroge« Papua-Neuguineas mit dem Namen *buai*, ohne die der Alltag nicht denkbar ist und die einen nicht nur in einen leichten Zustand der Euphorie versetzen soll, sondern auch magische Kräfte verleihen soll. Erfahrung haben wir aber noch nicht. Woraufhin uns Willy unverzüglich in die Geheimnisse des Betelnusskauens einweiht.

Man nimmt eine grüne Betelnuss, entfernt die Schale und steckt sich die geleeartige Frucht in den Mund. Dazu kaut man noch ein Stück von der Frucht oder dem Blatt der rankenden Senfpflanze, je nach Geschmack – und tunkt das Ganze in etwas Muschelkalk. Der gekaute Brei fördert den Speichelfluss, nur die festen Bestandteile werden schließlich wieder ausgespuckt, wie Willy eindrucksvoll demonstriert: »Auf den Boden. So.« Der Kalk wird übrigens aus Geweihkorallen gewonnen. Die abgebrochenen Korallenstücke werden im Feuer so lange erhitzt, bis sie porös sind, und danach in Brotfruchtbaumblätter eingewickelt, in denen sie innerhalb von zwei bis drei Tagen vollständig zu dem heiß geliebten Korallenstaub zerfallen. Dieser Kalkstaub, vermischt mit Betelnuss, ist verantwortlich für die leuchtend rote Färbung von Lippen und Zähnen und den begehrten Kick. Oder um es mit den Worten von Willy auszudrücken: »*It makes us happy and strong.*« Nun ja, definitiv macht es auf Dauer gleichgültig, schädigt die Hirnsubstanz und greift die Zähne an. Ich persönlich merke leider oder vielleicht auch glücklicherweise nicht viel von der positiven Wirkung der Nuss. Dafür fühlen sich Mundinnenraum und Zunge leicht taub an, der Geschmack ist ziemlich scheußlich. Irgendwie erinnert es mich an meinen letzten Zahnarztbesuch.

Anschließend führt uns Willy in sein privates Reich: seinen »Garten«, ein Wort, das hier gleichbedeutend ist mit Feld oder Gemüsegarten. Natürlich sieht so etwas komplett anders aus als bei uns zu Hause, nämlich wild wuchernd und mit hochgewachsenen Pflanzen. Überall breitet sich ein üppiges, tropisches Grün aus, in dem fast alles gedeiht, was das Herz begehrt. Auf sorgfältig gerodetem und frisch umgegrabenem Boden rankt sich Yams die Pflanzstöcke empor. Tapioka und der Taro mit seinen riesigen Blättern wachsen auf dem Nachbarfeld. Am Boden winden sich die Süßkartoffeln tragenden Pflanzen entlang, dazwischen lugt hier und da eine Ananas hervor. Zuckerrohr und Mais stehen nur ein paar Meter weiter, von einem Dutzend Papaya-Bäumchen flankiert. Unmittelbar daneben spendieren Bananenstauden, Betelnuss- und Kokospalmen ein dichtes Blätterdach. Der Garten Eden kann nicht viel anders ausgesehen haben, denke ich. Alles wächst nicht nur nebeneinander, sondern auch noch auf mehreren Etagen über- und untereinander, die Natur sorgt auf dieser tropischen Vulkaninsel reichlich für alle ihre Bewohner. Die Menschen müssen die Lebensmittel nur noch abpflücken und in Mahlzeiten verwandeln. Ich bin mehr als begeistert beim Anblick dieser Vielfalt an Früchten. Willy, der stolze Besitzer dieses Schlaraffenlandes, erklärt uns, was wir sehen, und weiht uns in die Geheimnisse der Anbaumethoden ein. Er schneidet für uns hier ein Stück Zuckerrohr ab, holt da per Stockwurf ein paar uns unbekannte Nüsse vom Baum oder klettert flugs einen Papayabaum hoch. Mit einer Eleganz und Grazie, die wir nur bewundern können, besteigt er die Palmen in Sekundenschnelle. Als wir es ihm nachtun wollen, bleiben wir anfangs wie Mehlsäcke am Fuß der Palme hängen und geben bereits nach zwei Metern mit zerschundenen Händen auf. Unser Begleiter dagegen hängt kopfüber, ich wiederhole kopfüber, am Palmenstamm und hüpft einmal sogar in einem Affentempo auf Händen und Füßen den Baum hinauf.

*

Wir bewundern Willy. Sein Körper ist ein einziger schlanker Muskel, wie es scheint. Dazu ist der junge Mann aufmerksam, hilfsbereit und intelligent. Und immer freundlich. Ein außergewöhnlicher Mensch, da sind Björn, Verzeihung, Louis und ich uns einig. Derek, der größer und mit seinem Cromagnon-Gesicht derber ist als sein Cousin Willy, trägt stets eine leuchtend rote Hibiskusblüte im Haar. Er liebt das Leben, den Smalltalk und unser Boot, und schon nach einem Tag verleihen wir den beiden angenehmen Zeitgenossen, die offenbar beschlossen haben, auf uns aufzupassen und uns als Führer zu begleiten, das Prädikat *gosiyago*, das heißt Freund. Eigentlich wollten wir von ihnen nur wissen, in welcher Bucht von Fergusson die berühmten Geysire von Deidei zu finden sind. Aber wahrscheinlich haben wir zu oft nachgefragt, denn nach fünfmaliger Erklärung bietet uns Willy seine persönliche Hilfe an, und da bei den Geysiren Verwandte von ihm wohnen, schlägt er vor, uns zu begleiten und seine Leute mal wieder zu besuchen. Da will Derek natürlich nicht zurückstehen. Wir hätten Deidei sicherlich auch ohne die Hilfe der beiden gefunden. Andererseits: Wann kann man schon mal mit Papuas segeln gehen – auf unserem Boot allerdings, nicht auf ihrem.

Und so ist die Sache beschlossen. Am nächsten Morgen wollen wir früh aufbrechen, weshalb Derek noch bis spät in die Nacht in seinem Garten herumackert und ihn bestellt, um guten Gewissens mit uns lossegeln zu können.

Wir amüsieren uns in der Zwischenzeit mit Willy im Dobu Bubble Bath. Aufgrund von Minivulkanen sprudelt hier das Wasser mit Millionen von Luftbläschen durchsetzt piewarm aus dem Meeresboden. Die Luft stinkt gewaltig nach Schwefel. Trotzdem bringt das Schnorcheln in diesem riesigen Whirlpool eine Menge Spaß. Am feinen weißen Sandstrand erreicht die Wassertemperatur unter den uralten, Schatten spendenden Bäumen fast 40 °C. Björn, der von unzähligen neugierigen Kindern umlagert wird, die dennoch brav auf Sicherheitsabstand bleiben, streckt seine alternden Knochen im flachen Wasser aus und will für immer hier bleiben. Doch nach nur einer Stunde sind wir so aufgeweicht und entspannt, als ob wir den halben Tag in der Sauna verbracht hätten. Wir kehren zu Mico zurück, die jetzt, von einem Haufen Kanus umringt, vor Dereks kleinem Dorf ankert.

Dobu ist und war schon immer das kulturelle und spirituelle Zentrum der ganzen Region. Von hier aus wurden die Nachbarinseln und die großen Buchten von Fergusson Island besiedelt, von hier aus verbreiteten die Missionare den christlichen Glauben über die Inseln. Der Erste hatte sich 1891 auf das D'Entrecasteaux-Archipel gewagt, erwählte Dobu als Standort und überlebte die Angriffe der damals noch recht blutrünstigen Bewohner nur mithilfe eines originellen Tricks. William Edward Bromelo, so hieß der erfindungsreiche Kirchenmann, stellte in der ihm zugewiesenen Hütte einen mitgebrachten Spiegel so raffiniert auf, dass er sich in einer Ecke des Zimmers verbergen konnte, während man vom Fenster aus sein Spiegelbild in der Hütte sah. Als sich nachts der Häuptling mit seinen Gefolgsleuten heranschlich und mit Pfeil und Bogen auf den Eindringling beziehungsweise auf dessen Spiegelbild schoss, von dem die Pfeile natürlich unverrichteter Dinge abprallten, behauptete Bromelo, es gäbe einen mächtigen weißen Gott, der ihn beschütze. Noch am selben Tag wurde ganz Dobu christlich und befriedet. Und Willys Urgroßmutter stellte ihre große Tonschüssel, aus der man bis zu diesem Zeitpunkt immer die leckere Menschensuppe aß, die aus den unvorsichtigen durchreisenden Fremden gekocht wurde, für alle Zeiten in die Ecke.

MI COLUMPIO wird mittlerweile von zehn Auslegerkanus mit dreimal so vielen Kindern darauf belagert.

»*Hello, DimDim*!«

DimDim hier und *DimDim* da, es ist nicht schwierig zu erraten, dass wir damit gemeint sind. Na schön, sind wir halt *DimDims*, Fremde. Das sind wir jedenfalls viel lieber als *gringos* oder *papalagis* oder *Mister und Mrs. Rupie* oder welche Begriffe es sonst noch auf der Welt für wohlhabende Touristen gibt.

Kurze Zeit später klingen deutsche Kinderlieder durch die Bucht, gefolgt von hunderten schillernder Seifenblasen. Für die »lieben Kleinen« haben wir außerdem schreiend bunte Bonbons mitgebracht, die sie begeistert in Empfang nehmen. Die Erwachsenen laden wir zu Kaffee und Keksen an Bord ein. Wir können jedem PNG-Reisenden nur aufs Wärmste empfehlen, sich mit den beiden letztgenannten Dingen reichlichst einzudecken. Mit nichts kann man die Papuas schneller und einfacher glücklich machen. Vielleicht noch mit Zucker, der esslöffelweise in den Kaffeetassen verschwindet. Normalerweise kommen hier nur Boote mit Tauchern durch und höchstens zwei- oder dreimal im Jahr auch Segler. Doch bisher wurde es keinem der Inselbewohner gestattet, mit ihrem Kanu nahe an eines dieser Boote, geschweige denn an Bord zu kommen. Dementsprechend erfreut reagieren alle auf unsere Einladung, sich zu uns ins Cockpit zu gesellen. Ich weiß nicht, wie sich andere Segler fühlen, wenn sie quasi im Vorgarten dieser wunderbaren Menschen ankern und sie dann im wahrsten Sinne des Wortes von oben herab begrüßen, während sie selbst oben hinter ihrer Reling bleiben und ihre Gesprächspartner unten in den Kanus stehen müssen. Andererseits finden es unsere Gäste auch bei uns im Cockpit merkwürdig, als wir sie bitten, auf unseren Sitzkissen Platz zu nehmen. Verständlich. Warum sollen sie auf weichen, dicken Polstern sitzen, während sie normalerweise auf dünnen Matten schlafen?

Zum Abendessen ist Willy mitsamt seiner *Missis* Dusien unser Gast. Als Dankeschön für seine wunderbare Inselführung revanchieren wir uns mit einem Drei-Gänge-Menü: Champignon-Cremesuppe aus der Dose, überbackene Nachos mit Bohnen und Tomaten, zum Nachtisch selbst gebackene Kekse. Ich glaube, für Willy ist es ein ganz besonderer Moment, auf einem Segelboot zu sitzen und an einer fein gedeckten Tafel unbekannte Speisen serviert zu bekommen, denn seine Augen strahlen die ganze Zeit über wie sonst nur die Augen von Kindern am Heiligen Abend. Eine ausgesprochen feierliche Stimmung hat unsere kleine Gesellschaft ergriffen. Bis das erste Kanu an MICOs Bordwand rumst, dann noch eines und noch eines. Ein halbes Dutzend Kinder erscheint rechtzeitig zur Zaubervorstellung, die Björn zum krönenden Abschluss des Abends angekündigt hat. In ihren Kanus stehend, lugen sie neugierig über die Bordkante, versuchen sich aber noch schüchtern hinter den Rücken von Willy und Dusien zu verstecken. Als Björn-Louis seinen ersten Trick vorführt, reagieren sie absolut fassungslos, ja sogar Entsetzen macht sich in den Gesichtern der Kinder und auch bei unseren erwachsenen Gästen breit. So etwas kann nicht sein oder kann zumindest nicht mit rechten Dingen zugehen. Der *Dim-Dim* hat Willy doch nur einen einzigen Stoffhasen in die Hand gedrückt, und plötzlich liegen da drei! Totenstille macht sich an Bord breit, und aus weit aufgerissenen Augen starren die Zuschauer den großen Zauberer ängstlich an. Als der einfach loslacht, fallen alle erleichtert ein. Im nächsten Moment purzeln sechs kleine Häschen unerwartet aus der Hand Dusiens – die Hasen haben Nachwuchs bekommen. Unsere Gäste verstehen die Welt nicht mehr. Doch sie wagen auch nicht nachzufragen, lassen sich einfach in die Rolle des begeisterten Zuschauers fallen und genießen, was als Nächstes passiert. Direkt vor ihren Augen lässt Louis Spielkarten aufsteigen und wieder verschwinden, Gummibänder miteinander verschmelzen und Münzen hinter den Ohren der Kinder auftauchen.

»*Ay, ay.*«

Jeder neue Trick wird mit einem faszinierten, lang gezogenen »*ay, ay*« quittiert. Für mich gibt es kaum etwas Schöneres, als das Publikum zu beobachten. Hingebungsvoll verfolgen sie die Darbietungen, reagieren erstaunt, manchmal erschrocken, und verstehen nicht, was da direkt vor ihren Augen geschieht. Doch dann freuen sie sich, lachen und strahlen vor Begeisterung und zweifeln in ihrem tiefsten Herzen doch, ob der Fremde ein wirklicher Magier sein kann.

Louis beruhigt sie: »*Don't worry, only white magic!*«

*

Die nächsten drei Tage gehen als die glücklichsten meines Lebens in unsere persönlichen Annalen ein. Naja, von den Zeiten, in denen wir frisch verliebt waren, mal abgesehen.

Es liegt nicht nur am strahlenden Sonnenschein, in dem MICO langsam durch die weite Bucht zieht, am Oya Tabu, dem heiligen Berg, der mit seinen majestätischen Zwillingsgipfeln die sanft gewellten Hügel unter ihm beschützt. Es liegt nicht nur an Willy und Derek, die gemeinsam mit Björn auf dem Vorschiff herumturnen, nicht nur an der Vorfreude auf das, was wir heute alles unternehmen wollen. Für solch ein Glücksgefühl, wie es mich gerade durchjagt, braucht es wahrscheinlich keine rational fassbaren Gründe. Ich bin zum Bersten damit angefüllt und schwebe auf Wolke sieben.

Willy und Derek hantieren derweil munter am Ankergeschirr

herum. Segeln auf einem *DimDim*-Boot finden sie Klasse. Vielleicht sind sie genauso glücklich wie ich. Der Anker fällt im flachen Wasser direkt vor ein paar Hütten. Für uns ist es eine ganz neue Erfahrung, mit den Einheimischen an unserer Seite unbekanntes Terrain zu betreten. Wir brauchen nicht nach dem Weg zu den Geysiren zu fragen, können uns unseren beiden Führern einfach anvertrauen. Ein paar Minuten später stehen wir vor einem Prachtstück von Garten, der einer Tante unserer Begleiter gehört. Hibiskusbüsche und Frangipani-Bäumchen rahmen eine gepflegte, kurz geschnittene Rasenfläche ein, auf der, aus weißen Blüten gelegt, die Zahl 2000 leuchtet. Üppige lilafarbene Blumen ranken an einer kleinen, mit Holzschnitzereien verzierten Veranda entlang, und die witzige kleine Treppe besteht aus Baumstämmen, die in verschiedenen Höhen abgesägt und hintereinander senkrecht in den Boden gehauen worden sind.

Abrupt bleibt Louis stehen. »Diese Treppe da kenne ich von irgendwo! Und die Hütte und auch die Veranda. Ich weiß nicht woher, aber ich habe alles schon mal gesehen.«

Zweifelnd schaue ich ihn an. Björn-Louis war hundertprozentig noch niemals in seinem Leben in Deidei, genauso wenig wie ich.

Fünf Sekunden lastet fragendes Schweigen, dann platzt es aus ihm heraus: »Ich weiß, woher ich diesen Garten kenne. Aus einem Traum. Vor ein paar Wochen habe ich von diesem Platz geträumt. Ganz sicher! Diese Stufen sind zu originell, die kann man nicht vergessen, wenn man sie einmal gesehen hat.«

War er also schon einmal hier – im Traum? Und was hat das zu bedeuten? Fragen hängen in der Luft, auf die wir die Antworten schuldig bleiben.

Alle paar Meter stehen Hütten inmitten gepflegten tropischen Grüns.

»*Gona gona boboana*«, tönt es von allen Seiten, »*gona gona boboana.*«

Aus den Hauseingängen tauchen ein paar Köpfe auf, neugierige Menschen, die sich fragen, welche unerwarteten Gäste hier vorbeispazieren. Jeder scheint hier Willy und Derek zu kennen. Aber was machen die zwei Weißen in ihrer Begleitung?

»Seid stolz, dass ihr *DimDim*-Freunde habt!«, scheinen ihnen die neidvollen Blicke zu signalisieren. O ja, sie sind stolz. Und wir? Auch wir platzen fast vor Stolz, Papua-Freunde zu haben.

Alles ist neu für mich, alles unbekannt, spannend. Wie in einem Film, den ich vom Kinosessel aus betrachte, bloß mit mir in der Hauptrolle. Das bin ich, ja tatsächlich ich, die da auf dem schmalen Trampelpfad im Gänsemarsch durchs hohe Kunai-Gras marschiert und dabei die Zahlen von eins bis zehn in Dobu-Sprache lernt, sage ich mir immer wieder vor und kann es kaum fassen. Willy freut sich über meinen Lerneifer, und ich freue mich, dass er sich freut.

»*Bwasi*«, sagt Willy und weist auf den kleinen Fluss, der sich neben uns schlängelt.

»*Bwasi*«, wiederhole ich und versuche, mir das Dobu-Wort für Süßwasser einzuprägen.

Eine halbe Stunde Fußmarsch später erreichen wir die Geysire. Die heißen Quellen gurgeln, sprudeln und dampfen in einer lebensfeindlichen Umgebung, denn auf dieser gelb-weißen Erde wächst nichts mehr – auch wegen des Schwefelgeruchs, der drückend über allem hängt. Aus Felsspalten dampft kochend heißes Wasser, dazu herrscht eine Hitze, die uns fast den Atem nimmt. In Deidei hat jedes Wasserloch, jeder Tümpel seine eigene Funktion und Geschichte.

»Dieses Loch hier vorne wird zum Wäschewaschen genutzt«, klärt uns Willy auf. Kochwäsche also, denke ich, was nicht sehr angenehm für die Hände sein kann.

»Und die heiße Felsspalte dort fungiert als Erdofen. Kommen die Frauen zum Wäschewaschen, legen sie vorher ihr Mittagessen hinein. Und nach getaner Arbeit wartet ein fertig gekochtes Mahl auf sie.«

Einige hundert Meter weiter erreichen wir die Hauptattraktion von Deidei. Zwischen Felsplatten, auf denen Wäsche zum

Trocknen ausgebreitet liegt, spritzt alle paar Minuten eine Wasserfontäne hervor, zehn Meter, zwölf Meter hoch.

»Letztes Jahr ist der Geysir noch viel höher in die Luft hinaus geschossen, zwanzig Meter bestimmt. Aber dann ist eine Frau in den kleinen Pool gesprungen und hat sich selbst getötet. Die ersten Monate nach dem Unglück hat sich der Geysir komplett geweigert, zu sprudeln. Jetzt kommt er langsam wieder in Gang.«

»Wahrscheinlich hat er mittlerweile den Körper der Frau verdaut«, fügt Derek grinsend hinzu.

Unser Rückweg führt uns durch ein kleines Dorf. »Hier wohnt übrigens meine Mutter«, wirft Willy so ganz nebenbei ein, »meine richtige Mutter. Sie hat uns zum Essen eingeladen.«

Eine alte Frau tritt aus einer Hütte hervor, lächelt uns mit ihrem zahnlosen Mund freundlich an und nötigt uns, auf der geflochtenen Plattform vor ihrem Haus Platz zu nehmen. Natürlich essen wieder nur die *DimDims*, die *bwala gaigais* – die Schwarzhäute, wie sie sich selbst nennen – stehen im Kreis um uns herum und amüsieren sich, weil wir das Leckerste von der gebratenen *sweetlip* vor uns verschmähen. Fischaugen gelten auf diesen Inseln nun mal als ausgesprochene Delikatesse. Ich probiere wirklich fast alles, was man mir vorsetzt, wenigstens einmal, aber Fischaugen fallen in die Kategorie Hammelhoden und ähnliche Widerlichkeiten, und da hört der Spaß auf. Dafür genießen wir zum ersten Mal in unserem Leben Yams und Taro. Sie erinnern von der Konsistenz her stark an Kartoffeln, haben bloß viel mehr Eigengeschmack und machen innerhalb kürzester Zeit pappsatt.

Doch mit dem Essen ist die Gastfreundschaft noch nicht erschöpft. Ein kunstvoll geflochtener Korb, gefüllt mit Ananas und Guaven, geht in unseren Besitz über. Womit haben wir das verdient? Das ist ja wie Weihnachten und Ostern zusammen. Willy möchte noch einige Papayas für uns vom Baum holen. Louis bietet seine Hilfe an. Mit 1,93 Meter Körpergröße kann man seiner Meinung nach einfacher eine Frucht vom Baum pflücken als mit 1,50 Meter. Denkste! Denn die Papayas hängen in mindestens fünf Metern Höhe.

Auf seinem Kopf balanciert Willy den Korb mit den geschenkten Früchten zurück zum Boot. MICO gleitet der untergehenden Sonne und der Bucht von Salamo entgegen, der majestätische und wunderschöne Oya Tabu hat seine Wolken abgestreift und zeichnet sich klar am Horizont ab. Was für ein Tag!

Spiegelglattes Wasser empfängt uns im geschützten Naturhafen von Salamo.

»Können wir euer Dinghi ausleihen?«, fragt Derek. »Wir würden uns gerne an Land waschen.«

Es ist ein ungewohnter Anblick, als unser QUIETSCHIE ohne uns davonfährt und in der Abenddämmerung verschwindet. Ruhe an Bord. Ach, es ist so lieb und rücksichtsvoll von ihnen, dass sie uns nach diesem Tag voller neuer Eindrücke für ein paar Minuten alleine lassen. Wir duschen ebenfalls, essen einen Happen, bereiten Kissen und Matratzen im Cockpit vor. Aus den Minuten werden Stunden.

»Meinst du, wir müssen uns Sorgen machen wegen unseres Dinghis?«, feixt Louis.

*

Wie kaum anders zu erwarten, wimmelt es auch in Salamo von Freunden, Bekannten, Familienmitgliedern der beiden. Hallo hier, hallo da. Wir kommen im Schneckentempo voran. Jeder will uns begrüßen. Wir haben das Gefühl, fast schon zum Clan von Willy und Derek zu gehören. Das Familienleben hat auf Dobu einen so hohen Stellenwert, dass niemand eine Renten- oder Arbeitslosenversicherung braucht. Man benötigt auch keine Hotels, Restaurants und, faszinierend genug, keine Waisenhäuser. Gibt es in einer Familie zu viele Kinder oder sterben die Eltern, nehmen selbstverständlich die nächsten Verwandten die Kinder auf. Andererseits gibt eine kinderreiche Familie an Brüder oder Schwestern, die keine Kinder bekommen können, ohne zu zögern ein bis zwei Kinder ab. Willy ist so ein adoptiertes Kind, mit einer Adoptivmutter auf Neumara und seiner richtigen, die wir ja bereits kennen gelernt haben, in Deidei. Auch Veronica, seine kleine Tochter, ist adoptiert. Dusiens Schwester hatte bereits drei Töchter, als sie Zwillinge gebar. Einen Jungen und ein Mädchen, Veronica. Sie hätte bei dem so lange ersehnten Sohn in der Familie nicht genügend Aufmerksamkeit bekommen – also haben Willy und Dusien sie kurzerhand adoptiert.

Der soziale Zusammenhalt, das *Wantok*-System (das alle zusammenfasst, die eine Sprache sprechen) ist in PNG so stark ausgeprägt, dass eine andere Form der Machtverteilung in Politik und Wirtschaft kaum möglich sein wird. Beim Besetzen neuer Posten zählen weder Eignung noch Leistung, sondern nur, ob der Bewerber von derselben Insel, aus demselben Dorf kommt, verwandt oder verschwägert ist oder zumindest dieselbe Sprache spricht. Vetternwirtschaft im wahrsten Sinne des Wortes. Andererseits ersetzt das *Wantok*-System eben auch die Sozialversicherung. Jeder ist für jeden da, in Notzeiten wie im Alltag. Das gleiche Prinzip gilt auch fürs Reisen. Als Derek zum Beispiel ein paar Monate in Madang verbrachte, brauchte er weder eine Wohnung zu mieten noch in einem der fast unerschwinglich teuren Hotels zu wohnen, da er bei einem Cousin unterkommen konnte. Und bei den üblicherweise zwanzig bis dreißig Cousins pro Person kann man sicher sein, in fast jeder Stadt des Landes eine Unterkunft zu finden. Hinzu kommen noch die zahlreichen Tanten und Onkel, Geschwister, Adoptivgeschwister und Ähnliches. Der Nachteil des ganzen Systems: Man ist nie allein. Der Vorteil: dito.

Salamo entpuppt sich als Sitz der Missionsstation und damit größter und wichtigster Ort im Umkreis. Eine Highschool ist hier angesiedelt, in der die Kinder während der Schulzeit ebenfalls wohnen, und ein *aid post*, ein kleines Krankenhaus. Dazu noch ein halb verfallener Flugplatz, ein paar winzige Läden und der Markt, der jeden Sonnabend stattfindet. Bunt gekleidete Frauen – der Handel liegt in ihren Händen – sitzen unter schattigen Baumriesen und bieten ihre auf dem Boden ausgebreiteten Waren an: Yams, Taro, Tapioka, Bananen, Früchte und natürlich Betelnüsse. Kopra, getrocknetes Kokosnussfleisch, aus dem Kokosöl gewonnen wird, Trochusschnecken, deren Perlmutt für Knöpfe verwendet wird, und Seegurken, die in einigen asiatischen Ländern als Potenz steigernd gelten und aus diesem Grund astronomische Preise erzielen, stellen für die Bewohner der Inseln zurzeit eine gute Einnahmequelle dar.

Mit einem halben Knoten Fahrt gleitet MICO wieder aus der Bucht von Salamo hinaus. Da Derek Motorenlärm nicht mag, segeln wir. Zeit spielt keine Rolle, und für unsere Geduld, MICO übers Wasser kriechen zu sehen, werden wir mit einer Stille belohnt, die nur durch leises Plätschern beeinträchtigt wird. Zwischen Kutterstag und Mast baumelt im Schatten der Genua die Hängematte und ich baumle in ihr. Sonnenstrahlen tanzen über die spiegelglatte Wasseroberfläche. Björn, heute Steward statt *captain*, serviert formvollendet Kaffee und Kekse. Es ist der 18. Dezember, ein Tag vor dem vierten Advent. Ein leichter Wind streicht übers Boot. Willy und Derek hocken zusammen im Bugkorb, ihrem Lieblingsplatz, kauen Betelnuss und weisen uns den Weg nach Boduia.

Als Willy mir am Nachmittag aus seinem Leben erzählt, habe ich das Gefühl, in eine völlig fremde Welt einzutauchen. Denn ehe er sich häuslich auf Neumara niederließ, hat er zehn Jahre lang als Kapitän eines kleinen Versorgungsschiffes die gesamte Milne Bay Province, von den Louisiaden bis hinüber nach Alotau, befahren. Er kennt jede Insel in der Umgebung, jedes Riff, unzählige Leute. In Esa'ala, der Bezirkshauptstadt, hat er gewohnt, und in Alotau, der Provinzhauptstadt. Das ist der Teil seiner Lebensgeschichte, den ich noch mühelos nachvollziehen kann. Doch als ich ihn frage, wann er Dusien geheiratet hat, sagt er 1997, und es haut mich fast um, als er hinzufügt, ein Onkel hätte diese Heirat gewünscht und seine Eltern ebenfalls. Und da man, wenn man seine Eltern liebt, ihre Wünsche erfüllt, hat er Dusien geheiratet. Auch damit sie immer nach seinen Eltern schauen kann, so lange er unterwegs ist. Und seine Aufgabe wird es sein, den Garten seiner Schwiegereltern zu bestellen, wenn diese zu alt für die Arbeit geworden sind. Über den Brautpreis, ein Schwein, bestimmte Früchte und noch ein paar Gaben, hatten die Eltern ohne sein Wissen schon verhandelt, ja, er war vorab zum Teil bereits bezahlt worden.

In Boduia gibt es kein Trinkwasser. Also segeln wir gemächlich weiter nach Esa'ala. Unser Tank ist fast leer, und wir benötigen dringend Frischwasser. Wir kreuzen erneut durch die Bucht. In Esa'ala gibt es auch kein Wasser, die Leitung zur Mole ist zurzeit gekappt.

»Lasst es uns auf Dobu versuchen«, schlägt Derek vor.

Bei der *Primary School* werden wir fündig. Große, von der Europäischen Union finanzierte Wassertanks warten darauf, von uns geleert zu werden. Willy möchte von uns wissen, warum die EU solche Projekte auf den D'Entrecasteaux Islands fördert. Und ob irgendwelche Gegenleistungen von den Bewohnern Dobus dafür erwartet werden. Wir können die Frage nicht beantworten.

Was sind wir für ein eingeschworenes Team geworden in den zwei Tagen. Gute Freunde.

»Bleibt doch noch auf ein Glas Wein und erzählt uns eure *stories*, eure Geschichten aus der alten Zeit«, bitten wir die beiden.

Und sie erzählen. Vom Oya Tabu, dem Berg, von dem kein Mensch lebend wieder herunterkommt. Von seinen Zwillingsgipfeln, zwischen denen Flugzeuge verschwunden sein sollen, und von den australischen Expeditionen, die sich auf die Suche nach den Wrackteilen gemacht haben und ebenfalls nie wieder auftauchten. Von den Tälern, in denen früher das unsichtbare Volk gewohnt hat. Ein Volk, das fliegen und sich verschwinden lassen konnte, dessen Mitglieder nur einen Meter groß waren und sich nach der Ankunft der ersten Missionare einen abgeschiedeneren Platz gesucht haben. Sie erzählen vom Baby mit dem großen Kopf, das Zwerge einer jungen Mutter während der Gartenarbeit im Austausch gegen ihr eigenes Kind untergejubelt haben, und dass dieser Gnom, der mittlerweile erwachsen ist, jetzt in Alotau arbeitet. Und sie erzählen vom Leben ihrer Vorfahren, von Kannibalismus und vom ewigen Krieg, von allmonatlichen Rachezügen gegen das Nachbardorf. Andächtig lauschen wir ihren Worten. Und genießen den geheimnisvollen Zauber, der sich über unser Cockpit gelegt hat. Tage wie dieser sollten nie enden dürfen.

*

Wie fast jeden Morgen weckt uns am nächsten Morgen goldenes Sonnenlicht und bringt das dunkle Holz im Inneren MICOs zum Leuchten. Ein wahrlich passendes Wetter für einen Sonntag. Aber hatten wir nicht erst fünf Sonntage in Folge? Wir haben uns längst unseren eigenen Kalender gemacht, und unsere Woche besteht nicht aus Montagen, Dienstagen usw., sondern aus Sonntagen und Arbeitstagen. Sonntage sind die Tage, an denen die Sonne scheint und das Leben und die Landschaft ringsherum zu schön sind, als dass wir uns unter Deck verkriechen möchten, um zu arbeiten. Und Arbeitstage sind alle, die übrig bleiben. Heute ist jedenfalls Sonntag, laut Kalender und laut unserem Gefühl, sozusagen Doppelsonntag. Und dazu noch ein ganz besonderer Sonntag, denn Willy und Derek haben beschlossen, sich für die Pfannkuchen und Kekse, Spaghetti, Pizzen und Kürbissuppen der letzten Tage zu revanchieren. Und zwar ebenfalls auf kulinarische Weise.

Das beginnt mit einem Frühstück bei Derek zu Hause. Seine Hütte steht direkt am Strand. Nur ein, zwei Meter von unseren baumelnden Füßen entfernt schwappen winzige Wellen den weißen Sand hinauf. Derek hat es sich in den Kopf gesetzt, uns nach Strich und Faden zu verwöhnen. Seiner Tätigkeit als Reiseleiter ist er schon in den frühen Morgenstunden nachgekommen und hat uns durch meterhohes scharfkantiges Kunai-Gras den Mount Dobu hinaufgejagt – der schönen Aussicht wegen. Jetzt erklärt er uns unwissenden *DimDims* das Einmaleins der Papua-Küche im Schnelldurchlauf: Wie verarbeite ich in fünf Minuten eine Kokosnuss zu delikater Soße? Uns reicht er aber erst einmal ein Glas mit Tee, bevor er die Deckel von den Tellern hebt, die er vor unserer Nase platziert hat. Frühstück auf papua-neuguinesisch: Yams in Kokoscreme, Tapioka in Kokoscreme, Kürbisblätterspitzen in Kokoscreme, Zuckerrohrblüten in Kokoscreme. Es schmeckt einfach fantastisch! Derek steht in Manier eines Oberkellners neben uns, schenkt nach, reicht uns die verschiedenen Teller und erklärt, was wir da eigentlich essen. Er freut sich sichtlich, dass uns seine Kost genauso gut schmeckt wie ihm die unsere.

Von weiteren Lobeshymnen hält uns der vollgestopfte Zeitplan ab. Wir holen den Anker hoch und tuckern mit Derek an Bord hinüber nach Neumara. Denn Sonntag bedeutet hier Kirchtag. Das hat allerdings einige unangenehme Burschen nicht daran gehindert, in der Nacht den kleinen Anker aus unserem Dinghi zu klauen. Im ersten Moment sind wir empört. Derek jedoch, der ruhige, ausgeglichene Derek, ist mehr als aufgebracht. Er entschuldigt sich ohne Unterlass für seine Landsleute und verspricht, alles in seiner Macht Stehende zu unternehmen, um den Anker wiederzufinden. Und Derek hat Wort gehalten. Zwei Jahre später überreichte er uns beim Wiedersehen stolz unseren schon lange nicht mehr vermissten Dinghi-Anker.

Eine Stunde später hört man uns Kirchenlieder auf Neumara singen. Natürlich auf Dobu-Sprache, denn nicht nur die Bibel, das so genannte *Buki Tambu*, das heilige Buch, ist von einem fleißigen Missionar in die Inselsprache übersetzt worden, sondern auch ein dickes Gesangsbuch. Vielleicht ist es auch ganz gut, dass wir nicht verstehen, was wir singen, nach traurigen Liedern von armen Sündern steht mir an diesem herrlichen Tage so gar nicht der Sinn. Nur einen Meter neben uns rauschen Bananenblätter im Wind, ich suche während der Predigt, von der ich kein einziges Wort verstehe, unter meiner Sitzmatte nach kleinen Muscheln. Und würde es am Ende am liebsten Willys kleiner Tochter nachtun, die auf ihrer Matte lang ausgestreckt den einstündigen Gottesdienst verschläft. Doch da werden wir vom Pastor, der fein in einen schwarzen Anzug gekleidet ist, aus unseren Träumen gerissen und gebeten, als Gäste dieses Gottesdienstes ein paar Worte an die Gemeinde zu richten.

Nach der Kirche erwartet uns Willy bei sich zu Hause.

»Für euch! Habe ich heute Morgen selbst gebacken!«

Willy ist verrückt geworden! Statt nachts zu schlafen, ist er zum nächsten Dorf gepaddelt, um dort einen Ladenbesitzer gegen ein Uhr aus dem Schlaf zu rütteln, weil er Mehl und Karambolen kaufen wollte. Und das alles nur, weil er es sich in den Kopf gesetzt hatte, uns heute mit frisch gebackenen *scones* samt selbst gemachter Marmelade zu beglücken. Wir sind gerührt und gleichzeitig irritiert. Willy möchte uns mit dieser Essenseinladung doch beweisen, genau wie wir backen zu können. Haben wir ihm etwa den Eindruck vermittelt, uns irgendwie überlegen zu fühlen? Glaubt er wirklich, dass unsere Brötchen auch nur halbwegs an sein tausendmal gesünderes Essen heranreichen?

Unsere Ankündigung, am Abend eine Jonglierveranstaltung zu geben, löst unbändige Begeisterung aus. An die Tatsache, dass Louis bei jeder Gelegenheit Dinge jongliert, haben die Leute sich ja gewöhnt. Ob nun Papayas, Macheten oder Puzzle-Nüsse, sobald er mehr als drei gleich große Objekte in die Finger bekommt, fliegen sie durch die Luft. Oder auf den Boden, wie bei den Kokosnüssen, die wohl eine Nummer zu schwer waren. Heute ist jedoch unser letzter Abend, und das ist ein guter Grund, in der Dämmerung auf der Rasenfläche vor der Kirche unseren

Freunden eine *DimDim*-Show der Extraklasse zu liefern. Bisher waren auf Dobu wahrscheinlich nur Missionare und Händler, Ethnologen und Entwicklungshelfer. Aber wir haben etwas anderes zu bieten. Wir werden auf Stelzen tanzen, mit Feuerfackeln jonglieren und auf dem Seil laufen. Und – worauf Björn und ich besonders stolz sind – in Dobu-Sprache bis zehn zählen, womit wir nicht nur das Keulenpassen begleiten, sondern auch ungewollt unser Publikum zu Heiterkeitsausbrüchen bringen. Björn-Louis hat leider sein 2,60 Meter hohes Einrad nicht dabei. Aber auch ohne dieses Highlight seiner Show schafft er es mit links, die staunenden Papuas in seinen Bann zu ziehen. Da er schon vor Jahren sein komplettes Programm ins Englische übersetzt hat, sind seine Zuschauer nicht nur von den Diabolo-Tricks und der wunderschönen Devilstick-Nummer zur Musik angetan, sondern vor allem von seiner Schlagfertigkeit und den vielen Witzen und Scherzen. Derek kugelt sich vor Lachen auf dem Erdboden, während Willy, glaube ich, einfach nur stolz darauf ist, dass es seine Freunde sind, die zur Belustigung des ganzen Dorfes herumkaspern. Zu zweit präsentieren wir danach unseren frisch kreierten Stelzentanz, zu dessen Vervollkommnung wir extra die sperrigen Stelzen um die halbe Welt mitgeschleppt haben. Ohne Kostüme, die aus Platzgründen zu Hause bleiben mussten, und zwischen Bananenstauden wirkt der Tanz leider längst nicht so geheimnisvoll wie auf einer richtigen Bühne mit Beleuchtung und künstlichem Nebel. Den Papuas, denen bis dahin aber noch nie Menschen auf Stelzen unter die Augen gekommen sind, gefällt's trotzdem, besonders als wir als Zugabe noch Cancan tanzen.

Ich könnte die dreißig Menschen, die vor mir in der Dämmerung auf dem Rasen hocken und übers ganze Gesicht strahlen (und jetzt sogar ein bisschen mehr als sonst), alle auf einmal umarmen. Erst recht, als der Dorfvorsteher sich am Ende der Show erhebt und eine Rede für uns hält. Nach einer kurzen Begrüßung fügt er hinzu, dass dies ein besonderer Tag sei, da alle Bewohner auf Neumara etwas dazugelernt hätten. Dann spricht er davon, wie wir als Fremde mit unserem Boot zu ihrer Insel kamen, als Menschen aus einem weit entfernten Land. Wir sähen zwar anders aus als sie – doch wir wären wie sie. Denn wir hätten sie, die *locals*, auf unser Boot eingeladen, unser Essen mit ihnen geteilt, so wie sie es in ihrer Gemeinschaft auch untereinander tun. Wir hätten so gehandelt, betont er, obwohl wir nicht ihre Brüder und Schwestern seien. Und dann sagt er diesen einzelnen kurzen Satz, an den ich mich für den Rest meines Lebens erinnern werde: »*You are like us.*« Wir seien Gleichgesinnte – ein größeres Kompliment können wir uns kaum vorstellen.

Dann hält Willy noch eine kurze Rede, danach Derek, und dann sind wir dran. Und ich bin überglücklich und empfinde das Leben als rein und liebenswert. Aber noch ist der Abend nicht zu Ende. Das ganze Dorf begleitet uns bis zum Dinghi, Derek und Willy kommen noch an Bord. Gemeinsam sitzen wir eine letzte Nacht zusammen, erzählen, lauschen. Schade, dass man solche Abende nicht für immer festhalten kann.

*

Warum soll man eigentlich immer dann gehen, wenn es am schönsten ist? Damit die Trauer beim Abschied am schmerzvollsten ist? Mein Erinnerungsvermögen schafft es auch so, bereits nach wenigen Tagen alles Unangenehme aus meinem Gedächtnis zu löschen und die Vergangenheit in schönsten Farben dastehen zu lassen. Doch wir haben uns entschieden, denn da ist noch immer die innere Unruhe, die uns weitertreibt. Wir schreiben den 20. Dezember, das heißt, uns bleiben noch knappe vier Tage, um die Trobriandinseln vor den Weihnachtsfeierlichkeiten zu erreichen.

Willy versorgt uns zum letzten Mal mit Proviant für die nächsten Wochen aus seinem Garten. Beharrlich besteht er darauf, uns ausreichend Essnüsse mit auf den Weg zu geben. »Auf Kiriwina gibt es zu viele Menschen und zu wenig Kokospalmen. Da verschenkt keiner Kokosnüsse. Und ich möchte nicht, dass ihr gezwungen seid, welche zu kaufen.« Zusätzlich wandern Ananas, Yams und Galipnüsse an Bord.

Beim Abschied versuche ich mich mit Vorräten zu revanchieren. Was auf den ersten Blick so einfach erscheint – Segler haben doch stets eine immense Auswahl an Nahrungsmitteln dabei –, entpuppt sich auf den zweiten Blick als schwierig. Ich bin bereit, mich von meinen wohl gehüteten Schätzen, die ich nur unter Mühen und für teures Geld werde ersetzen können, zu trennen. Von Schlagsahne und gemahlenen Mandeln, von Himbeerkonfitüre und Tunfischdosen. Doch je länger ich darüber nachdenke, desto lächerlicher und wertloser erscheinen mir meine westlichen Kostbarkeiten. Wozu haltbare Schlagsahne verschenken, wenn die Kokossahne im Überfluss sozusagen auf den Bäumen wächst? Wozu Konfitüre hier lassen, obwohl Willy uns gestern Morgen bewiesen hat, welch köstliche Marmelade er aus einigen Karambolen zaubern kann? Und wozu Dosenfisch – jeglicher Kommentar dazu verbietet sich von selbst! Was habe ich also für teures Geld zu bieten, was unsere Freunde hier nicht unentgeltlich von der Natur geschenkt bekommen? Beschämt sinniere ich über meine auf den Leitsatz *Was teuer ist, muss auch gut sein* eingefahrenen Gedanken nach und verschenke schließlich Weihnachtsmänner und Silberkugeln, Dosensuppen, Nudeln, Honig und Curry. Ob sie sich darüber gefreut haben? Ich weiß es nicht. Willy und Derek werden ihren Beutel erst öffnen, wenn wir schon ausgelaufen sind. Willy, der kleine und doch so starke Willy, hat tatsächlich Tränen in den Augen. Mir ergeht es auch nicht besser, als ich diesen winzigen schwarzen Mann zum Abschied umarme.

»*Kagutoki sinabwana ta kayoni!*« Vielen Dank und auf Wiedersehen.

Der Himmel öffnet plötzlich seine Schleusen und spült mir, während ich pitschnass im Bugkorb stehend nach Riffen Ausschau halte, meine unzähligen Tränen weg. Neumara und Dobu versinken hinter uns in einer undurchsichtigen, grauen Regenfront. Doch der Regen hat auch etwas Gutes. Uns bleibt nicht viel Zeit zum Trauern, wir müssen uns voll konzentrieren. Die Sicht ist gleich null, und der Wind, den der Gewitterregen mitbringt, bläst in unsere schön weit ausgefierte Genua. Die nächsten Minuten sind wir mit Reffen und Kompass und Arndt beschäftigt, der wieder einmal nicht funktionieren will. Wir reffen noch weiter, dann lassen Wind und Regen plötzlich nach, und die Umrisse der Insel Fergusson tauchen wieder verschwommen aus der grauen Brühe auf.

Den Abend verbringen wir schweigsam und nachdenklich in einer geschützten Bucht ein paar Meilen weiter nordwärts im eintönigen Nieselregen. Ich bin traurig. War Dobu nicht genau das, was wir erleben wollten, wovon wir zu Beginn unserer Reise geträumt haben? Einheimische kennen lernen, aus Fremden Freunde machen, mit ihnen reden, essen, leben? Warum sind wir so schnell weggefahren? Was suchen wir? Wem jagen wir nach?

*

Noch vor dem Frühstück, bei völliger Windstille und bester Sicht rauschen wir plötzlich mit voller Kraft auf ein Riff zu. Ich schreie, brülle, springe und wedle vorne im Bugkorb wild mit den Armen. Björn scheint jedoch noch zu schlafen oder zumindest zu träumen und setzt Micio geradewegs auf das Korallenriff.

Ich kann es nicht fassen!

Der Motor heult laut auf bei Vollgas im Rückwärtsgang, doch Mico bewegt sich keinen einzigen Zentimeter. Verdammt! Wir sitzen auf diesem fünfzig Meter langen Korallenblock fest. Vollkommen unbeweglich. Welch ein Irrsinn! Wie sollen wir in dieser gottverlassenen Gegend jemals von alleine wieder freikommen!

Dann haben wir die rettende Idee: Quietschie. Björn springt ins Dinghi, befestigt eine zusätzliche Leine am Heck von Mico, und wir lassen Quietschies geballte zehn PS zusammen mit

Micos siebenundzwanzig PS aufheulen. Und langsam, ganz langsam rutscht unsere tapfere Yacht vom Riff, bis sie wieder etwas mehr als die berühmte Handbreit Wasser unterm Kiel hat.

Björn springt über Bord und taucht am Rumpf entlang, bis er erleichtert meldet: »Alles o.k, unglaublich, nur ein kleiner Kratzer.«

Vorsichtig motoren wir weiter in Richtung Norden. Bei jeder Verfärbung des Wassers geraten wir in Panik – es könnte flacher sein als erwünscht. Ein paar Stunden später atmen wir auf. Liebenswerterweise erteilt uns das Leben immer nur dann Ratschläge, wenn weder für Mico noch für uns Lebensgefahr besteht.

Schließlich passieren wir ein Riffgebiet westlich der kleinen Insel Epou, das Björn am liebsten sofort erkunden würde. Ich aber weigere mich standhaft, auch nur eine halbe Meile vom Kurs abzuweichen. Die Gerüchte, die sich um dieses Riff ranken, haben wir nicht nur von Willy, sondern von verschiedenen Seiten gehört. Ob sie wahr sind? Keine Ahnung. Sogar in unserer Seekarte findet sich der Vermerk: magnetische Anomalien. Vielleicht würde auch Mico so spurlos verschwinden wie das Segelkanu, das sich eines Tages in dieses Revier wagte, das seit alters her tabu ist. Damals rauschten am helllichten Tag plötzlich bei bestem Wetter haushohe Wellen über das Riff Bwanou, und ein paar Sekunden später lag die See wieder genauso friedlich da wie zuvor. Behaupten die Einheimischen. Doch sowohl Kanu als auch Besatzung blieben komplett verschollen, nicht ein einziger Gegenstand, der zum Boot gehörte, tauchte wieder aus dem flachen Gewässer auf. Ein paar Jahre später aber erreichte Dobu die Kunde, dass auf den ein paar hundert Seemeilen entfernt gelegenen Salomoninseln aus dem Nichts ein Segelkanu aufgetaucht sei – mit den für Dobu typischen Merkmalen und Schnitzereien.

Wir motoren den ganzen Tag hindurch. Außer ein paar Quadratmeter Schatten bringt das Setzen der Segel wenig. Es herrscht totale Flaute. Mittlerweile fragen wir uns, ob wir nicht doch zur falschen Jahreszeit in PNG unterwegs sind. Und warum wir überhaupt Segel dabeihaben ... Ich kann das ewige Tuckern des Motors, der langsam aber sicher unsere gesamten Dieselvorräte wegschlürft, nicht mehr hören. Andererseits haben Flauten auch ihre Vorteile. Die Entfernungen von einer Insel zur anderen, von einem Ankerplatz zum nächsten sind nicht allzu groß und darum problemlos unter Motor zurückzulegen. Extra-Diesel könnten wir im Notfall bestimmt überall kaufen. Und außerdem: Es schaukelt nicht. Zwischen den Inseln und Riffen gibt es nicht einmal Schwell. MICO gleitet wie auf Schienen über das glitzernde Wasser, und ich kann stundenlang auf meinem Lieblingsplatz vorne im Bugkorb sitzen. Der Motorenlärm dringt nicht hierher, ich schwebe über dem Wasser, zwischen Himmel und Meer, und kann den Blick schweifen lassen, während ich meinen Gedanken nachhänge.

Mit Einsetzen der Dämmerung umrunden wir eine hohe, steil ins Meer abfallende Insel namens Uwasi. Vergeblich suchen wir nach einem geeigneten Ankerplatz. Sogar dort, wo auf unserer Seekarte ausdrücklich ein Anker eingezeichnet ist, meldet das Echolot neunzig Fuß, also circa dreißig Meter Tiefe. Bei unserer Kettenlänge von vierundvierzig Metern würde der Anker zumindest den Boden berühren. Bloß wer soll ihn Hand über Hand wieder hochholen?

Bevor es endgültig dunkel ist und wir die Schnauze gestrichen voll haben, spricht Björn zwei Fischer im Kanu an, die zufällig vorbeikommen, und bittet sie um Rat. Es ist kaum zu glauben: Der jüngere von beiden entpuppt sich als Willys Neffe, der nach Uwasi geheiratet hat. Er lotst uns im letzten Tageslicht zu einer flachen Stelle, zweihundert Meter von der Insel und ihrem Dorf entfernt.

Zehn Minuten später ist das Dorf menschenleer, dafür aber unser Boot von Besuchern umlagert. Verwundert schauen sie zu, wie wir in Ermangelung eines Schabers aus Stahl mit einer Kammmuschel eine Kokosnuss fürs Abendessen schaben. Offensichtlich liefern wir ein für sie ungewöhnliches Bild: *DimDims* mühen sich mit den traditionellen Werkzeugen der Papuas ab.

Dann bieten sie ihre Waren an, doch ich möchte nichts tauschen. Nicht die getöpferten Schalen erstehen, für die diese Insel so berühmt sein soll, nicht die Muschelketten, nicht einmal die von den Trobriandinseln im *Kula*-Tausch erworbene hölzerne Schnitzfigur. Ich möchte nur schlafen, schlafen. Schlafen!

Stille Nacht bei 33°C

Kiriwina

Bereits im Morgengrauen starten wir zur nächsten Etappe. Die »gefährlichen« und unerforschten Gewässer der Trobriands liegen vor uns. Der wohlklingende Beiname »Inseln der Liebe« reizt uns, die abgelegenen Regionen des Archipels zu besuchen und ihre Traditionen kennen zu lernen. Unsere Seekarte von diesem Gebiet, die wir in Townsville in einem Yachtshop erworben haben, ist über und über gesprenkelt mit gelb eingezeichneten Riffen und mit einem dicken *unsurveyed* – unerforscht beschriftet. Nur in der Mitte zieht sich eine schmale Linie mit Tiefenangaben von Süd nach Nord, die im Durchschnitt bei drei bis vier Metern liegen.

Björns Abenteuergeist war beim Anblick dieser Seekarte sofort zum Leben erwacht. »Da müssen wir unbedingt hin!«

Einen guten Monat später sind wir nun also angekommen. Das Wasser ist tief genug für MICO, und die zwischen winzigen Ein-Palmen-Inselchen verstreuten Untiefen sind an ihrer Farbe relativ einfach auszumachen. Alle paar Minuten klettert einer von uns beiden die Wantenleiter hoch, um Ausschau nach Riffen zu halten.

Der Anker fällt schließlich bei verlässlichen sieben Fuß in hell leuchtendes Wasser. Tausende von Palmen säumen das der Hauptinsel Kiriwina vorgelagerte Eiland – so viele Palmen, sprich Kokosnüsse, und kein einziges Dorf? Als wir das Inselchen betreten, ist uns sofort klar warum. Dies wird garantiert unser kürzester Besuch auf einer Insel! Zwei Minuten später sitzen wir, mit mindestens je zwanzig Stichen von diesen aggressiven Mücken-Mistviechern verziert, wieder im Dinghi …

Da also der Landspaziergang ausfällt, versuchen wir es stattdessen mit einem Wasserspaziergang und gehen zum Schnorcheln. Das hat neben der Abwesenheit dieser verdammten Blutsauger noch einen weiteren Vorteil: Man schwitzt dabei nicht.

*

Die Frage, ob wir den Hauptort Losuia, wo sich sogar ein Flughafen befindet, oder lieber irgendein Dorf der weiter westlich gelegenen Inseln aufsuchen sollen, löst sich wie so vieles auf unserem Törn von alleine, denn am nächsten Morgen weckt uns ein Klopfen an den Bootsrumpf. Neben MI COLUMPIO liegt ein Kanu mit drei hungrigen und müden Fischern, die die ganze Nacht über gearbeitet haben und ihren Fang gegen andere Köstlichkeiten eintauschen wollen. Während wir ihnen eine Packung Kekse hinüberreichen, fragen wir: »Wo kommt ihr eigentlich her?«

»Aus Kafataria, dem größten Dorf auf Kiriwina, gleich neben Losuia«, antworten sie.

»Und bleibt ihr noch länger draußen oder habt ihr schon genug gefangen?«

»Wir werden jetzt was essen und dann nach Hause paddeln. Das wird bei dieser Flaute drei bis vier Stunden dauern.«

»Was haltet ihr davon, gemeinsam mit uns an Bord zu essen? Danach motoren wir mit eurem Kanu im Schlepp nach Losuia, und ihr zeigt uns dort, wo die Riffeinfahrt ist.«

Die drei Männer sind sofort einverstanden, wollen aber erst noch von der nicht weit entfernten Moskitoinsel einige Kokosnüsse holen. Ich beginne in der Zwischenzeit für fünf Leute Pfannkuchen zu fabrizieren. Eine halbe Stunde später machen sich die drei über die ihnen gänzlich unbekannten Speisen her. Ihre anfangs misstrauischen Blicke sprechen für sich. Sie isst es ja auch, also kann es nicht allzu schädlich sein, scheinen sie zu denken. So ähnlich muss ich wohl auch wirken, wenn mir das fremde Essen von den Papuas angeboten wird.

Mit Jesse bei uns an Bord – er ist der Anführer der drei – motoren wir nach dem Frühstück los; die beiden anderen müssen leider im Kanu bleiben, einer sitzt am Ruder und der andere schöpft das Wasser aus dem undichten Einbaum. Jesse findet auf Anhieb den schönsten Platz auf MICO und, stolz im Bugkorb thronend, erzählt er uns vom »Shopping Center« auf der Insel, den Tanzvorbereitungen zu Weihnachten und vor allem vom Fischfang. Den Bewohnern seines Dorfes Kafataria gehört die gesamte Lagune vor Kiriwina. Nur sie dürfen hier fischen, allen anderen auf der Insel ist es strengstens untersagt. Logischerweise sind deshalb auch fast alle Männer von Kafataria Fischer.

»Und was macht ihr mit all dem Fisch?«, frage ich.

»Wir tauschen unseren Fang gegen Yams, Taro und Ähnliches. Und gerade heute, einen Tag vor Weihnachten, ist der Preis für Fisch besonders hoch«, lacht Jesse und reibt sich die Hände.

»Angelt ihr die Fische vom Kanu aus oder harpuniert ihr sie?«, will Björn wissen.

»Mal so, mal so, aber es gibt noch eine dritte Art hier auf Kiriwina. Wir nehmen die Wurzel einer besonderen Pflanze, deren Namen ich nicht auf Englisch kenne«, und wir können sie uns leider nicht auf Kiriwina merken, »zermahlen sie und tauchen mit dem Pulver hinunter zu den Höhlen zwischen den Korallen. Dort verstecken sich vor allem *groupers*«, wir wissen zumindest, dass das Barsche sind, »*Big Eyes* [eine Tunfischart] und andere standorttreue Fische. Wir streuen das Pulver in die Höhlen, tauchen kurz auf, um Luft zu holen, gehen dann wieder runter und können die bauchoben schwimmenden Fische an der Decke der Höhle absammeln. Die Wurzel enthält nämlich ein extrem starkes Betäubungsmittel.«

Wir lassen die Möglichkeit, ein wandelndes Lexikon bezüglich der Inselkultur an Bord zu haben, nicht ungenutzt und fragen Jesse nach den wichtigsten Wörtern in Kiriwina-Sprache. Bevor wir noch einen Fuß auf die Insel gesetzt haben, sind wir bereits in der Lage, in der Landessprache zu grüßen, nach einigen Dingen zu fragen und uns zu verabschieden. Kiriwina gefällt mir fast ebenso gut wie Dobu: *Bwena kaukwau* heißt Guten Morgen, *bwena bogi* bedeutet Gute Nacht und *kagutoki* und *kayoni* gibt es

1

2

1 *Bramble Haven: Traumkulisse in Türkis*

2 *Eine Höhle auf Misima: letzte Ruhestätte der Inselbewohner*

3 *Mi Columpio wird von den Dorfbewohnern Dobus willkommen geheißen.*

4 *Schweinetrog mit Pfiff*

5 *Bagaman Island: Beerdigungszeremonie, bei der traditionelle Steinäxte an die Rücken der Trauernden gelehnt werden*

6 *Unser neuer Freund Willy, seine Frau Dusien und einige Kinder besuchen uns an Bord.*

3

4

5

6

7

7 Kopfüber hängend führt Willy Kletterkunststücke am Palmenstamm vor.

8 Kanuinvasion vor Dobu: Neugierige Kinder belagern Mi Columpio.

9 Willy, Derek und Björn lassen sich die Geysire von Deidei zeigen.

8

9

10 Markt in Salamo: Nicht nur Betelnüsse werden in Hülle und Fülle angeboten.

11 Meine Stelzenshow auf Neumara löst wahre Lachsalven aus.

12 Traditionell geschmückte Tänzer bei der Weihnachtsfeier der katholischen Mission auf Kiriwina

13 Silvester auf Tami: Björn jongliert Bälle, Keulen und Diabolos vor einem misstrauischen Publikum.

10

11

12

13

14

14 Paradiesische Morgenstimmung in der Lagune von Sialum

15 Überall in Papua-Neuguinea bezaubert uns das strahlende Lächeln – Junge auf Kiriwina mit Stabheuschrecke

15

wie auf Dobu auch hier. Auf jeden Fall sind diese Grußformeln relativ einfach zu merken.

In der Ferne taucht bald die von hunderten von Menschen bevölkerte, superlange und breite Pier von Losuia auf. An der Ostsee würde man Seebrücke dazu sagen. Die Menschenmassen drängen sich um die Händler, die in kleinen Booten und Motorschiffchen von Alotau auf der Hauptinsel gekommen sind und die letzten Waren für die bevorstehenden Feiertage liefern. Jesse und seine Kollegen beschenken uns zum Abschied mit mehreren Fischen für unser Weihnachtsmahl, bevor sie in ihrem Kanu die letzten paar Meter nach Hause paddeln.

Da sind wir nun also, auf den berühmten Trobriands, die ihre Bekanntheit dem polnischen Ethnologen Bronislaw Malinowski zu verdanken haben. Seit er sich in den dreißiger Jahren für zwei Jahre auf der Hauptinsel aufgehalten und über die Traditionen und Kultur der Insulaner einige Bücher veröffentlicht hat, zum Beispiel *Argonauten des westlichen Pazifiks* und *Über das Geschlechtsleben der Wilden in Nordwest-Melanesien*, ist diese kleine Inselgruppe zum beliebten Forschungsobjekt vieler Anthropologen avanciert. Besonders der von Malinowski in Anbetracht des lockeren Sexuallebens der Bewohner verliehene Name »Inseln der Liebe« zog so manchen Forscher in Richtung Kiriwina. Hätte Malinowski sich allerdings auf einer anderen Insel der Milne Bay Province niedergelassen, wäre er vermutlich zu ähnlichen Forschungsergebnissen gelangt, denn die freie Liebe war damals auf allen Inseln gang und gäbe. Und die Trobriands wären heute nur eine unter vielen dieser Region.

Doch die körperliche Liebe verdient auch jetzt noch ein paar Worte der Erläuterung. Alle Jugendlichen, egal ob männlich oder weiblich, genießen bis zum heutigen Tag die Freiheit, sich bis zu ihrer Heirat mit beliebig vielen Sexualpartnern zu vergnügen. Sogar verheirateten Paaren sind während des mehrere Wochen andauernden Yams-Festivals Seitensprünge erlaubt. Für die prüden Europäer stellten diese von der Dorfgemeinschaft nicht nur tolerierten, sondern sogar geförderten Praktiken natürlich ein gefundenes Fressen dar, um sich »wissenschaftlich« daran zu ergötzen. Wo sonst im Pazifik gab es so freien Sex? Tahiti war längst christlich, und auch auf Samoa und Hawaii traten sich die Missionare gegenseitig auf die Füße. Nur auf den Trobriands, da war noch »alles« erlaubt.

Uns erwartet allerdings bei der Ankunft ein Spießrutenlaufen der ganz besonderen Art: das Anlegen per Dinghi in Losuia! Jedem, der schwere Probleme mit einem Minderwertigkeitskomplex hat oder aber einen extremen Drang zum Exhibitionismus verspürt, kann ich nur wärmstens empfehlen, spärlich bekleidet und schön langsam die gesamte Länge der Pier von Losuia abzufahren. Ich kann dieses Gefühl kaum beschreiben oder mit irgendetwas vergleichen. An die vierhundert Menschen stehen dort, verstummen bei unserem Anblick und starren uns aus ihren dunklen Augen an – ganz lange und ganz genau. Wir sind uns alles andere als sicher, in welche Richtung die allgemeine Stimmung vielleicht gleich umschlagen wird. Also setzen wir unsere Geheimwaffe ein, die auch diesmal Wunder wirkt. Wir lächeln, was das Zeug hält, lächeln die Menschen einfach an. Und nach einem kurzen Zögern strahlen sie zurück, Männer und Frauen und besonders die Kinder reagieren mit ihrem schönsten und vergnügtesten Lachen. Das Gesetz von Aktion und Reaktion hat auch auf den Trobriands nichts von seiner Gültigkeit verloren.

Kaum an Land, werden wir von den neugierigen, aber freundlichen Menschen umringt, ja fast bedrängt. Kinder werden von ihren Müttern vorgeschickt, um unsere Hände zu fassen und zu schütteln; von allen Seiten ertönt das freundliche *bwena lalai* – guten Nachmittag! Junge Männer, mit feinen weißen Linien und roten Punkten in bemalten Gesichtern und Federn und Kalkstaub im Haar, bieten mir an, auf dem Rückweg die Dieselkanister zu tragen, die wir, nicht weit vom »Shopping Center« entfernt, an einer »Tankstelle« für die fünf Autos der Insel und einige wenige Außenborder füllen lassen wollen. Die interessante Aufmachung der Männer wird ergänzt durch brasilianische Fußballtrikots, wodurch sie erheblich weniger wild und fremdartig aussehen. Nett sind sie. Und sie fragen doch glatt fünfmal nach, ob Björn nicht vielleicht doch mein Bruder sei. Denn als Björns Frau bin ich leider für sie tabu.

Die Frauen und Mädchen, dic uns begegnen, haben alle lang gezogene Ohrläppchen mit einem großen Loch in der Mitte. Statt mit Ohrringen schmücken sie sich mit den Verschlüssen von Cola-Dosen oder zehn bis zwanzig ringförmigen Samen, die wie eine Kette aufs ausgeleierte Ohrläppchen aufgefädelt sind.

Das von Jesse benannte Shopping Center entpuppt sich als zwei Läden, vor deren Theken sich Dutzende von Menschen drängen, während dahinter die Angestellten jeden verlangten Artikel aus den Regalen kramen: Grundnahrungsmittel, amerikanische Drogerieartikel, Getränke, Hausrat, T-Shirts und andere Kleidungsstücke. Viele Männer, Frauen, Kinder hocken in dem ganzen Gewusel einfach auf der Erde. Die beiden Besitzer der Läden sind, wie sollte es auch anders sein, Weiße, Australier, die hier geheiratet haben. Der dritte *DimDim* entpuppt sich als Pfarrer aus Italien und leitet die katholische Mission auf Kiriwina. *DimDim* Nummer vier und fünf werden wir kurze Zeit später treffen. Mehr Weiße gibt es über Weihnachten auf dieser vom Tourismus angeblich doch schon so verdorbenen Insel nicht. Die Kiriwina Lodge, das einzige Hotel hier, das der Bezeichnung Hotel nur sehr annähernd gerecht wird, ist gähnend leer. Gäste? Wahrscheinlich nur zur Zeit des Yams-Festivals. Bei diesem Fest, das zur Erntezeit im Juni oder Juli stattfindet, werden die Yamsknollen ausgestellt und bewundert, um anschließend in die einzelnen Dörfer getragen zu werden, wo sie nach vielen weiteren traditionellen Tänzen und Gesängen in den Yamshäusern eingelagert werden.

Besonders die Pier erinnert mich mit all der Weihnachtshektik, dem Gedränge der Ankommenden und Abfahrenden, der

Verkäufer und Käufer sehr an die deutschen Innenstädte zu dieser Jahreszeit. Wie sich die Menschen doch überall auf der Welt gleichen! Als wir unter den Blicken hunderter Neugieriger gerade wieder ins Dinghi steigen wollen, zwängt sich eine weiße schmale Gestalt recht unsanft zwischen all den dunkelhäutigen Körpern durch und ruft wild gestikulierend durch den allgemeinen Lärm: »Hallo, wartet, stopp! Ich bin Kate. Kommt doch rüber zu unserem Haus, wir wohnen da hinten!«

So lernen wir Kate und Zac kennen, die mit ihren Kindern Joseph und Ely für einen Zeitraum von zwei Jahren von Tasmanien nach Kiriwina gezogen sind. Ein Erlebnis ganz besonderer Art, wie uns scheint, denn das Leben mit den Einheimischen lässt besonders Kate fast täglich von einer Krise in die andere fallen, wie sie sagt. Nichts klappt so, wie sie es aus Australien kennt, keiner versteht ihre westliche Denkweise. Trotzdem liebt sie die Menschen und das Leben hier. Im selben Atemzug zählt sie jedoch die Tage, bis sie wieder zurück nach Tasmanien kann. Dreihundertfünfzig sind es noch, fast ein ganzes langes Jahr. Zac sieht seine Arbeit auf Kiriwina – ein Wiederaufforstungsprojekt auf der fast komplett kahl geschlagenen Insel, das von der australischen Regierung finanziert wird – als Tropfen auf den heißen Stein. Ein paar neu gepflanzte Bäume werden nach seinem Weggang möglicherweise überleben, die meisten jungen Bäumchen werden dagegen ebenso schnell verschwinden, wie sie angepflanzt wurden. Es gibt einfach kein anderes Holz mehr auf Kiriwina. Kein Feuerholz, kein Holz zum Zäune- und Hüttenbau. Nicht einmal zum Schnitzen von Schemeln, Schüsseln, Wanderstöcken oder Holzfiguren, die an Touristen verkauft werden sollen, ist genug Holz da. Fast alles stammt mittlerweile von den Nachbarinseln.

*

Heiligabend und noch keine Geschenke? Kein Problem auf Kiriwina – und vor allem kein Stress! Die noch fehlenden Gaben für unseren Weihnachtstisch werden uns bequemerweise direkt an Bord »geliefert«. Den ganzen Tag über kommen im Stundentakt Kanus bei Mi Columpio vorbei, denn die Kunde von unserer Anwesenheit hat sich in Windeseile über die gesamte Insel verbreitet und viele Holzschnitzer aus ihren entlegenen Dörfern hervorgelockt. Das Wirtschaftsprinzip auf Kiriwina ist ganz einfach: An der Küste wird gefischt, im Landesinneren wird geschnitzt. All die Männer, die am Morgen die zehn bis fünfzehn Kilometer Weg nach Losuia zumeist zu Fuß zurückgelegt haben, hoffen nun, uns ihre reich verzierten Statuen verkaufen zu können. Was für Kunstwerke uns da angeboten werden! Unsere Sorge, wie wir ihnen auf freundliche Weise mitteilen könnten, dass wir ihre Statuen nicht kaufen möchten, weil sie uns, nun ja, ähm, nicht gefallen, sind von der ersten Sekunde an wie weggeblasen. Anders gesagt: Wir sind begeistert! Wunderschöne filigrane Arbeiten aus Ebenholz, Cuilla und Mangobaum liegen vor uns, reichlich verziert und mit Einlegearbeiten aus den in Perlmutt schimmernden Gehäusen der Trochusschnecken. Während ich, nachdem ich alle Maden aus dem von Australien mitgebrachten Mehl herausgesiebt habe, fleißig Weihnachtsplätzchen backe – bei immerhin 32 °C im Schatten –, verhandelt Björn im Cockpit nicht minder geschäftig mit den Schnitzkünstlern, die sich für die Arbeit eines ganzen Monats einen guten Preis erhoffen. Zwischendurch servieren wir ihnen Tee und Vanillekipferl, und bis vier Uhr nachmittags sind wir um ein paar hundert Kina, zwei T-Shirts, diverse Kugelschreiber und Zigaretten ärmer, besitzen dafür aber die schönsten Schnitzereien der Welt. Im Schein unserer Kerzen funkeln die weißsilbernen Intarsien aus Trochusschneckenhäusern und passen perfekt zu unserem diesjährigen Weihnachtsbaum: zwei im 90-Grad-Winkel aneinander gebundene Palmenwedel, mit silbernen Kugeln und Lebkuchenmännchen geschmückt, die wir übers Meer geschippert haben.

Zwei weitere Stunden schwitzen wir in unserer kleinen Bordküche über dem Zweiflammenherd, dann steht das diesjährige

Weihnachtsessen auf dem festlich gedeckten Tisch: Fisch von Jesse, Yams, Süßkartoffel, Tapioka, Sauerkraut und circa zwei Liter leckerste süßsaure Rosinensoße. Das Maschlersche Traditionsgericht am Heiligen Abend besteht zwar aus Kassler und Würstchen statt Fisch und Kartoffeln statt Yams, aber wir wollen unter diesen Umständen nicht pingelig sein.

Langsam senkt sich Heiligabend über das christliche und gleichzeitig noch traditionelle Kiriwina nieder. Doch nach australisch-britischem Brauch wird auf diesen Inseln das Hauptaugenmerk auf den 25. Dezember gelegt. Nur auf der deutschen MI COLUMPIO wird schon jetzt eine Flasche Champagner geköpft und bei recht unverträglichen 29 °C auch geleert. Björn fordert anschließend, auch zu Neujahr, Ostern, Pfingsten, Geburtstag und ähnlich hochrangigen Anlässen Rosinensoße serviert zu bekommen, zieht sich die von meiner Mutter geschenkte, knallrote Unterhose über den Kopf und beschließt, an Land zu fahren, um die Einheimischen zu unterstützen, die, Weihnachtslieder singend, die Heilige Nacht auf dem Schulplatz verbringen. Schlaf und Alkohol überwältigen uns beide glücklicherweise rechtzeitig, bevor wir ins Dinghi steigen und irgendetwas Dummes anstellen können.

*

Ein Weihnachtsspaziergang zwischen Palmenplantagen ist am nächsten herrlichen Morgen alles, was wir uns wünschen. Und so schlendern wir in der größten Mittagshitze – nachdem wir unseren Kater ausgeschlafen haben – zur Kiriwina-Lodge, um zu telefonieren. Wir freuen uns, endlich wieder unsere Beinmuskel einsetzen zu können, die im Gegensatz zu den stets trainierten und manchmal überbeanspruchten Armen auf einem Segelboot glatt verkümmern. Unser Weg führt unter tausenden von Palmen hindurch an zwei Dörfern vorbei, in denen hohe, mit Sagopalmenblättern gedeckte Dächer über kleinen Hütten eng aneinander lehnen. In ihrer Mitte steht das Yamshaus, reich verziert und in Schwarz, Weiß, Rot bemalt.

Sobald wir irgendwo auftauchen und stehen bleiben, stürmen von allen Seiten Kinder heran, hüpfen, lachen und umringen uns, wollen eines nach dem anderen unsere Hände anfassen. Einige der putzigen kleinen Gestalten sind ganz schön frech! Das aktuelle Spiel hier scheint *DimDims auf den Popo klatschen* zu sein. Was habe ich in unserem Segelführer gerade gelesen? Auf den Trobs ist den Kindern alles, ich wiederhole, alles erlaubt. Erziehung gibt es nicht, nicht einmal im weitesten Sinne. Die Kinder haben absolut freie Hand. Netterweise erbarmen sich unser ein paar Jugendliche und verjagen die schlimmsten Quälgeister. Die Erwachsenen liegen in der Kühle ihrer Häuser und grüßen freundlich herüber.

»*Bwena kaukwau!*« Und: »*Merry christmas!*«

An Weihnachten ist auch die Kiriwina-Lodge geschlossen. Kein Telefon also! So müssen sich unsere sorgenvollen Eltern im frostigen Norddeutschland noch etwas gedulden. Wir finden dafür auf dem Rückweg noch ein Weihnachtsgeschenk für uns: einen Korallenblock so groß wie ein Fußball mit einem Loch in der Mitte, der den idealen Dinghi-Anker abgibt. Er ist schwer genug, um unser QUIETSCHIE davon abzuhalten, sich ohne uns auf den Weg zu machen, und gleichzeitig wertlos genug, um nicht gestohlen zu werden.

Und wie wird Weihnachten nun auf den Trobs gefeiert? Die traditionellen Lieder der Frauen um Mitternacht haben wir leider verschlafen. Dafür informieren Kate und Zac uns über die Tanzdarbietungen, die am Nachmittag auf dem Fußballfeld stattfinden sollen. Handelt es sich etwa um die berühmten Tänze von den Trobriandinseln, bei denen halb nackte, bunt bemalte Eingeborene heftige Bewegungen mit den Hüften ausführen? Nichts da. Von der protestantischen Kirche organisiert, entpuppen sich die wilden »Eingeborenentänze« als reduzierter Standtanz mit ein paar Handbewegungen, die natürlich zu kirchlicher Musik und ganz brav in weitem T-Shirt und langem Rock ausgeführt werden. Etwas enttäuscht sind wir schon.

Zac vertröstet uns auf morgen: »Da finden weitere Tanzdarbietungen in der katholischen Mission statt«, verspricht er, »und zwar in traditionellen Kostümen mit Grasrock und Federschmuck und Blumengirlanden um die Schultern.«

Aha. Die katholische Kirche fungiert hier also als Bewahrerin alter heidnischer Bräuche? Warten wir's ab.

Am Abend wird uns die Ehre zuteil, an einem weiteren kulinarischen Höhepunkt teilzunehmen. Wir sind zum australischen Weihnachtsessen bei Kate und Zac eingeladen. In Ermangelung eines Truthahns servieren sie gefülltes Hähnchen und als Krönung des Ganzen eine richtige Flasche (kein Beutel!) Wein. Wir fühlen uns wie im Fünf-Sterne-Hotel: satt, angeschwipst und glücklich, Gleichgesinnte gefunden zu haben.

Kate und Zac spielen schon seit längerem mit dem Gedanken, ein Segelboot zu kaufen, um mit ihren Kindern in die Südsee zu segeln, und lassen die Gelegenheit, erfahrenere Segler ausquetschen zu können, nicht ungenutzt. Als Erstes wollen sie wissen, was denn die schlimmsten Pannen unserer bisherigen Reisen gewesen sind.

»Wie viel Zeit habt ihr denn?«, fragt Björn zurück und grinst. Wenn es darum geht, von unseren chaotischen Erlebnissen zu erzählen, ist Björn sofort in seinem Element. »Das Beste war gleich zu Anfang, als wir den Anker verloren haben«, lacht er, »da hatten wir noch keine Ahnung vom Segeln, es war unser erster Trip auf dem Lago Izabal in Guatemala. Über UKW haben uns andere Segler vor einem Sturm gewarnt, der am Abend über dieses Gebiet wegziehen sollte. Ich bekam totale Panik und wollte unbedingt einen zweiten Anker ausbringen, wie ich es gerade in der *Seemannschaft* gelesen hatte. Also habe ich, als die erste stärkere Bö über uns wegpfiff, unseren schweren Danforth-Anker samt Kette ins Dinghi gehievt und an einer passenden Stelle ins Wasser geworfen. ›Zieh‹, habe ich gerufen, damit Birgit die

Kette dichtholen sollte. Und Birgit zog und zog und zog und hatte schließlich das Ende der Kette in der Hand. Irgend so ein Depp hatte vergessen, den Anker an die Kette zu schäkeln.«

»Ja, aber es kommt noch besser«, falle ich ihm ins Wort, »die erste Bö war auch schon die letzte. Und als Björn am nächsten Morgen nach dem Anker tauchen wollte, sprang er mit der Taucherbrille auf der Stirn über Bord und tauchte gleich darauf ohne sie wieder auf. Die netten Amis, die uns Tage später mit ihren Tauchgeräten bei der Suche nach dem Anker behilflich waren, fanden statt des Ankers erst die Taucherbrille. ›Gehört die auch euch?‹, wollten sie wissen und konnten sich vor Lachen kaum noch halten. ›Habt ihr vielleicht auch noch ein paar silberne Löffel über Bord geworfen?‹«

»Du warst aber auch Klasse, als du uns am nächsten Abend auf dem Rückweg zum Rio Dulce direkt in die Fischernetze gelotst hast«, hänselt mich mein Skipper.

»Das habe ich dann ausbaden dürfen, im wahrsten Sinne des Wortes. Es ist einfach widerlich, einem treibenden Boot im pechschwarzen Wasser hinterherzuschwimmen, und ich musste mindestens dreißigmal tauchen, um mit unserem schärfsten Küchenmesser das Netz aus der Propellerwelle zu schneiden. Aber du hast dich auch nicht besser angestellt auf dieser Fahrt aus dem Rio Dulce raus …«

»Diese alte Kamelle kann ich schon nicht mehr hören.«

»Kann ich gut verstehen. Als wir aus dem Rio Dulce in die Karibik unterwegs waren, stand nämlich Björn im Bugkorb. Ich durfte ja nicht mehr, wegen der Sache mit den Fischernetzen. Die Mündung vom Rio Dulce ist sehr flach, einen Meter achtzig nur, was für unsere MICO eigentlich kein Problem sein sollte. Freunde hatten uns vorher genau informiert, welchen Kompasskurs wir halten müssten, um uns in der unmarkierten Fahrrinne zu halten. War alles auch kein Problem, bis Björn auf die Idee kam, mich mal nach links, mal nach rechts zu lotsen – also nach Backbord und Steuerbord im Zickzack, weil er überall dunkle Flecken vor uns im Wasser gesehen hat. Zwei Minuten später saß

MICO auf der Barre. Wurde von den Wellen hochgehoben und krachte schön gleichmäßig alle paar Sekunden wieder auf den Sand. Björn fuchtelte mit den Armen, ich steuerte wie wild hin und her, und MICO hüpfte wie ein Pingpongball ditsch, ditsch, ditsch über die Sandbank. Und auf einmal hat es mir gedämmert, dass die dunklen Flecken im Wasser vor uns keine Untiefen waren, sondern die Wolken am Himmel, die sich im Wasser gespiegelt haben.«

»Da hättest du auch eher drauf kommen können«, wirft Björn ein.

Kate und Zac amüsieren sich prächtig über unseren Schlagabtausch.

»Das Allerbeste war aber, wie wir unsere Pazifiküberquerung begonnen haben. Zwei Wochen lang haben wir in der kleinen Marina in Belize City, wohin Freunde von uns das Boot überführt hatten, repariert und kontrolliert und eingebaut und gemacht und getan. Als wir endlich los wollten, ist der Motor noch im Hafenbecken verstorben. Unsere Freunde hatten sich offensichtlich ein Diesel-Salzwasser-Gemisch andrehen lassen, und wir haben nichts ahnend die Brühe aus den randvollen Kanistern in den vorher so mühsam gereinigten Tank gekippt. Aber bei unserem nächsten Versuch, nach Neuseeland zu kommen, haben wir es dann immerhin schon fünfzig Meter hinter die Hafenausfahrt geschafft, dann war wieder Sense: Luftleck in der Dieselzufuhr.«

»O Mann, war das bescheiden! Zwei ganze Tage haben wir da draußen ankern müssen, bis wir den Fehler endlich gefunden hatten. Aber uns reinschleppen zu lassen, wäre uns vor den Augen der versnobten Hafenlieger zu peinlich gewesen.«

»Wie habt ihr es denn bei so vielen Pannen über den Pazifik geschafft?«

»Och, ganz einfach«, meint Björn, »da ist ja nur Wasser, da kann ja nicht mehr so viel passieren.«

Auf der Treppe vorm Haus philosophieren wir dann im gleißenden Licht des Vollmondes noch lange über das Leben und über die Träume, die wir noch haben. Der Abend ist herrlich – *nambawan.*

*

Björn verwandelt sich auf Kiriwina langsam in eine Art Ganzkörperwunde. Jeder noch so kleine Kratzer an Händen und Füßen wird unaufhaltsam größer und größer. Und Kratzer hat Björn genug. Er ist fast ein Zwei-Meter-Mann, und MICO ist mehr für einen Zwerg unter ein Meter zwanzig konzipiert! Keine einzige seiner Wunden verheilt. Alle fangen an zu eitern und beginnen dann, sich immer weiter in die gesunde Haut zu fressen. Tropisches Geschwür nennt man das. Die Heilmittel reichen von Papaya, die man auf die Wunde legen soll, bis zur Pinkeltherapie. Wir versuchen es zuerst mit einem alten neuseeländischen Hausmittel: Zwiebel aufschneiden, auf die Wunde drücken, mit Plastik abdichten und festbinden. Das stinkt nach einer Weile ganz fürchterlich und hilft trotzdem nicht. Ebenso wenig wie der antibiotische Puder, den wir hoffnungsvoll einsetzen. Die Wunden nässen und eitern unaufhaltsam weiter. Gleichzeitig nerven die Fliegen, die jede noch so winzige Wunde, die nicht von einem Pflaster abgedeckt wird, im Bruchteil einer Sekunde finden und lustvoll ihren Rüssel in das rohe Fleisch bohren.

Björn ist kurz davor, seinen Humor zu verlieren: »Ohne Pflaster durch PNG! Das wäre doch mal was für die ganz Harten.« Wir schieben die Schuld an den Wunden, die auch mich langsam überziehen, auf Kiriwina. Soll die Insel doch laut Willy und Derek die unsauberste der ganzen Region sein und unzählige tückische Krankheiten hervorrufen. Wenn Björn wüsste, dass er in Zukunft fast nur das Wort PNG zu hören braucht, damit seine Wunden wieder zu eitern beginnen … Schattenseiten im Paradies …

Dazu regnet es heute auch noch. Dauerregen! Bereits nach der Dinghifahrt zur katholischen Mission sind wir bis auf die Knochen durchnässt. Das ist jedoch völlig egal, da es die nächsten Stunden weiter wie aus Kübeln schüttet. Immerhin ist der Regen 27 °C warm. Eine viel größere Menschenmenge als am Tag zuvor hat sich hier zwischen den Missionsgebäuden versammelt. Lauter Schaulustige – und zum ersten Mal fallen wir *DimDims* nicht auf, da alle auf die Tänzer achten, die in ihrer Farbenpracht viel interessanter sind als wir langweiligen Weißhäute. Wunderschöne traditionelle Kostüme bedecken knapp die dunkle Haut der Tänzer. Die nackten Oberkörper sind mit Blumenkränzen und Muschelketten umwickelt, darunter wippen bunt gefärbte Grasröcke, geschmückt mit Bändern und Federn. Aufwändiger Federschmuck steckt auch im schwarzen Haar, die Gesichter sind mit feinen punktierten Linien kunstvoll verziert. Doch auch diese Tänzer bewegen sich nicht viel mehr als die, die wir bereits gesehen haben. Nur beim Yams-Tanz mit seinen vulgären rhythmischen Bewegungen kommt etwas mehr Schwung auf.

Zu gerne möchte ich wissen, welche Gefühle die Zuschauer in Schlabber-T-Shirts, Hose oder Rock entwickeln, während sie ihre Freunde halb nackt herumtanzen sehen.

Die Antwort bekomme ich ungefragt von einem jungen Mann neben uns: »Der Blick aufs Fleisch verschafft Gelüste.«

Uns kommen beim Anblick der entblößten Brüste der jungen Menschen nicht die geringsten dummen Gedanken. Es sieht ästhetisch aus, passt im Gegensatz zu diesen komischen langen Kleidern, die sonst von den Frauen mit Vorliebe getragen werden, hierher und wirkt vor allen Dingen ganz natürlich. Oder wie sind die Trobriand-Insulaner sonst in den letzten tausend Jahren herumgelaufen? Mir gefallen die dunklen, schlanken und sehnigen Papuas. Und gesünder sehen die Menschen hier auch aus als die Speckbäuche in der so genannten westlichen Zivilisation.

*

Das Telefonieren auf Kiriwina erweist sich alles andere als einfach: Ohne Sonnenschein gibt es keine Verbindung, da die Telefone ausschließlich über Solarenergie funktionieren. Doch der Zeitunterschied zwischen hier und Deutschland beträgt neun Stunden, das bedeutet, wir können ausschließlich zwischen siebzehn und achtzehn Uhr oder morgens vor acht Uhr versuchen, eines der wenigen Telefone auf der Insel zu benutzen. Beim Dauerregen am gestrigen Tag funktionierte natürlich gar nichts. Lohnt es sich überhaupt zu erwähnen, dass über die Weihnachtsfeiertage die paar Büros der Inselverwaltung und Handelsniederlassungen selbstverständlich geschlossen sind? Doch wir wären nicht wir selbst, wenn uns unser Glück jetzt im Stich lassen würde. Dank Rod, dem *DimDim* Nummer zwei auf der Insel, können wir am Abend des zweiten Weihnachtsfeiertages endlich unsere Mütter beruhigen, die dieses Jahr das Fest nicht allzu entspannt verbracht haben. Deutschland ist auf einmal so nah.

Wir »buchen« bei Zac, dem einzigen der fünf Autobesitzer auf Kiriwina, der kostenlos Anhalter mitnimmt, eine Rundtour über die Insel. Eine erschreckend öde und kahle Natur offenbart sich uns im Inselinneren. Gleißende Sonnenstrahlen brennen auf die baumlose, verdorrte Erde nieder. Hier hat Zac mit seinem Wiederaufforstungsprogramm noch für die nächsten zweihundert Jahre genug Arbeit. Nur direkt um die kleinen Dörfer herum, in denen sich äußerst fotogen die verhutzelten Hütten aneinander schmiegen, blüht und grünt es in den Gärten. Ein paar Kokospalmen, Bananenstauden und Papayabäumchen gruppieren sich auch um die in jeder noch so kleinen Ansiedlung anzutreffenden Brunnen mit Pumpschwengeln. An jedem Brunnen hängt eine Gedenkplatte – Entwicklungshilfe aus Europa. Wir besuchen auch Zacs kleine Baumschule im Norden der Insel: Töpfchen mit Ebenholzpflanzen, Cuilla und Rosewood stehen unter Schatten spendenden Planen in Reih und Glied. Wer Bäumchen haben will, um sie rund um seine Felder und Gärten zu pflanzen, kann sie hier kostenlos bekommen – unter der einzigen Bedingung, sie nicht bei der nächsten Brandrodung mit abzufackeln.

Im Dorf gleich neben der Baumschule lebt der *paramount chief*. Der Titel besagt, dass er der Oberhäuptling von allen Siedlungen von Kiriwina und es seine Aufgabe ist, die alten Traditionen, von den Tänzen bis zu den Kostümen und den alten Segeln auf den Auslegerkanus, zu pflegen und auch das alljährliche Yams-Festival auf Kiriwina auszurichten. Er hat damit Erfolg. Auf den kleinen Nachbarinseln Kitava, Vakuta und Kaileuna, wo er nicht so großen Einfluss hat, geht nämlich seit dem Einzug von Motorbooten und Radiorecordern das Althergebrachte langsam unter. Der freundliche alte Häuptling heißt uns als seine Gäste willkommen, und wir sitzen, von zahlreichen Kindern umringt, in der Mitte des Dorfes unter einem gewaltigen Mangobaum und reden übers Wetter und unsere Reiseroute, wie es der Höflichkeit entspricht. Bis Björn auf Zacs Wunsch erst mit ein paar Rohrverbindungsstücken, die eigentlich zur Reparatur der Wasserpumpe gedacht sind, und dann mit eilig gereichten Mandarinen zu jonglieren beginnt. Großer Beifall – und ich kann in Ruhe und ohne die allgemeine Aufmerksamkeit zu erregen das besonders kunstvolle Yamshaus in der Mitte des Dorfplatzes fotografieren.

Ein Dörfchen weiter geraten wir unerwartet in die Fänge von zwanzig Holzschnitzern. Die MELANESIAN DISCOVERER, das einzige nennenswerte Touriboot PNGs mit Heimathafen Madang, soll in ein paar Stunden hier Anker werfen. Aus diesem Grunde haben sich alle Schnitzer der Insel am Strand versammelt. Wann kommen schon mal zwanzig, dreißig kaufwütige Touristen auf einmal nach Kiriwina? Außer eben alle sechs Monate, wenn diese abgelegene Inselgruppe auf dem Fahrplan des kleinen Kreuzfahrtschiffes steht.

Ich empfinde uns, mit unserer nach westlichen Maßstäben nur kärglich mit Technik ausgestatteten Zehn-Meter-Segelyacht immer schon als reich und dekadent, wenn wir vor den Papua-Hütten ankern, in denen es weder Strom noch Wasser noch sonstige technische Errungenschaften gibt. Wie werden sich wohl diese Touristen fühlen, die klimaanlagengekühlt mit Kamera und Sundowner ausgestattet hinter Panorama-Fensterscheiben sitzen und die Einheimischen beim Heranpaddeln in ihren Kanus filmen?

Andererseits ... manchmal wünsche ich mir schon den erholsamen Urlaub, den uns die anderen in Deutschland jedes Jahr aufs Neue wünschen. Ich möchte mich auch mal bedienen lassen, dreimal am Tag das Essen serviert bekommen, ein gemachtes Bett vorfinden in einer aufgeräumten Kabine – kurz und gut, ich möchte mich um nichts kümmern müssen, statt kreuz und quer durch Supermärkte zu tingeln, um Preise zu vergleichen, nicht in *Hardware*-Läden nach irgendwelchen nicht vorhandenen Ersatzteilen fahnden, keine vollen Wassertonnen und Dieselkanister schleppen und vor allem nicht ständig Sachen, von denen ich keinen blassen Schimmer habe, reparieren müssen. Hach, wäre das schön! Manchmal. Denn nach drei Tagen würden wir es wahrscheinlich über haben.

Ich will es mal am Beispiel der berühmten »einsamen Insel« verdeutlichen: Wenn wir eine kleine unbewohnte Insel betreten, wissen wir überhaupt nicht, was uns dort erwartet. Es liegt ganz allein an uns, wie wir sie erforschen und mögliche Schönheiten oder Gefahren aufstöbern. Wenn wir abends am Strand überm offenen Feuer Fisch grillen möchten, wartet vorher eine Menge Arbeit auf uns. Aber genau diese Anstrengung ist es, die für uns den Aufenthalt auf der Insel so unvergleichlich macht, uns Spaß bringt und uns frei und unabhängig fühlen lässt. Wir müssen (dürfen) erst den Fisch fangen, wir müssen (dürfen) einen geeigneten Feuerplatz suchen und Holz sammeln, wir müssen (dürfen) das Feuer zum Brennen und die Fische zum Brutzeln bringen. Ich wage zu behaupten, dass all diese Vorbereitungen tausendmal befriedigender sind als das Vertilgen des Fisches selbst. Dafür nehmen wir all die Anstrengungen gerne auf uns.

Dann heißt es wieder Abschied nehmen. Von Zacs wunderbarer Familie, die am liebsten mit uns kommen würde und stattdessen noch ein ganzes, langes Jahr auf ihrer halb geliebten, halb verhassten Insel ausharren muss, um das Forstprojekt zu einem guten Abschluss zu bringen. Und von den Trobriands, die teilweise so ganz und gar nicht unseren Vorstellungen entsprochen und uns trotz des wenigen Kontaktes zu den Menschen fasziniert haben. Doch die Stadt lockt. In unseren Fantasien sitzen wir bereits in einem netten Restaurant und feiern ausgelassen und feuchtfröhlich Silvester. Vier Tage sollten eigentlich ausreichen, um die zweihundertfünfzig Seemeilen entfernte, im Norden von Neuguinea gelegene Stadt zu erreichen. Ungeduldig und voll neuer Erwartungen motoren wir am Abend des 27. Dezember in die Salomonensee hinaus.

Ungewollter Zwischenstopp auf einer ungeliebten Insel

Salomonensee/Tami

Ich kann nur hoffen, dass das neue Jahr, Jahrhundert, Jahrtausend besser beginnt als das alte endet. Zum ersten Mal in PNG haben wir richtigen Wind. Wind aus Nordwest, Wind genau auf die Nase. Wind, der uns zum mühsamen und scheinbar vergeblichen Gegenankreuzen zwingt, und Wind, der, so unglaublich es auch klingen mag, nach frisch gemahlenem, würzigem Kaffee riecht. Das Hochland von Papua-Neuguinea ist mehr als hundert Meilen entfernt, und trotzdem umschmeichelt dieser Duft unsere Nasen. Ansonsten schmeichelt nichts.

Heute ist wieder so ein Tag, der wie viele andere an meinem Leben spurlos vorbeizieht. Ich habe die ganze Zeit gedöst und wusste nichts mit mir anzufangen. MICO ackert gegen die Wellen und kommt nicht voran. Irgendwie segeln wir im Dreieck – und zwar rückwärts. Wer kam auf die blödsinnige Idee, ein Segelboot zu kaufen?

Am Nachmittag wird die Welle noch widerlicher, als sie eh schon ist. Björn weigert sich vehement, das Cockpit auch nur für eine Sekunde zu verlassen. Zusammengerollt wie ein kleines Häufchen Elend liegt er im einzigen vor Wind und Spritzwasser geschützten Eckchen und wartet auf sein Ende. Ich kuschle mich zu ihm. Gemeinsam lassen sich das wahnwitzige Geschaukel und das Los der Seekrankheit vielleicht leichter ertragen. Ununterbrochen kracht der Bug unter dem Gewicht des schweren Ankers und der Ankerkette in die Wellentäler. Es hört sich schauderhaft an. Björn überlegt, ob MI COLUMPIO diesen Kurs überhaupt aushalten kann – oder auseinander brechen wird. Doch Welle rauf und Welle runter erträgt sie tapfer alles, was wir ihr zumuten.

Länger als dreißig Sekunden halte auch ich es heute nicht unter Deck aus, bevor mich ein unbezwingbarer Brechreiz wieder an die frische Luft treibt. Eine halbe Minute Zeit für die wesentlichen Dinge im Leben – wie Körperpflege, Essen zusammensuchen, Positionsbestimmung –, mehr ist nicht drin. Aufs Kochen verzichte ich freiwillig. Es hat eh niemand Appetit an Bord.

Um Mitternacht reißt die Fockschot. Der durchgescheuerte Tampen knallt am flatternden Segel lautstark gegen Wanten, Mast und mich. Schlaftrunken und fluchend stehe ich im Bugkorb, während mir das vertüderte Vorsegel knatternd um die Ohren fetzt. Weiße Frau kämpft in schwarzer Nacht mit weißem Segel. Mag ein hübsches Bild abgeben, aber es ist einfach nur nass und widerlich.

»Fahr im Kreis, gegen den Uhrzeigersinn!«, brülle ich nach hinten.

Björn schmeißt den Motor an. Das zweifach gereffte Groß lassen wir stehen. Um diese Uhrzeit muss ich nicht auch noch dieses Segel runter und gleich wieder raufziehen. Langsam dreht sich MICOs Bug. Im Kreis fahren ist unsere einzige Chance, um Schot samt Segel, die sich verkehrt herum um die Rollerfurling gewickelt haben, frei zu bekommen. Oh, wie ich diese Prozedur hasse! Nach jeder 360-Grad-Drehung, wenn MICO senkrecht zu den Wellen steht, tauchen die heranrauschenden Wellen nicht nur sie, sondern auch mich und mein Nachthemd bis zum Bauchnabel ins warme Meerwasser ein. Mir fällt dazu nur dieser dumme Spruch ein: Was mich nicht umbringt, macht mich hart. Wie wahr, wie wahr!

Langsam enttüdert sich die Genua. Das bedeutet wiederum, dass ich ständig vor dem sich wie toll gebärdenden Tampen samt der eisenharten Kausch auf der Hut sein muss. Außerdem hat der Wind zugenommen. So stark hat es, als ich mich am Abend hingelegt habe, doch noch nicht geblasen.

Björn kämpft vom Cockpit aus mit der immer noch wild um

sich schlagenden Genua. Er zieht und zerrt mit aller Kraft an der Reffleine – vergeblich. Unsere Rollerfurling hakt wie so oft mal wieder. Wir hätten sie damals in Honduras vielleicht doch nicht am Strand zusammenbauen und dann durchs Wasser zu MICO schleppen sollen. Irgendwie scheint der Rollmechanismus Sand nicht so gut zu vertragen. Doch unter lautstarkem Fluchen schafft Björn es schließlich, das Segel mithilfe der Winsch zu bändigen und auf ein verträgliches Maß zu verkleinern. Patschnass und mit salzverklebten Haaren falle ich erschöpft neben ihm ins Cockpit.

»Weißt du, warum ich Segeln so liebe?«

»Nö.«

»Ich auch nicht.«

*

Der nächste Tag geht als MBT (mega beschissener Tag) in die Annalen ein und wird hoffentlich bald aus meinem Gedächtnis gestrichen werden. Eine widerlich kurze, steile Welle macht uns das Leben schwer. MICO rumst, ich würge, Björn kotzt und geht 6:1 in Führung. Ich will in die Berge!

Arndt mag die hackenden Wellen auch nicht und verabschiedet sich immer mal wieder für kurze Zeit. Und Ole, unsere Windsteueranlage, bekommt Björn aus irgendwelchen Gründen nicht eingestellt. Dann bricht der Metallstift in der Pinne, in dem Arndts Arm normalerweise verankert wird. Ein Querschläger von Welle rauscht unter uns hindurch.

Björn erwacht aus seiner Lethargie. »Na super! Ich finde Segeln einfach Klasse!«

Einen Ersatzstift haben wir, soweit wir wissen, nicht an Bord. Der Mann an meiner Seite macht sich mit äußerst geringer Begeisterung auf die Suche nach einem ähnlichen Stift und wühlt sich unter Deck durch die verschiedenen Werkzeugkisten. Nach ein paar Minuten taucht sein grünlichgelb verfärbtes Gesicht am Niedergang auf. Kommentarlos übergibt er sich in die von unten mitgebrachte Salatschüssel und taucht wieder ab. Ich steuere und klettere gleichzeitig am Heck herum, um Ole endlich wieder in Gang zu kriegen. Das Ausprobieren und Herumgefummel wird von Erfolg gekrönt.

Björn erscheint erneut im Niedergang: »Das Einzige, was ich finden kann, ist ein Türriegel.«

»Egal, dann segeln wir von jetzt an mit angeschraubtem Türriegel. Hauptsache, er passt.«

Er passt nicht. Der Durchmesser ist zu groß. Kurzentschlossen schraubt Björn den Riegel von unserer Klotür ab.

»Lieber in der Öffentlichkeit schietern als per Hand steuern müssen!«

Ich bin frustriert. Seit gestern segeln wir hoch am Wind Richtung Nordwest. Laut GPS treiben wir dagegen Richtung Südwest, mitten in den von Riffen gespickten Huon Gulf hinein. So etwas liebe ich ja! Wozu setzen wir uns diesem elenden Geruckel aus, wenn wir noch nicht einmal die richtige Richtung erwischen? Aus reinem Spaß an der Freude bestimmt nicht. Da nichts anderes zu tun ist, komme ich auf die irrwitzige Idee, das Wetter durch meine Vorstellungskraft zu beruhigen. Ich habe gerade in einem australischen Psychobuch gelesen, dass die Realität nichts weiter ist als ein Spiegelbild meiner Gedanken.

»Wind und Welle, legt euch hin und schweigt stille ...«

*

Es mag an meinem monotonen Dahingemurmel liegen, vielleicht hat der Wettergott aber auch aus anderen Gründen keine Lust mehr zum Wehen und Wellenaufpeitschen: Jedenfalls begrüßt mich am nächsten Morgen ein wunderbar ruhiges Meer – und ein quietschvergnügter, weil ausgeschlafener Björn.

»Lass uns Madang vergessen«, schlägt er vor, »heute ist schon der 30. und bis morgen Abend schaffen wir die zweihundert Meilen dahin nie und nimmer.«

»Und wo sollen wir dann Silvester feiern?«, murre ich.

»Ach, Silvester ist doch ein Tag wie jeder andere auch!«

Das sehe ich anders. Silvester ist ein besonderer Abend, an dem ich dementsprechend etwas Besonderes erleben möchte. Wenn schon keine Party im Madang Yacht Club, dann wenigstens ein Bad um Mitternacht unter diesem Wasserfall, von dem unser *Cruising Guide* so schwärmt. Das stelle ich mir sehr romantisch vor, mit einer Flasche Champagner in einem warmen Süßwasserpool zu liegen und das Jahr 2000 zu begrüßen.

»Bis zu dieser Bucht am Festland reicht unser Diesel nicht mehr«, reißt mein liebenswürdiger Freund mich aus meinen Tagträumen.

Bis wohin dann? Ich will Silvester an Land verbringen und nicht in einer Meerenge. Gibt es nicht irgendeinen Ankerplatz, den wir innerhalb der nächsten acht Stunden erreichen können? Doch. Da liegen zwei Mini-Inseln direkt vor der Küste Neuguineas. Tami Islands. Dorthin wollten wir zwar gar nicht, aber wenn das Leben es verlangt, bitte sehr.

Kaum ist jedoch der Anker unten, bemerken wir, dass die Insel sich in einem Punkt grundlegend von den anderen unterscheidet, die wir bisher kennen gelernt haben. Auf Tami herrschen andere Regeln der Gastfreundschaft. Statt des kleinen, feinen Wörtchens *take* – »nimm«, dringt vom ersten Augenblick an das fordernde Wort *give* – »gib« an unsere Ohren. Das kann ja heiter werden! Wir geben gerne – aber ausschließlich zu geben, ohne auch nur ein freundliches Wort oder eine liebenswürdige Geste zurückzubekommen, das kostet Kraft und nach einiger Zeit auch unsere gute Laune. Doch wir haben kaum eine andere Wahl. Unseren Dieselvorrat könnten wir zwar in Finschhafen auf dem *mainland* auffüllen, aber wohin sollen wir dann? Silvester ist schon morgen.

Björn hat mal wieder die rettende Idee: »Wir machen eine Show! Mit Speck fängt man Mäuse und mit guter Abendunterhaltung wahrscheinlich sogar diese Insulaner!«

Doch auf Tami gelten eigene Gesetze. Lächeln und freundlich sein und eine Show für alle anzukündigen, führt hier zu rein gar nichts. Die dunklen, bärtigen Gestalten gucken noch immer verschlossen und finster. Nicht einmal die Kinder sehen auf dieser Insel glücklich aus. Auch die rostenden Wellbleche und blauen Plastikplanen, die wohl die Hütten modernisieren sollen, wirken armselig.

Abends kommt Simon, der uns mit seinem Boot zu unserem Ankerplatz geführt hat, nochmals vorbei und fragt, ob er uns am nächsten Tag nach Finschhafen begleiten soll. Und ob wir nicht noch einen Tag bleiben und den Anbruch des neuen Jahres mit ihm verbringen wollen?

Ich glaube, wir wollen.

*

Unser Dieselverbrauch scheint ins Unermessliche zu steigen. Schon wieder werden wir über hundert Kina los. Und ich dachte immer, wir hätten ein Segelboot … Als Tankstelle dient uns Finschhafen beziehungsweise Dregerhafen auf dem *mainland*. Vor Urzeiten von Otto Finsch gegründet und als Hauptstadt der Kolonie Deutsch-Neuguinea vorgesehen, starb dort ein Verwaltungsbeamter nach dem anderen an Malaria, bis die Hauptstadt aus Mangel an Personal schließlich nach Madang verlegt wurde. Dass dort genauso viele Mücken auf die Weißen warteten, ist eine andere Geschichte. Laut Erzählungen von Simon und seinem wortkargen, aber immerhin lächelnden Freund Gops wimmelt es heutzutage in Finschhafen nur so von *rascals*. Was *rascals* sind? Das englische Wörterbuch behauptet Schlingel. Ich denke, Banditen passt eindeutig besser. Viel haben wir schon von ihnen gehört, besonders in Australien, wo ganz PNG dank der negativen Berichterstattung in den Medien mittlerweile mit *Rascal*-aktivitäten gleichgesetzt wird. Die Erklärungen entspringen übrigens nicht unserer Fantasie, sondern basieren auf Beobachtetem und Gehörtem. Und so kommt die allgemein verbreitete

Entstehungssgeschichte, so banal sie auch klingt, unserer Meinung nach der Realität wahrscheinlich ziemlich nahe.

Junge Männer, die auf der Suche nach Arbeit in die Städte gekommen sind, finden weder eine Stelle noch den Rückhalt, den die Dorfgemeinschaft ihnen bisher geboten hat. In der Stadt haben sie keinen Garten mehr zur Verfügung, auch kein Geld, dafür aber Hunger. Sie finden sich, lungern zusammen herum, schauen sich Actionfilme mit vielen Kampf- und Schießszenen an, wollen auch mal Rambos sein, haben noch immer Hunger, bilden Banden. Sie sind leicht zu beeinflussen und geraten an Ex-Militärs und andere hochrangige Personen, die die jungen Männer ausnutzen. Und plötzlich haben sie Gewehre, Handgranaten und Maschinenpistolen zur Verfügung und legen los. Handtaschendiebstahl und Einbruch zählen dabei zu den kleineren Vergehen, Bankraub, Supermarktüberfall und Vergewaltigung zu den schweren. Port Moresby und Lae als größte und – wie wir gehört haben – auch hässlichste Städte haben angeblich tagtäglich unter *Rascal*aktivitäten zu leiden. Und Madang? Finschhafen? Nun, wir werden sehen.

In dem wunderschönen, von Palmeninseln und Riffen geschützten Naturhafen bemerke ich nichts, was meine Erwartungen negativ beeinflussen könnte. Und auch Simon und Gops scheinen mit ihren Warnungen etwas übertrieben zu haben, sonst würden sie mich nicht allein auf MICO zurücklassen und mit Björn per Pick-up zur Tankstelle fahren, oder? Eine angenehme Stunde lang passiert nichts. Trotzdem habe ich die Machete dicht neben mir liegen. Dann kommt am Ufer Bewegung ins Unterholz. *Rascals*? Ich werde nervös. Aber nein, es sind nur ein paar Kinder, die sich über unseren unerwarteten Besuch freuen und mir die Wartezeit bis zur Rückkehr der Männer mit Winken und Faxenmachen verkürzen.

Später erliege ich mal wieder einer meiner Illusionen. Ich träume von Grünzeug, Ananas und Papaya. Doch was wird auf dem winzigen Markt in Dregerhafen, den wir danach anlaufen, angeboten? Betelnuss und Kochbananen. Das ist alles. Und das, obwohl es in PNG genauso viele verschiedene Bananensorten wie Sprachen geben soll. Also um die achthundert. Von Bananen habe ich keine Ahnung, aber die Unmengen an unterschiedlichen Sprachen nehme ich den Leuten, die sich die Mühe gemacht haben, sie zu zählen, ungefragt ab. Sogar auf Tami mit seinen wenigen hundert Bewohnern wird eine völlig eigenständige Sprache gesprochen, die am gegenüberliegenden, nur wenige Meilen entfernten Festland keiner versteht. Wie ist das wohl erst im zerklüfteten Hochland, wo die Menschen jahrhundertelang nicht über ihr eigenes kleines Tal hinausgekommen sind?

Der Tag, das Jahr, das Jahrtausend nähert sich dem Ende. Palmen im Sonnenschein, Korallenglitzerriffe. Wir bereiten unsere Show vor. Im Licht der letzten Sonnenstrahlen wollen wir unser Bestes geben – eine gelungene Show vor einem Riesenpublikum. Doch außer ein paar müden Lachern in verschlossenen Gesichtern regt sich nichts. Nicht mal eine Trinknuss wird uns verschwitzten Künstlern hinterher angeboten. Schweigsame Kinder starren uns an, während wir im Dunkeln unseren mitgebrachten Bananenkuchen mümmeln, von dem auch noch alle ein Stück abhaben möchten. Wir sind enttäuscht. Und traurig. Immerhin setzt sich irgendwann jemand zu uns und erzählt, warum die traditionellen Silvestertänze in diesem Jahr ausfallen. Beerdigungszeremonien haben die Inselbevölkerung in der letzten Woche von den Vorbereitungen abgehalten. Vierzehn Tage zuvor waren vier ihrer Männer auf dem Weg nach Finschhafen bei auffrischendem Wind mit ihrem Kanu gekentert. *Upside-down* trieben sie ohne Nahrung die Salomonensee hinauf oder hinab, den brennenden Sonnenstrahlen schutzlos ausgesetzt. Der angeforderte Rettungshubschrauber suchte vergeblich. Nach sechs Tagen fand das Fährschiff nach Lae das Kanu. Doch nur zwei der vier Männer konnten lebend geborgen werden.

Nach dieser Geschichte verstehen wir die Stimmung im Dorf besser. Wir haben einfach Pech, unsere Silvesterparty gerade in diesem Jahr auf Tami feiern zu wollen. Andererseits sind Björn und ich uns hundertprozentig einig: Auch ohne Unglücksfall würden die Menschen auf Tami nicht vor Freundlichkeit und Hilfsbereitschaft übersprudeln. Wir müssen der Tatsache einfach ins Auge sehen: Nicht alle Inselbewohner in PNG sind gleich freundlich. Und diese hier sind nun einmal nichts für uns.

Als wir, von Langeweile geplagt, gerade aufbrechen wollen, kommt doch noch Leben in die müden Gestalten. Kurz darauf dröhnt PNG-Discomusik aus den herbeigeschleppten Boxen, und auf dem am Nachmittag noch bespielten Basketballfeld fangen einige zaghaft an zu tanzen und herumzualbern. Also hüpfen, wippen und kaspern wir mit. Warum auch nicht, es ist allemal besser, als weiterhin Trübsal zu blasen. Kurz vor Mitternacht übernimmt dann der Pastor das Kommando. Der Gottesdienst der lutherisch-protestantischen Kirche findet ebenfalls auf dem Basketballplatz statt, die *Church of Christ* betet zweihundert Meter weiter hinten.

»God Papa long heven ...«

Unter einem funkelnden Sternenhimmel ertönt ein Gesang, der, fremd und ursprünglich klingend, tief unter die Haut geht. Die *Church of Christ* zündet ein paar Leuchtraketen. Rötlich schimmern die Palmwedel im Dunkel der Nacht. Noch immer sind die Menschen stumm. Wir machen uns von dannen.

Frohes neues Jahr!

Stelzentanz zwischen Eingeborenenhütten

Sialum

Noch vor Sonnenaufgang stehlen wir uns im ersten Licht des Tages aus der Lagune. Bloß weg von hier. Willkommen Jahr 2000, willkommen Freiheit!

Himmel und Meer strahlen in satten Blautönen um die Wette und wir mit ihnen, nachdem wir uns Punkt neun Uhr, also zur deutschen Mitternacht, ein Glas Sekt gegönnt hatten. Aus dem Weltempfänger tönen die sich überschlagenden Stimmen der Reporter: Wird man in Deutschland das Problem der Computer mit der Zeitumstellung auf das nächste Jahrtausend meistern können? Australien existiert auch nach Mitternacht noch, nicht einmal China ist in den Wirren der befürchteten Computerkatastrophe untergegangen. Nur die Amis sind noch immer am Zittern. Na dann, prost Deutschland! Die Neujahrsansprache unseres Kanzlers Schröder löst an Bord Heiterkeitsausbrüche aus: »Auf ein Jahrhundert der Wahrheit!«

Den absoluten Höhepunkt in unserem Unterhaltungsprogramm bietet allerdings die deutsche Wettervorhersage für den Neujahrstag, der wir verzückt lauschen: »Neblig-trüb, am Nachmittag von Westen her aufkommender Regen. Temperatur: minus eins bis plus zwei Grad.« Unser Leben ist herrlich, herrlich, herrlich!

Neues Jahr, neuer Wind. Von achtern schiebt uns eine sanfte Brise an. Björn besteht darauf, unseren Blister zu setzen – der Gute hätte schon lange genug faul herumgelegen. Mit Blister und ausgebaumtem Groß gleiten wir in märchenhafter Stille an einem der unberührten Landstriche von Neuguinea entlang. Bizarre Felsformationen lassen uns ins Schwärmen geraten. An den symmetrischen, wie von Menschenhand gebauten Terrassen aus Kalkstein haben wir unsere helle Freude und entwickeln angesichts dieser monumentalen Kunstwerke der Natur die wildesten Fantasien über Ufo-Landebahnen und versunkene Städte.

Plötzlich frischt von einer Sekunde auf die andere der Wind auf und dreht, fällt mit vollem Karacho in den Blister ein. Auf einmal steht das Großsegel back. MICO luvt in irrem Tempo an, legt sich flach auf die Seite. Björn sprintet nach vorn, um das Segel herunterzuholen, doch der Blister schwebt weit überm Wasser und macht keine Anstalten, zum Boot zurückzukommen. Ich zerre wie wild an der Schot, versuche die Pinne auf die andere Seite zu drücken – ergebnislos. In diesem Moment rauscht Björn das Fall voll durch die Hände, der Blister weht über das Boot, legt sich quer über die Kajüte, und Björn rutscht unterm Groß hindurch und macht erst hinter der Sprayhood Halt.

»Was war DAS?«, schreie ich.

Aus dem Haufen bunten Stoffes dringt es schimpfend an mein Ohr: »Fortification Point.«

»Was?«

Björn taucht unter dem Blister auf: »Dieses blöde Kap dort drüben.«

Zwei Minuten später ist der Spuk vorbei. Der Wind weht wieder freundlich aus altbekannter Richtung, der Blister steckt im Segelsack – bloß Björn sieht aus, als wäre er auf den Grill geraten. Die Haut auf der Innenseite seiner rechten Hand und an allen Finger ist verbrannt, als ihm das Fall durchrutschte, dazu leuchtet ein dicker roter Striemen am Hals.

»Tu was!«, sagt er mit schmerzverzerrtem Gesicht.

Ich renne nach unten, suche in unserem *Homöopathischen Ratgeber* nach einem Rat. Was ich finde, ist ein Rezept für eine Brandsalbe. Gleiches wird in der Homöopathie mit Gleichem geheilt. Und bei Verbrennungen soll verbrannte Baumwolle helfen können. Kurzentschlossen verbrenne ich eines von Björns Taschentüchern in unserer Bratpfanne, mische die Asche mit

Olivenöl und schmiere die schwarzglänzende Paste auf meinen Björn. Ein paar Minuten später ist der Schmerz tatsächlich verschwunden. Mit hochgereckter, weiß umwickelter Hand sitzt Björn für den Rest des Tages im Cockpit, kann über unsere Sorglosigkeit am Kap fast schon wieder lachen und freut sich vor allem darüber, dass er während der nächsten Tage nicht mehr abzuwaschen braucht.

Am Abend weist uns ein junger Fischer in seinem Kanu den Weg durch die Riffpassage. Vor uns liegt Sialum, mit einer perfekten Lagune davor zum Ankern. Der gute Mann spricht nur Pidgin, und ich kontere mit meinen vier auswendig gelernten Sätzen in dieser Sprache: »Wie geht's? Guten Tag! Wie viel kostet eine Kokosnuss? Ich bin sehr glücklich.« Selten habe ich so viel Spaß gehabt, und trotz größter Kommunikationsschwierigkeiten schaffen wir es mit viel Lachen und Zeichensprache, alle im Abendlicht kaum mehr sichtbaren Untiefen zu umfahren und vor einem Dorf wie aus dem Bilderbuch zu ankern. Sialum. Hier hätte ich gerne meinen Silvesterabend verbracht.

Eine Horde lachender Kinder erwartet uns an einer alten Betonpier aus vergangenen Zeiten. Ein paar Meter weiter bekommen wir die erste Wassermelone geschenkt, kurz darauf nähert sich ein kleiner Nackedei von kaum drei Jahren und bringt uns Fremden mit todernster Miene eine Babyananas. Sind wir etwa nach der Insel »Nimm« nun im Dorf »Gib« gelandet?

Diese Frage kann uns sicherlich Joe beantworten, der plötzlich aus dem Nichts auftaucht, sich aus irgendeinem Grund für uns verantwortlich fühlt und uns auf dem Spaziergang begleitet. Joe erfüllt in dieser 800-Seelen-Gemeinde die Funktion des Richters. Wann immer zwei Parteien unterschiedlicher Meinung sind, kommen sie zu ihm, tragen ihre Diskussion vor seinen Ohren aus und versuchen, mit ihm zusammen eine Lösung ihres Problems zu finden.

Wir haben absolut keine Probleme an diesem Neujahrstag, sondern schlendern vergnügt zu dritt, von einem Haufen kichernder Jungen begleitet, die trockene Hauptstraße unter den hunderten und hunderten von Kokospalmen entlang. Ein Bild für die Götter: Zwei blonde Riesen ragen aus einer Schar dunkler Zwerge, die sich mit überdimensionalen Grasstängeln geschmückt haben und uns keine einzige Sekunde aus den Augen lassen. Herumalbernd, aber doch vorsichtig wagen sich diese elf-, zwölfjährigen Burschen immer weiter an uns heran, bis schließlich in jeder unserer Hände eine braune, schweißnasse Kinderhand liegt. Und auf einmal fangen sie an, uns zu streicheln, an unseren Unterarmen über die für sie so fremdartige weiße Haut entlangzustreichen.

*

Warum aber hat uns niemand darauf aufmerksam gemacht, dass wir mitten in einer Badeanstalt ankern? Auf der Hauptinsel von Neuguinea herrschen seit Wochen Sommerferien, und auch in diesem Dorf haben die Kinder nichts anderes, Besseres oder gar Schöneres zu tun, als den lieben langen Tag im lauwarmen Wasser herumzuplanschen. Das Schwimmen liefert außerdem einen hervorragenden Vorwand, um sich ganz naiv dem fremden und so interessanten Segelboot zu nähern und das Leben der Bordbewohner aus nächster Nähe zu beobachten. Es scheint ihnen zu gefallen, denn nicht nur von den Erwachsenen, auch von den Kindern werden wir reichlich beschenkt. Bereits am Morgen kommt ein kleiner Nacktpo mit zwei Kumpanen und ebenso vielen Trinknüssen per Kanu vorbei. Oh, wie ist es ihnen peinlich, mit ihrem kleinen Auslegerkanu direkt an MICO anlegen zu müssen, um ihre Gaben zu überreichen – und wie stolz sind sie hinterher, als sie mit den erbeuteten Keksen im Triumph an Land zurückpaddeln.

Im nächsten Kanu fährt Eddy vor. Er paddelt nicht selbst, er lässt paddeln. Denn Eddy ist genau wie wir in Sialum nur zu Besuch und hat deshalb kein eigenes Kanu. Aber viel, viel Zeit. Und Langeweile. Wir stellen für ihn, den Stadtmenschen aus Lae, der für zwei Wochen im Dorf seiner Frau bei ihrer Familie Urlaub macht, eine willkommene Abwechslung dar. Ab sofort ist es deshalb Eddy, der unseren Tagesablauf plant, Eddy, der uns überallhin begleitet, Eddy, der uns am liebsten keine Minute alleine lassen möchte, aus Angst, er könnte irgendetwas verpassen.

Eddy wäre der geborene Politiker: Er redet viel und schafft wenig. Für die Arbeit hat er seine Frau Christine. Trotzdem ist er nett und bemüht sich nach Kräften, uns den Aufenthalt in Sialum so angenehm wie möglich zu gestalten. Sein Unterhaltungsprogramm für uns beinhaltet auch einen Spaziergang zu einem nahen, paradiesisch gelegenen Quellflüsschen. Smaragdgrünes, klares, kaltes Wasser strömt unter Kokos- und Sagopalmen über kleinere und größere Wasserfälle von den nahe gelegenen Bergen herunter und bahnt sich schließlich an einem Sandstrand seinen Weg ins Meer. Auf der einen Seite des breiten Strandes liegt friedlich und still die grünlich schimmernde Lagune, auf der anderen Seite rollt das Meer unermüdlich heran. 18 °C kaltes Süßwasser hier, 28 °C warmes Salzwasser keine zwanzig Meter weiter – je nach Strömung ist das Wasser kalt oder warm, süß oder salzig. Das entdecken wir, als wir in den Wellen planschen. Die Kinder spielen erst Fußball am Strand und versuchen sich dann wie wir in den Wellen mit Bodysurfing. Die Erwachsenen kommen von der Arbeit aus ihren weiter entfernt liegenden Gärten zurück und waschen sich hier auf ihrem Rückweg ins Dorf.

»Was hältst du von einer Dinghifahrt in dieser fantastischen Süßwasserlagune?«, fragt Björn.

»Was hältst du von ein paar kitschigen Fotos von uns auf dieser idyllisch über das Wasser ragenden Palme?«, antworte ich. »Lass uns doch wenigstens ein einziges Mal Touri spielen und die Kamera rausholen. Hier stört es wirklich keinen. Außerdem erwartet es sogar jeder von uns.«

Doch Björn kann das Wort Kamera schon lange nicht mehr hören. »Ich weiß doch, wie ich aussehe, da brauche ich kein Foto von mir.«

Schließlich bekommen alle ihren Willen: Björn seine Bootsfahrt, ich meine Fotos und Eddy das befriedigende Gefühl, bei allem Wesentlichen dabei zu sein.

Beim Abendessen an Bord – ausnahmsweise hat er sich nicht selbst eingeladen, sondern wir ihn und seine Frau – rückt Eddy endlich mit dem wahren Grund für sein Interesse an uns heraus.

»Seid ihr an Gold interessiert?«, fragt er so ganz nebenbei. »Ich meine nicht am Goldsuchen, sondern am Kaufen. Am Kaufen und Verkaufen.«

Während ich leicht amüsiert abwinke, bekommt Björn, neugierig wie immer, große Ohren und möchte Details hören.

Eddy ist sofort in seinem Element: »Sicherlich wisst ihr, dass es in PNG riesige Goldvorkommen gibt. Das Gold, für das ich mich interessiere, kommt allerdings nicht aus den großen Minen von Lihir, Misima oder Bougainville. Deren Gold geht direkt ins Ausland, da haben wir einheimischen Leute gar nichts davon. Nein, worüber ich die ganze Zeit schon nachdenke, ist das Gold, das oben im Hochland nahe der indonesischen Grenze geschürft wird, privat, von einzelnen Männern, die in aller Einsamkeit und finanziell ganz auf sich selbst gestellt in den Flüssen nach Gold suchen. Die kommen nur alle paar Monate aus der Wildnis zurück in die Städte, um ihre Nuggets zu verkaufen. Natürlich zu ganz anderen Preisen als die Banken und kommerziellen Goldhändler. Ich kenne ein paar von diesen Leuten. Ich habe schon in den letzten Jahren mit ihnen Geschäfte gemacht.« Und Eddy schwärmt mit leuchtenden Augen von seiner Partnerschaft mit einem australischen Geschäftsmann, für den er in Madang und Lae Gold gekauft und nach Australien transferiert hat. Laut Eddy muss es das Geschäft des Jahrhunderts gewesen sein, denn der Australier sei mittlerweile ein steinreicher Mann. »Ich kann das Gold für ein Drittel des derzeitigen Weltmarktpreises bekommen. Es fallen zwar noch Importzoll und Kosten für die Berechtigung, Gold importieren zu dürfen, an, aber fünfzig Prozent

Gewinn pro Kilogramm Gold machen wir noch allemal. Das wird das Geschäft eures Lebens!«

Fragt sich bloß, warum kaum ein anderer es mit dieser Taktik versucht hat, wenn es so einfach ist, Millionär zu werden. In PNG müsste es doch, wenn Eddys Angaben der Wahrheit entsprächen, von Goldhändlern nur so wimmeln. Außerdem wundern wir uns, warum Eddy diese lukrative Zusammenarbeit mit seinem australischen Partner aufgegeben hat (oder vielleicht aufgeben musste) und jetzt für einen Monatslohn von hundertfünfzig Kina als Verkäufer in einem Laden in Lae arbeitet. Noch dubioser wird das Thema, als Eddy uns unterbreitet, wie er sich die Finanzierung des ganzen Unternehmens vorstellt.

»Ich schaue mich nach potenziellen Verkäufern in PNG um, und ihr segelt nach Deutschland zurück. Wenn ihr in Europa angekommen seid, schicke ich ein Fax und teile euch mit, wie viele Kilogramm Gold ich aufgetrieben habe, das zum Kauf steht. Ihr überweist mir dann das Geld auf mein Konto in PNG, ich kaufe damit das Gold, erledige für euch die Formalitäten mit Zoll und Versicherung und schicke das Gold per Post nach Deutschland. Was ihr dann damit macht, ist eure Sache. Das heißt, ihr müsst euch euren Absatzmarkt in Europa allein suchen. Ich möchte nur ein paar Prozente vom Verkaufserlös als meinen Anteil bekommen.«

Wir nicken verständnisvoll. Klar, auf den ersten Blick erscheint so ein simples Geschäft schon verlockend. So gut wie nichts zu tun und damit einen Batzen Geld zu verdienen – wer hat nicht schon mal davon geträumt. Die Sache hat nur einen Haken: Der gute Eddy glaubt doch nicht im Ernst, dass wir ihm nur wegen seiner treu blickenden braunen Augen so mir nichts dir nichts einige tausend bis zehntausend Euro überweisen. Was denkt sich der Kerl eigentlich?

Mit Eddy sollen wir noch Monate später unseren Spaß haben. Fest entschlossen, sich das Geschäft seines Lebens nicht entgehen zu lassen, erreicht uns bald nach unserer Ankunft in Deutschland der erste Brief. Wohlgemerkt der erste. Weitere mit der Bitte um Geld folgen fast wöchentlich. Und alle beginnen mit der gleichen komisch-schwülstigen Anrede: »*Dearest, my beloved brother Björn Dinklage and my beloved sister Birgit Maschler, may our heavenly father richly bless you twos in Gudow City, West Germany* …«. Als Björn, der nicht das geringste Interesse an Geschäften mit Eddy hat, auf seine Briefe nicht antwortet, beginnt Eddy, uns seine Begehren zu faxen. Anderthalb Meter Papier quellen jede zweite Nacht aus unserem Faxgerät. Um unsere ständig unterbrochene Nachtruhe wiederherzustellen und Eddys hartnäckigen Bestrebungen ein Ende zu bereiten, ziehen wir schließlich jeden Abend das Telefonkabel aus der Steckdose. Armer Eddy.

*

Was ist Glück? Ein kluger Mensch, ich glaube, es war Goethe, hat einmal behauptet, Glück, das Glücklichsein, erkenne man erst dann, wenn es wieder vorbei ist. Ich wage diese These anzuzweifeln. Jeden Morgen, wenn ich, noch immer schlaftrunken, meine Augen öffne und über mir die Sonne durch die Bullaugen ihr goldenes Morgenlicht auf mich, auf meine Koje, auf das dunkle Holz von MICO wirft, überkommt mich das gleiche jubilierende Gefühl von Glückseligkeit. Eine riesengroße Welle warmer wohliger Zufriedenheit übermannt mich dann, bedingt durch das Wissen, draußen erwartet mich ein neuer Tag unter einem strahlend blauen Himmel, und ich brauche nur meine Hand in Richtung von Björns Koje auszustrecken, um auf halber Strecke die bereits wartende Hand meines Schlaf- und Wachgefährten zu ertasten. Das ist Glück! Jeden Morgen aufs Neue – und jeden Morgen genieße und schätze und realisiere ich dieses Geschenk voller Dankbarkeit.

Dann nehme ich mit einer Tasse Tee in der Hand auf dem von den Sonnenstrahlen noch nicht aufgeheizten Vordeck Platz, mache Gymnastik oder lasse einfach die frische Morgenluft in mich fließen. Björn gesellt sich meist, ebenfalls schlaftrunken und verwuschelt, ein paar Minuten später dazu. Blau glitzert das Wasser zu unseren Füßen, in der Ferne schäumt das stetig heranrollende Meer gegen das Riff, die ersten Kanus kommen vom Fischen am Außenriff zurück. So viel Schönheit um uns herum!

Damit wir das nicht für selbstverständlich nehmen, haben wir für solche und nicht nur für solche Morgen unsere eigene Zeremonie entwickelt. Wir haben es uns zur Gewohnheit gemacht, uns jeden Tag für ebendiesen Tag wirklich zu bedanken. Bei wem? Nun, das ist reine Definitionssache. Irgendwer ist ja wohl für die Erschaffung all dieser Tage verantwortlich. Ob man ihn, sie oder es nun Leben, Dasein, das Göttliche, Gott oder einfach nur Alles nennt, ist für uns ohne Bedeutung. Und so stehen wir Tag für Tag an der Reling und singen, jauchzen oder, nach einer schlaflosen Nacht, grummeln auch schon mal das allseits aus dem Konfirmationsunterricht bekannte und von uns umgedichtete Lied in den Morgenhimmel:

»Danke für diesen wunderschönen Morgen,
danke für diesen neuen Tag.
Danke, dass ich das Leben, so wie's ist, genießen darf!«

Die Passage mit den Sorgen haben wir wohlweislich weggelassen. Erstens haben wir für gewöhnlich keine, und zweitens lohnt es sich unserer Meinung nach nie, uns welche zu machen.

Mittlerweile ist es sieben oder vielleicht auch acht Uhr morgens, Zeit für ein ausgedehntes Frühstück. Was haben uns die Kinder gestern vorbeigebracht? Mangos in rauen Mengen. Und eine Ananas. Wir kreieren wie fast jeden Morgen unser Standardfrühstück, an dem wir uns noch lange nicht überfressen haben: Pfannkuchen gerollt *à la crêpe*, gefüllt mit frischem Obstsalat. Dann folgen ein bisschen Baden, ein bisschen Spazierengehen, ein bisschen mehr Pidgin lernen.

»Mi laikim yu givim mi kulau« ist doch ganz einfach zu verstehen, wenn man weiß, dass *kulau* Trinknuss bedeutet.

Am *apinun*, dem Nachmittag, gönnen Björn und ich uns inmitten der Menschenmenge im Dorf ein schweißtreibendes Stelzenlauftraining. Da wir die sperrigen Dinger schon über drei Flughäfen und zwei Meere geschleppt haben, sollten wir sie auch nutzen. Außerdem hört es sich irgendwie abgefahren an: Trainingslager in Papua-Neuguinea. Vielleicht können wir ja die Flugkosten unter der Kategorie Fahrtkostenpauschale beim Finanzamt absetzen – schön wär`s. So ähnlich wie wir an diesem Nachmittag muss sich King Kong in New York gefühlt haben: Er kommt, und alle rennen weg. Egal ob Mann oder Frau, Greis oder Kind, sobald wir uns auf mehr als fünf Meter nähern, verschwinden alle unter lautem Gekreische hinter, unter oder in der nächstgelegenen Hütte. Unsere Tanz- und Drehversuche lässt sich keiner entgehen, im großen Kreis stehen sie um uns herum und betrachten das merkwürdige Schauspiel, das wir ihnen hoch über ihren Köpfen bieten. Aber wehe, wir kommen ihnen zu nahe! Diese langen federnden Alu-Stangen sind ihnen nicht ganz geheuer. Auch mit dem Allheilmittel Lächeln klappt kein Annäherungsversuch. Weiße Haut UND Stelzen, das ist einfach zu viel. Also bleibt uns nichts anderes übrig, als dutzende johlender Kinder quer durchs Dorf zu jagen – dabei hat zumindest jeder seinen Spaß. Mir tun schon die Segler Leid, die nach uns vor Sialum ankern werden. »Habt ihr auch diese langen Stöcke dabei, auf denen man gehen kann?«, werden sie zu hören bekommen und sich wundern, was für merkwürdige Vorstellungen von den Europäern auf dieser Insel herrschen.

Aber so angenehm Sialum mit all seinen Naturschönheiten und liebenswerten Kindern auch ist, so unangenehm wird uns langsam aber sicher Eddy mit seinem Drang, unseren Tagesablauf von morgens bis abends zu gestalten und uns stets und ständig zu begleiten. Wir wollen keinen ständigen Aufpasser um uns herum. Eddy mag ja ein lieber Mensch sein, trotzdem sieht er in uns vornehmlich seine potenziellen Geschäftspartner im Goldhandel. Oder seine Entertainer, jedenfalls nicht seine Freunde. Auf gut Deutsch: Eddy nervt.

Und die Stadt lockt uns noch immer.

*

Außerdem scheint was dran zu sein an dem Gerede: Deutsche müssen immer arbeiten. An unserem Abfahrtsmorgen sitzen/liegen wir noch ein letztes Mal im Schatten bei Eddys Verwandten. Eddy sucht derweil händeringend nach Worten, um sich in unserem Gästebuch zu verewigen. Christines Schwester Margaret hockt ein paar Meter weiter gelangweilt vor einem Haufen Kokosnusshälften, um Kopra herzustellen. Da wir nichts weiter zu tun haben, wollen wir ihr helfen und hauen gemeinsam die in der Sonne getrockneten Kokosnusshälften auf den Betonboden, damit sich das Fleisch aus der Schale löst. Das macht Krach und bringt Spaß! Normalerweise, also beim Essen, Wäschewaschen oder Unterhalten, haben sich im Durchschnitt fünfzehn bis zwanzig Zuschauer um uns herum getummelt. Jetzt sind es über fünfzig. Weiße bei der Kopraproduktion – so ein Schauspiel bietet sich nicht alle Tage. Und da Eddy einen halben Roman in unser Gästebuch zu schreiben hat, werden unsere Motivation und das Arbeitstempo gnadenlos ausgenutzt, und ein Sack Nüsse nach dem anderen wird zu uns herangeschleppt.

Auf Wiedersehen, Sialum, du nettes Dörfchen mit deinen lieben, quirligen Kindern und tschüss, Eddy, mit deinen Selbsteinladungen und Geschäftsideen! Es ist ein ergreifendes Gefühl, unter unzähligen *Bye-byes*, die von allen Seiten zu uns herübergerufen werden, aus der Lagune auszulaufen. Die Wasservorräte sind aufgefüllt, unsere Haare glänzen dank der Süßwasserdusche, im Kühlschrank wartet leckerer, dickflüssiger Mangosaft.

Tuckatuckatuck.

Auf geht's nach Madang. Ein *Yellowfin*-Tunfisch opfert sich fürs Mittagessen, der Himmel weist genau die richtige Bewölkung fürs Nicht-Schwitzen/Nicht-Frieren und doch Nacktsein auf, und mächtige Viertausender, umgeben von Schäfchenwolken, grüßen vom *mainland* herüber. Eigentlich ist dieseln gar nicht soooooo unangenehm. Nichts schaukelt, nichts schlägt, man muss nicht an irgendwelchen Schoten ziehen, und in der Nacht bewegt das Bett sich kaum. Außerdem kann man im Cockpit Räuber-Rommé spielen. So glatt ist das Meer.

Der höchste Berg der Südsee ruft

Madang/Hochland

Madang, gemäß den Schwärmereien anderer Segler angeblich die schönste Stadt des gesamten Pazifiks, erweist uns in aller Frühe die Ehre. Wer auch immer dieses subjektive Schönheits-Ranking durchgeführt hat, ganz Unrecht hat er nicht. Vom Boot aus sehen wir im frühen Morgenlicht eine einzige weite Parklandschaft und kleine hübsche Häuser inmitten von prächtigen tropischen Gärten. Das Städtchen breitet sich auf einer gebogenen Landspitze aus, die wie eine gespreizte Hand in eine tiefe Lagune mit verschiedenen kleinen Inselchen hineinragt. Tausende von Fledermäusen hängen kopfüber in fast blattlosen Bäumen, ihr Geschrei begleitet uns auf unserer Suche nach einem Ankerplatz ebenso wie der süßliche, schwere Geruch aus der Kopramühle. Madang, ich glaube, ich mag dich.

MI COLUMPIO darf sich in der makellosen Bucht vor Kranket Island ausruhen – die Insel liegt in einer Entfernung von etwa zweihundert Metern genau gegenüber von Madang –, während wir mit QUIETSCHIE über die Lagune düsen, um unsere erste Stadt in PNG zu erkunden. Uralte Baumriesen mit zwanzig Meter langen Luftwurzeln säumen die Straßen und spenden kühlen Schatten. Sie haben es noch miterlebt, als Madang als »deutsches Schutzgebiet« vorübergehend Hauptstadt von Deutsch-Neuguinea war und deshalb den Namen Friedrich-Wilhelms-Hafen trug. Vor allem Handelsinteressen ließen das Deutsche Kaiserreich in der Zeit von 1815 bis 1912 in der Südsee tätig werden. Zwischen den vielen Rasenflächen erstrecken sich vor uns immer noch mehr Lagunen und Seen, die über und über mit Seerosen bedeckt sind. Einige Meter weiter brüten an unserem Weg ein paar Supermärkte im prallen Sonnenlicht, fensterlose Lagerhallen, die aus der Zeit stammen, als Papua-Neuguinea von Australien verwaltetes Treuhandgebiet war. Inmitten dieser Szenerie liegt der alte Friedhof. Im Schatten der verwitterten Grabsteine mit deutscher Inschrift lehnen einige Papuas. Nebenan erstreckt sich der bunt gesprenkelte Markt. In offenen Hallen und unter riesigen Bäumen hockend, haben die Frauen ihre Waren auf der Erde ausgebreitet. Trinknüsse, Essnüsse, Yams, Taro, Kürbis, Süßkartoffeln und Kartoffeln, Lauchzwiebeln und Karotten, Tomaten, Gurken, Bohnen und Brokkoli, Kohl und Salat. Da schlägt mein Herz als Fast-Vegetarierin gleich höher. Überall wird *cumu* angeboten, was Grünzeug bedeutet und alles umschließt, was Blätter hat und an Büschen und Bäumen wächst, aus der Erde hervorschießt oder an Zäunen emporrankt. Hauptsache, es ist grün, kann als Gemüse in Kokosnusscreme gekocht werden und schmeckt lecker. Und nicht nur Blätter werden verzehrt, sondern auch die Blüten. Hibiskusblüten zum Beispiel sehen nicht nur gut aus, sondern schmecken auch hervorragend, ebenso die gekochten Blüten des Zuckerrohrs. Die Matten und flachen Tische auf dem Markt quellen über vor Mangos, Papayas, Ananas, Bananen in allen erdenklichen Formen und Farben, Passionsfrüchten, Karambolen, Guayabas, Guaven und Rambutans. Unser Frühstück für die nächsten Tage ist gesichert: Obstsalat.

Neu ankommende Frauen aus weit entfernt liegenden Dörfern scheinen unter der Last ihrer voll bepackten *bilums*, aus Schnüren geknüpften Taschen, fast zusammenzubrechen, deren Inhalt sie für wenige Toia – ein Kina hat hundert Toia – zu verkaufen hoffen. Auch Erdnüsse werden angeboten, frisch in der Schale oder geröstet und gesalzen in Frischhaltefolie zu kleinen Kugeln zusammengebunden. Hart gekochte Eier kann man einzeln kaufen, ebenso Plastikbeutel, die mit knallbuntem Zuckerwasser gefüllt sind, und zu Eis gefrorene Schläuche mit dem entzückenden Namen *lolli wara* – Lolliwasser. Die Menschen sind freundlich und entspannt, die Farben prächtig, die Früchte kommen frisch vom Baum. Bioqualität zu bezahlbaren Preisen!

All das, wovon wir sonst seit Wochen geträumt haben, steht bei »Anderson« und »Best Buy« in den Supermarkt-Regalen. Schweizer Käse, australischer Mangojoghurt, englische Schokolade. Und Eiscreme. Ausgehungert stürzen wir uns auf die geliebten, vermissten und richtig teuren Produkte – und müssen feststellen, dass sie uns gar nicht mehr schmecken. Das eine ist jetzt zu süß, das andere zu trocken, das dritte zu, wie soll ich sagen, unnatürlich. Nichts von all diesen Wohlstandsprodukten passt hierher. Genauso wenig wie Lebkuchen in den Hochsommer passen unsere europäischen Lebensmittel nach PNG. Wir verzichten also auf die teuren importierten Sachen und legen das gesparte Geld lieber auf dem Fischmarkt an, getreu unserem Motto *When in Rome do as the Romans do.*

In einem bezaubernden Park am Ufer der Lagune brutzeln über offenen Feuern Tunfischsteaks, kleine Rotaugen und winzige, nur fingerlange Fischchen. In einigen Pfannen braten Brotfruchtscheiben, Kochbananen und Süßkartoffeln. Auf Bananenblättern werden Tapiokakuchen angeboten und Kokosreis in kunstvoll geflochtenen Beutelchen aus Pandanusblättern. Ab heute werden wir nur noch hier zu Mittag essen. Lecker ist es, stilvoll, frisch und günstig. Für einen Kina zwanzig kann man auf gesunde Weise satt werden. Dagegen ist es im Madang Game Fishing Club mit fünfzehn Kina für ein Durchschnittsessen, das zumeist aus Pommes frites mit frittiertem Fisch besteht, extrem teuer. Aber immerhin: Der Club ist ausschließlich für Mitglieder gedacht, was wir definitiv nicht sind, und trotzdem dürfen wir unser Dinghi hier lassen, abends ein Bier an der Bar trinken, so manches Mal Dusche und Telefon nutzen und werden von der supernetten Leiterin sehr zuvorkommend behandelt. Doch so angenehm der Club mit seinen kostenlosen Angeboten für uns Fahrtensegler auch ist, so schreckt er uns in anderer Hinsicht auch ab. Die Sitten der Kolonialzeiten, die wir nur noch in den Geschichtsbüchern zu finden gehofft hatten, scheinen hier noch recht lebendig, obwohl Papua-Neuguinea nach der Verfassung von 1975 eine parlamentarische Monarchie innerhalb des britischen Commonwealth mit der britischen Königin als formellem Staatsoberhaupt ist. »Zutritt nur für Clubmitglieder« lesen wir in großen Buchstaben am Eingang, doch Clubmitglied kann nur werden, wer weiß ist oder einen für den durchschnittlichen Papua unerreichbaren Reichtum vorweist. Das Weiß-Schwarz-Prinzip heißt immer noch: Die Weißen essen, trinken und amüsieren sich, die anderen bedienen – von der Hand voll PNG-Frauen, die sich einen Australier geangelt haben, mal abgesehen. Unser Problem ist, dass wir von den Club-Mitgliedern als ihresgleichen angesehen werden, nur weil wir zufällig die gleiche Hautfarbe haben. Dabei fühlen wir uns den Papuas so viel seelenverwandter als den meisten Aussies.

Andererseits treffen wir im Club auch ein paar einsam wirkende, weißhaarige und äußerst interessante Männer an. Einer heißt Jim, ist Flugzeugmechaniker und zugleich stolzer Besitzer eines von uns bitter vermissten Gegenstandes: einer Waschmaschine. Statt auf ein Bier werden wir von ihm netterweise zum Waschen eingeladen. Gewisse technische Errungenschaften des 20. Jahrhunderts sind eben doch nicht zu verachten.

Als Nächstes brauchen wir unbedingt einen Internetzugang. Den entdecken wir neben neuen Zündkerzen für den Außenborder bei Nick. Eigentlich müssen wir nur die australischen Mechaniker in Madang abklappern – schon finden wir alles Gewünschte. Nach Hause telefonieren wir dann von John aus. Er ist sehr weltoffen, an allem interessiert und wird innerhalb weniger Tage zu unserem Freund und »Vaterersatz«. Mit seinem schneeweißen Bart und seinen einundsechzig Jahren sieht er zwar eher wie ein Großvater aus, aber der Rest – alle Achtung, sag' ich da nur. Der Mann hat im letzten Jahr beschlossen, statt in Rente zu gehen, wie es sich für die Weißen hier gehört, einen Tropenholz-Export in PNG aufzuziehen. Die ersten sechsunddreißig Jahre seines Lebens ist er als Sohn eines australischen Missionars viel herumgekommen, und der Urwald von PNG ist deshalb genauso sein Zuhause wie Melbourne und Cairns in Australien oder die Südinsel Neuseelands. Er spricht fließend Pidgin und läuft bis zum heutigen Tag barfuß durch den Dschungel, seine Freunde wie auch sein Kompagnon in der Firma sind ausschließlich Papuas. John ist dazu noch ein wandelndes Lexikon, was PNG betrifft. Er kennt die Moderne wie die Vergangenheit und ebenso die aktuellen Ansichten der hier ansässigen Menschen. Und er vertritt eine nicht immer kirchenkonforme Meinung, sondern hat sich sein eigenes Weltbild erarbeitet, das sich sowohl am christlichen Glauben als auch an den Mythen und religiösen Überzeugungen der Ureinwohner orientiert.

»Vor dreißig Jahren«, erzählt er uns gleich bei unserem ersten Treffen im Club, »gab es in unserem Dorf am Sepik« – dieser Fluss ist eine der wichtigsten Lebensadern der Region – »und in der gesamten Umgebung noch keine westliche Kleidung. Die Frauen trugen Grasröcke, die Männer Penisköcher oder einfach nur ein Seil, das sie um die Hüften schlangen. Und wisst ihr was? Damals gab es keine Vergewaltigungen. Die kamen erst vor, als die Frauen von den Missionaren in diese blödsinnigen *Mother-Hubbard*-Kleider gesteckt wurden. Interessant, nicht?«

*

Wer jetzt glaubt, wir beschäftigen uns in Madang mit nichts anderem als Essen, Wäsche waschen und vorm Internet hängen, hat sich grundlegend geirrt. Wir tun in Madang genau das, was wir in allen anderen Städten im Pazifik und in Australien ebenfalls getan haben. Wir widmen uns unserer »Lieblingsbeschäftigung«: *Hardware*-Läden abklappern. Ein *Hardware*-Laden ist so ein Mittelding zwischen Eisenwarenhandlung und Baumarkt und stellt für einen verzweifelten Segler manchmal die einzige Möglichkeit dar, an heiß begehrte Dinge wie Nirosta-Schrauben, Dieselfilter und Sikaflex zu gelangen, an Bilgenpumpenkabel, Batterieflüssigkeit und Dinghi-Anker. Manchmal ... Meistens latschen wir nämlich von einem Shop in den nächsten, erfolglos und in der glühenden Mittagshitze und warten in irgendwelchen dreckigen, lauten Werkstätten und Lagerhallen oder kleinen wuseligen Chinesenläden vergeblich auf das passende Ersatzteil. Wenn ich ans Segeln denke, sehe ich mich immer in einem *Hardware*-Laden stehen und warten.

Im Moment suchen wir hartnäckig einen Küchenwecker. Nach GPS und Selbststeueranlage ist ein solcher Wecker das drittwichtigste Utensil an Bord. Wir werden sogar fündig, doch keines der Exemplare klingelt uns laut genug. Immerhin sollen wir bei den Nachtwachen alle Viertelstunde von dem Gerassel aufwachen. Auch ein Impeller für die Wasserpumpe unseres Motors ist partout nicht aufzutreiben. Im letzten Jahr hatten wir bei unseren Impellern einen Verschleiß wie andere bei Toilettenpapier und dementsprechend ständig einen überhitzten Motor. Hier teilt uns nun ein freundlicher Mechaniker mit, dass Impeller neu und frisch und elastisch sein müssen und nicht fünf Jahre alt wie die unseren, damit sie in diesem Klima länger als ein paar Stunden halten. Um auf Nummer sicher zu gehen, beschließen wir, uns zwei funkelnagelneue Exemplare aus Australien schicken zu lassen. Das ist ein Fehler. Die nächsten zwei Wochen rennt Björn jeden Tag in Erwartung des Päckchens zur Post. Zu unserem Lieblingsladen erwählen wir den *Christian Book Store*, den einzigen Buchladen in Madang, der wunderbar amüsante Büchlein und Plakate in Pidgin-Englisch vertreibt. Mein favorisiertes Plakat, bei dem jedem Ernährungswissenschaftler vor Freude das Herz höher schlagen würde, verkündet: *Gutpela kaikai, strongpela bodi*: Gutes Essen, starker = gesunder Körper. Björn findet den Sicherheitsaufkleber für die Autos, den *seifti stika*, viel schöner.

Madang gefällt uns. Auch hier, in der 30 000 Einwohner großen und anonymen Stadt, zeigen die Papuas ihr Herz genauso offen wie auf den abgelegenen Inseln. Alle, die uns begegnen, grüßen neugierig-freundlich und schauen uns direkt für zwei, drei lange Sekunden in die Augen. Überall freundliches Nicken, ein kurzes Erkennen von Gleichgesinnten – und mit einem

Lächeln auf den Lippen geht jeder seines Weges. Wir fühlen uns wohl in diesem Land, wo wir trotz anderer Hautfarbe Menschen sein können, ganz normale Menschen.

*

Langsam dämmert es uns, dass das, was die meisten Reisenden mit PNG verbinden, nicht das ist, was wir bisher gesehen haben. Die Louisiaden und die D'Entrecasteaux Islands scheinen insgesamt von Touristen nur spärlich frequentiert zu werden. Es gibt ja auch kaum Transportmöglichkeiten dorthin, es gibt kaum Unterkünfte vor Ort und keine Restaurants. Für einen Normaltouristen ohne Boot erschweren diese Umstände das Reisen beträchtlich. Wie wir feststellen, widmen sich die meisten Seiten in unserem *Lonely-Planet*-Reiseführer der Sepik-Region und dem Hochland. Und genau da wollen wir gerne hin, ins Hochland, woher die spektakulären Glanzfotos der GEO-, Stern- und National-Geography-Reporter stammen, wo es von Wilden, bunt geschmückten Tänzern und *mud men*, den Schlammmännern, von *sing-sings* und Ursprünglichkeit angeblich nur so wimmelt. Auf in die Highlands!

Immerhin führt von Madang eine Straße nicht nur zur Küstenstadt Lae, sondern auch über Goroka und Kundiawa bis nach Mount Hagen ins Hochland hinauf. Das ist in diesem Land keine Selbstverständlichkeit. Von Port Moresby, der Hauptstadt, führt zum Beispiel keine Straße zu irgendeiner anderen Stadt. Die paar vorhandenen verlaufen sich nach dreißig, vierzig Kilometern im Hinterland. Wer in die Hauptstadt will, muss fliegen. Bloß zwischen Lae, Madang und dem Hochland existiert eine Straße, der so genannte *Highway*. Genau diese Autobahn wollen wir am Samstagmorgen nehmen, um auch das andere, das bekanntere PNG mit eigenen Augen zu sehen. Die Betonung des letzten Satzes liegt übrigens auf dem Wörtchen »wollen«. Denn mit den PMVs, den *Public Motor Vehicles*, laut Björn eher den

Post Mortalen Vehikeln, ist das so eine Sache: Mal fahren sie, mal fahren sie nicht. Heute fahren sie nicht, beziehungsweise nicht mehr.

»*Try it tomorrow.*« Ach ja, ich vergaß, PNG-Zeit.

Nach zweieinhalb Stunden sinnloser und schweißtreibender Warterei am Marktplatz zockeln wir frustriert zurück zu Rookes Marine, zu Nick, wo wir MICO während unserer Hochlandtour zurücklassen werden. *Marine* hat in diesem Fall nichts mit Marina zu tun, eher mit Wasser. MICO ist zurzeit das einzige Segelboot bei den Rookes, die eine Tankstelle und eine Werkstatt betreiben und nebenbei auf ein paar kleine Sportfischerboote aufpassen, da ihr Anwesen ideal am Ende eines Flussarms gelegen ist. Nick freut sich, ausgehungerten Touris nicht nur seinen Computer zur Verfügung stellen zu können, sondern auch seinen Kühlschrank, den wir vorübergehend mit unseren Butter- und Käsevorräten aufstocken.

Wir verbringen eine weitere heißschwüle Nacht auf Meereshöhe, diesmal statt mit Wind mit Moskitos. Auch tausend Gedanken an das zweitausend Meter höher gelegene Hochland bringen keine Abkühlung. Bis Björn die Idee des Abends hat und Nick um ein paar Eiswürfel bittet. Ein paar ist gut: Ein ganzer Eimer dieser herrlich kalten, in der Hitze der Nacht dampfenden Eisstücke wandert an Bord. In einem kurzen Anfall von Genialität kreieren wir die simpelste Klimaanlage der Welt: Die Eiswürfel kommen in eine große Schale und diese direkt vor den Ventilator. Und wir legen uns dann unmittelbar vor die Schale und lassen uns die kalte Luft über die nackte schwitzige Haut pusten. Ein Hauch von Antarktis weht durch den Bauch von MI COLUMPIO.

*

Wie die Fahrt über die Landstraße verlaufen ist? Nächste Frage, bitte. Ich weiß, warum ich trotz der Stürme und Nachtwachen das Reisen auf einem Segelboot bevorzuge. Grauenhaft ist wohl das passende Wort für die sechsstündige Tortur durch die Berge. Immerhin haben wir am Morgen einen PMV erwischt, der aber, da Sonntag ist und sonntags die Polizei nicht arbeitet, die ersten fünfzig Kilometer nur mit anderen PMVs im Konvoi fährt. *Rascal*gefährdetes Gebiet lautet die lapidare Erklärung. Nicht nur, dass die einzige Straße weitaus schlimmer ist, als wir es uns in den schlimmsten Vorstellungen ausgemalt haben, nicht nur, dass jeder Berg fast senkrecht und dementsprechend im Schritttempo genommen wird, nicht nur, dass die Luft graubraun staubt und Hitze und Enge im Minibus allerlei fragwürdige Düfte aufsteigen lassen, nein, wir müssen auch noch Angst vor Überfällen haben.

An einer kaputten Brücke (naja, dem Versuch einer Brücke) dürfen wir nur neben der Brücke den Fluss überqueren, sprich durchs Flussbett fahren, und hoffen, dass die Strömung nicht ganz so stark ist, wie sie aussieht, und dass unser PMV sich nicht festfährt wie der Lkw, der uns entgegenkommt, *sorry*, kommen wollte, und dass wir schnell genug am anderen Ufer ankommen, bevor das Wasser durch die faustgroßen Löcher und Ritzen im Boden des Busses dringt. Drüben hat sich die Straße nach einem heftigen Regenguss gerade der Breite nach halbiert, die rechte Fahrspur ist zwanzig Meter den Hang hinuntergesackt. Das scheint sie öfter zu tun. Alle paar Kilometer sehen wir Bautrupps, die zu retten versuchen und sogar neu bauen, was nicht mehr zu retten ist. Hätten sie die Straße doch nur zehn Kilometer weiter im Südwesten angelegt. Dort verläuft die Stromleitung, dort gibt es weniger Berggelände, dafür festeren stabileren Boden. So aber verdient zumindest die Baufirma gut an den vergeblichen Instandhaltungsversuchen der Straße.

*

Ach, wie schön ist es, am nächsten Morgen hier oben im kühlen Goroka neben Björn zu liegen und nicht gleich innerhalb von Sekunden einen Schweißausbruch zu kriegen. Es gibt frische

Luft zum Durchatmen, und wir haben ausnahmsweise angenehm kalte Füße. Dazu ein richtiges Bett, aus dem man im Nu draußen ist und sich nicht erst tausendmal umdrehen und seine Körperteile sortieren muss wie auf unserer MICO. Die lutherische Mission, in der wir wohnen, verlangt zwar unverschämt viele Kina, nämlich vierzig pro Person, dafür ist es hier sehr sauber und nett, mit Gärtchen rund um das Gebäude und mit Frühstück. Einem äußerst amüsanten Frühstück obendrein, denn Reverend Hal, ein weiterer Gast und Amerikaner von der ganz direkten Sorte, versucht uns im Schnellverfahren zum »richtigen« Glauben zu bekehren. Noch besser amüsieren wir uns über einen vermögenden Australier aus Port Moresby. Er hätte in der Hauptstadt auch ein Segelboot liegen, erzählt er, und möchte wissen, da wir doch schon so weit herumgekommen sind, wo es denn am schönsten auf der Welt zum Segeln ist. In PNG natürlich! Er will es uns aber nicht glauben.

Goroka ist, wie auch die anderen Orte hier oben, sehr viel mehr am westlichen Leben orientiert als die von uns bisher besuchten Küstenregionen. Lastwagen um Lastwagen wälzt sich, beladen mit Containern voll von importierten Konsumprodukten, Baumaterialien wie Wellblech und Ähnlichem und auch Tonnen voller Treibstoff, auf der miserablen Straße über den Daulo Pass auf fast 2500 Meter Höhe. Kaum eines der Häuser ist noch traditionell gedeckt, und nur noch vereinzelt lässt hier und da ein mit *kunai*-Gras gedecktes Rundhaus erahnen, wie es im Hochland vor ein paar Jahrzehnten noch ausgesehen hat. Überall macht sich die Werbung von BP, Shell und Mobil breit. Pepsi-Cola herrscht über Goroka, zumindest prangen die fünf Buchstaben in riesigen Lettern auf dem gewaltigen Dach der Markthalle. Coca-Cola versucht sein Glück entlang des Highways und hat sich auf allen Ortsschildern verewigt, die es ohne Coca-Cola gar nicht geben würde. Ebenso leuchtet uns der Schriftzug mehrere Meter hoch in knalligem Rot auf allen Dartflächen am Straßenrand entgegen, wo die Männer angeblich ihre Wettkämpfe austragen. Bisher habe ich zwar noch keinen Papua Dart spielen sehen, aber sehr viele Menschen trinken Coke. In jedem öffentlichen Gebäude steht der unvermeidliche Cola-Automat, und eine Dose kostet so viel wie drei Trinknüsse, hat aber garantiert zweiundvierzig Stücke Würfelzucker mehr intus. Außerdem gibt's täglich feine Sachen von Coca-Cola zu gewinnen, bunte Plastikbecher zum Beispiel, in deren doppelwandigem Rand kleine Plastik-Papuas auf und nieder hüpfen, wenn man sie schüttelt. Zu guter Letzt sei noch die Coke-Promotion-Tour erwähnt, die sich in die hinterletzten Eingeborenendörfer bemüht, um dort Getränke, Wimpel, T-Shirts zu verteilen. Natürlich *for free*. Björn würde zu gerne gegen die geballte Coca-Cola-Power protestieren und träumt von einem selbst gemalten T-Shirt mit der Aufschrift »*Forget Coke – drink Coco*« und einer Kokospalme vorne drauf.

In PNG können wir ganz klar erkennen, wie Kirche, Politik und Wirtschaft fein zusammenarbeiten. Die Regierung lässt den verschiedenen christlichen Kirchen freie Hand, damit sie ihre Schäfchen eintreiben und nach ihrem Gutdünken umerziehen können. Nacktheit gilt dann als primitiv, die herkömmliche Lebensweise ebenfalls, der Glaube an Naturgeister sowieso. Und die Anpassung an die westliche so genannte Zivilisation wird zum Ziel der Ziele. Björn und ich haben das Gefühl, dass viele Missionare hier nur neue Absatzmärkte geschaffen haben. Die Menschen streben nur noch nach Geld. Ging es noch vor zehn Jahren lediglich um ein neues T-Shirt oder ein paar Kilogramm Reis, sind die Wünsche heutzutage ins Absurde gestiegen. Denn natürlich sind die Waschmaschinen, Fernseher, Sofagarnituren meist unerschwinglich für die *locals*, die sehnsüchtig-bewundernd und leicht deplatziert in den gut bewachten Läden stehen. Falls der bewaffnete Sicherheitsdienst am Eingang sie überhaupt hineinlässt. PNG hat vielleicht auf dem Papier vor einem viertel Jahrhundert seine Unabhängigkeit von Australien errungen, doch Gleichheit zwischen den Menschen herrscht noch lange nicht. Weiße können sich noch immer fast alles erlauben. Diskriminierenderweise, wie ich finde. Wir sind die Fremden, die Eindringlinge in PNG, doch wir können ungehindert in jeden Supermarkt hineinspazieren und wieder hinausgehen. Die Papuas, die Eigentümer dieses Landes, werden stets am Ausgang wie potenzielle Verbrecher abgetastet. Björn und ich in unseren abgerissenen Klamotten, die mittlerweile schäbiger sind als die vieler Einheimischer, kommen in jedes Restaurant, in jedes Hotel hinein. Und nur, weil wir weiß sind, bestimmt nicht, weil wir ehrlicher sind oder gar besser.

*

Habe ich bisher zu behaupten gewagt, die Straße nach Goroka wäre schlecht? Ich revidiere meine Meinung. Nachdem Reverend Hal es auch am zweiten Morgen nicht geschafft hat, uns beim Frühstück zu bekehren, brechen wir auf und brauchen mit dem PMV zwei Stunden bis zur nächsten Stadt Kundiawa. Dort stellen wir fest, dass es gar keine Stadt, sondern nur ein Kaff ist und wir nicht im Geringsten wissen, was wir hier sollen. Weitere zwei Stunden hocken wir schwitzend auf dem Marktplatz, warten und suchen nach einem PMV nach Kegsugl. Irgendwo in meinem Hinterkopf habe ich abgespeichert, dass man dort übernachten kann. Kurz vor dem endgültigen Kollaps ruft uns der Tankwart der gegenüberliegenden Tankstelle und verschafft uns eine Mitfahrgelegenheit: die Ladefläche eines Pick-ups. Als der Besitzer des Autos, ein Weißer, vom Bezahlen des Treibstoffes zurückkommt, dringt eine uns sehr bekannte Sprache an unser Ohr.

»Ihr könnt ruhig deutsch sprechen.«

Hermann, ein ehemaliger katholischer Missionar, ist seit zwanzig Jahren mit einer Frau aus der Chimbu-Provinz – das ist da, wo wir jetzt sind – verheiratet. Von seinen sechs Kindern turnen zwei auf dem Auto herum. Beide Jungs sehen aus wie waschechte Papuas, vielleicht einen winzigen Tick heller, aber sprechen akzentfreies Deutsch.

»Ach, wir haben fünf Jahre in Recklinghausen gewohnt«, lautet die Antwort von Johannes, dem Älteren der beiden, auf unsere erstaunte Nachfrage.

Björn hat das zweifelhafte Glück, mit ihnen und einigen anderen Kegsuglanern auf der Ladefläche mitzufahren. Ich darf vorne bei Hermann sitzen und mich an seiner Wortkargheit und nicht vorhandenen Herzlichkeit erfreuen. Wie sagt doch Luis Trenker, dessen Buch ich am Vortag in der Mission in Goroka gefunden und gelesen habe? Halte dich von humorlosen Menschen fern ...

Und dann diese Straße! Man stelle sich die schlimmste Straße im schlimmsten Albtraum vor. Dann verdoppelt, nein, besser noch verdreifacht man die Zahl und den Umfang der Schlaglöcher und erhält einen ungefähren Eindruck vom Zustand dessen, was hier als Straße bezeichnet wird. Nationalstraße, *by the way*. Noch beeindruckender als die Straße sind die Brücken, Kunstwerke aus zwei über die Schluchten gezogenen Eisenträgern mit quer dazwischen gelegten Holzbalken und -stämmen. Bei einigen Brücken sind die Balken verrutscht, da sie nur locker aufliegen und nicht etwa geschraubt oder festgebunden sind, und geben durch weit klaffende Lücken den Blick auf die Schlucht darunter frei.

Immer weiter zieht und windet sich das Chimbu-Tal zwischen den Bergen hinauf und mit ihm die Straße. 2300 Meter, 2400 Meter, 2500 Meter. In den Gärten wachsen Dahlien und Gladiolen, Kapuzinerkresse, Margeriten und ganz oben, bei Betty's Guesthouse, sogar Rosen. Und das bei fünf Grad südlich des Äquators. Es ist kalt hier oben. War es aber nicht genau das, was wir wollten? Ein bisschen Kühle, ja. Aber es ist so kalt, dass wir uns nach Mütze und Schal sehnen.

Johannes begleitet uns die letzten zwei Kilometer zu Fuß zu Betty's Guesthouse am Ende der Straße. Dass hier oben überhaupt noch Menschen wohnen, ist schon ungewöhnlich genug, aber dass hier, am Ende der Welt, ein Gästehaus existieren soll, können wir kaum glauben. Wer verirrt sich schon freiwillig hierher?

Weiße natürlich! Unsere ersten Touristen in PNG treffen wir in der Küche von Bettys gemütlichem Haus. Zwei Österreicher, zwei Deutsche, zwei Amerikaner. Im gesamten letzten Jahr haben in dreihundertfünfundsechzig Tagen ganze fünfzig Touristen den Weg hierher gefunden. In dieser Nacht sind wir also zu acht, und die anderen Reisenden sind hier, weil sie sechs Stunden Fußmarsch weiter der Gipfel des höchsten Berges Ozeaniens, des Mount Wilhelm, lockt. Auf 4509 Metern hat sich der letzte deutsche Kaiser so für alle Zeiten verewigt!

Aber müssen auch wir diesen Berg hoch? Nachts im Dunkeln, bei der Kälte und Höhe? Und ohne lange Hose und feste Schuhe, die in irgendeinem Schapp auf dem Boot zweieinhalbtausend Meter tiefer seit Monaten vor sich hingammeln? Nein, wir müssen nicht und wir wollen nicht. Wir bleiben lieber in Bettys warmer Küche sitzen, klönen mit den anderen jungen Leuten und brutzeln die gerade von Betty gekauften Forellen selbst. Ein frisch gefangener Fisch kostet drei Kina, ein komplettes Abendessen für Yachties unerschwingliche fünfunddreißig Kina. Betty schiebt uns heimlich ein paar im Topf übrig gebliebene Karotten zu. Zusammen mit unseren letzten Erdnüssen, die wir aus Kundiawa mitgebracht haben, ergeben sie ein leckeres Mahl. Doch kaum haben wir den ersten Bissen hinuntergeschluckt, wendet sich Dagmar, eine der Deutschen, zu uns um und will wissen, wie wir zu solch einem üppigen Abendessen kommen, obwohl wir doch nicht bereit waren, fünfunddreißig Kina dafür zu bezahlen. Müssen wir darauf wirklich eine Antwort geben? Als dann noch die Amerikaner, die das immer lauter werdende Gekeife dieser neidischen Seele amüsiert-stirnrunzelnd vom Nachbartisch aus mithören, uns ihren Nachtisch abtreten, da sie schon satt sind, platzt sie fast vor Wut, weil wir für weniger Geld das Gleiche zu essen haben wie sie. Wir können kaum glauben, was sich hier abspielt. Da treffen wir am hinterletzten Platz der Welt auf Landsleute und werden angefeindet, als Schnorrer beschimpft und das Ziel einer hemmungslosen Neidattacke. Nach sechs Wochen Freundlichkeit und Warmherzigkeit in PNG haben wir fast vergessen, wie viel Gehässigkeit und Negativität in einem Menschen wohnen kann.

*

Blumengärten zu beschnuppern und zu den Seen hinaufzuwandern fällt leider aus. Ebenso unser Vorhaben, über Bundi und Brahmi in drei Tagesmärschen zurück zum Highway zu marschieren. Denn mitten in dieser eiskalten Nacht fängt mein rechter Ellbogen an zu schmerzen. Einfach so. Poch-poch-poch. Nach dem Morgenkaffee melden sich meine Beine ebenfalls. Was kann das sein?

Meine Entscheidung steht fest: Ich will nach Hause, zurück zu MICO in die Wärme. Schade. Betty ist so nett, wir hätten uns gerne noch länger mit ihr unterhalten, aber mit Dagmar wollen wir keinen weiteren Tag mehr verbringen. Außerdem ist es so kalt hier und so teuer. Wir werden im Hochland bei dieser herkömmlichen Art des Reisens in zwei Wochen so viel Geld los wie als Segler in fünf Monaten.

Mit viel Glück gelingt es Betty, innerhalb der nächsten zwei Stunden ein Auto zu organisieren, das uns nach Kundiawa zurückbringt. Wieder geht es die grauenhaften fünfzig Kilometer über die Holperstraße. Wieder eineinhalb Stunden Geschüttel und Geruckel. Die Heizung läuft in diesem uralten Wagen auf Hochtouren, der Schalthebel ist abgebrochen, und das Fenster lässt sich nicht öffnen, da auch die Kurbel nicht einzusetzen ist. Ich bin halb tot, als mir Björn in Kundiawa aus dem Auto hilft, und die Schmerzen im Arm sind kaum mehr auszuhalten.

Wir warten auf einen PMV. Immerhin ist es hier schon wieder wärmer. Endlich nimmt uns ein Minibus auf dem kurvigen Highway zurück nach Goroka mit. Doch wir haben Unglück im Unglück: Mitten auf einer Steigung bleibt der Kleinbus liegen. Das Kühlwasser kocht. Wir warten. Ich wimmere vor mich hin. Eine Stunde später folgt eine erneute Zwangspause: Reifenpanne. Ich will nicht mehr. Bitte, holt mich hier raus!

Als wir drei Stunden später in Goroka ankommen, ist das Flugzeug nach Madang weg. Das Hospital dagegen hat noch auf. Der behandelnde Arzt schaut nicht einmal auf, als wir ankommen, und kann sich kaum von seiner Zeitung trennen, diagnostiziert aber dann eine Entzündung durch Infektion. Ach was! So schlau waren wir auch selbst schon. Er verschreibt mir irgendein Breitband-Antibiotikum, das wir aber nicht bekommen können, da die Krankenhaus-Apotheke schon geschlossen ist. Aber er hat Aspirin für mich und das Lutheran Guesthouse noch ein Zimmer für uns frei. Endlich ein Bett! Die Schmerzen sind mittlerweile fast unerträglich geworden. Björn füttert und duscht und tröstet mich – und bucht einen Flug für den nächsten Morgen früh um acht.

Kranksein vor Kranket

Madang

Das Pochen und Dröhnen im Ellenbogen ist kaum zu ertragen, aber wenigstens muss ich nicht mit dem Auto fahren. Einhundertelf Kina kostet der Flug pro Person, und die Abflugdaten werden in der Abflughalle, besser Abflughütte, per Kreide auf eine Tafel gemalt. Die Maschine hat zwanzig Sitzplätze, und außer uns gibt es noch einen weiteren Passagier, der von einer Wuschelkopf-Stewardess und zwei australischen Piloten in kurzen Hosen über Lae nach Madang geflogen wird.

Die schöne Landschaft, die sich unter mir hinzieht, kann mich kaum aufmuntern. Wen wundert's. Björn genießt den malerischen Anblick der schroffen Berge, der winzigen Dörfer und Zuckerrohrfelder entlang des Ramu-Flusses. Ich will nur ankommen. In Madang bringt uns der Fahrer des PMV vom Flughafen netterweise direkt zu den Rookes und zu MICO, und Nick bringt uns sofort zu seinem Arzt, Dr. John Mackarell. Den kennen wir bereits aus dem Club. Seine Diagnose lautet Streptokokken und Staphylokokken, seine Behandlung besteht aus einem Breitband-Antibiotikum.

»Gibt es keine andere Möglichkeit als Antibiotika?«, wage ich zu fragen.

»Nein«, antwortet der Doktor streng.

Da ich vor Schmerzen nicht mehr selbst denken kann und der Herr im weißen Kittel vor mir noch nie etwas von Homöopathie gehört hat, muss ich mich wohl in das Unvermeidliche fügen und schlucke pro Tag viermal zwei dieser verhassten Pillen, die alles im Körper abtöten. Dazu Paracetamol in der gleichen Dosierung. Trotzdem kann ich die nächsten zwei Tage und Nächte vor Schmerzen in Rücken und Beinen kaum schlafen. Vom

Ellenbogen ganz zu schweigen. Der ist auf einer Länge von zwanzig Zentimetern auf doppelte Dicke angeschwollen, rot und knalleheiß. Schon der Gedanke daran, ihn bewegen zu müssen, lässt mich vor Schmerz zusammenzucken. Die Fieberschübe, die regelmäßig alle zwölf Stunden über mich kommen, verbessern meine Stimmung und mein Wohlbefinden ebenso wenig.

Aber – ich kann lesen. Und richtig viel essen. Und habe die ganze Koje im Vorschiff für mich allein. Außerdem ist es warm. Und luftig, denn wir haben die Rookes verlassen und ankern wieder vor Kranket Island. Björn versorgt mich, so gut er als Mann das eben kann. Normalerweise lautet mein Grundsatz: Werde nie krank, wenn keine Frau in der Nähe ist, die dich pflegen kann. Diesmal muss ich mit dem vorlieb nehmen, was da ist. Björn kauft ein und kocht, wäscht und massiert mich, klönt an Land mit tausend Leuten und ist, laut seinen Angaben, froh, endlich auch mal zu Wort zu kommen. Dass ich nicht lache.

*

Eine lange, lange Woche später verlasse ich zum ersten Mal wieder meine Koje. Kuschele mich ins Cockpit und genieße die letzten Strahlen der Spätnachmittagssonne auf meiner Haut. Kranket ist noch da, hübsch mit Palmen bestanden wie vor zehn Tagen. Auch die *banana boats* fahren wie immer geschäftig nach Madang und zurück. Passagiere winken mir freundlich zu. Ich kann mit links sogar zurückgrüßen, mich wieder halbwegs bewegen. Björn freut sich sichtlich, dass es meinem rechten Arm wieder besser geht, bedeutet das doch gleichzeitig, dass auch seine rechte Hand, also ich, bald wieder an seiner Seite weilen kann. Denn wenn einer von uns ausfällt, bekommt auch der andere es sofort zu spüren, da ihm seine andere Hälfte an allen Ecken und Enden fehlt. Wahrscheinlich ist sogar das, was andere Paare auf die Dauer für unerträglich halten würden, unsere große Stärke: unsere Nähe zueinander. Wir machen fast alles – und meistern fast alles – zusammen. Nicht nur hier auf dem

Segelboot, sondern auch in unserem Beruf und in der Freizeit. Das kann zuzeiten anstrengend sein, ist aber meistens sehr effektiv, da wir mittlerweile genau wissen, wie der andere funktioniert, was er denkt und fühlt. Wir beide sind einfach ein Team – und die Erlebnisse der letzten Jahre, die Stürme und Flauten, die Niederlagen und Erfolge, haben uns nur umso enger zusammengeschweißt.

Das ist gut so. Denn am Abend zieht ein Gewittersturm über Madang hinweg. Bedauerlicherweise kommt er aus der »falschen Richtung«. In der Lagune von Kranket liegen wir von drei Seiten hervorragend geschützt. Demnach kann man sich leicht ausrechnen, woher der Wind diesmal weht. Das bisschen mehr Wind wäre auch kein Problem, wenn Björn vor einer Woche beim Umankern darauf geachtet hätte, dass sich der Anker auch gut eingegraben hat. Hat er aber nicht. Darum beginnt das Ding bei den ersten Böen von mehr als dreißig Knoten über den Schotterboden der Lagune zu ruckeln und zu schleifen und bewegt sich langsam, zusammen mit MICO, dem Ufer entgegen. Und dem davor gelagerten Riff. Wir könnten jetzt einfach den Motor anschmeißen und wieder ins Tiefe motoren. Wenn wir genug Saft auf der Batterie hätten oder eine voll geladene Starterbatterie oder keine Luft im System oder keinen verstopften Dieselfilter. Doch wir können es leider nicht. Wenn schon etwas schief läuft, dann gleich alles. Björn fummelt verzweifelt am Motor herum, probiert, entlüftet, startet. Vergeblich. Der Motor bleibt standhaft und schweigt. Trotz des heftigen Regens, des ununterbrochenen Blitzens und des Heulens des Windes ums Boot herum nehmen wir die Sache zuerst nicht richtig ernst. Stranden vor Kranket? Das wäre ja lächerlich. Doch es lässt sich nicht leugnen, das Ufer kommt näher und näher. Scheißdreck! Jetzt hilft nur noch Variante C: Der Kapitän verlässt das gefährdete Schiff, springt hinaus in die Naturgewalten, ins Dinghi und versucht Schiff und Mannschaft unter Einsatz seines Lebens zu retten. Er bindet QUIETSCHIE neben MICO fest, startet den

Außenborder und gibt Gas. Zehn PS gegen dreißig Knoten Wind! Da erkennt jeder Wind, dass er keine Chance hat und gibt auf? Das tut er tatsächlich! Der Regen hört auf, der Wind flaut ab, der Himmel klart auf. Und der Anker hält. Wir schwimmen zwar mitten über dem Riff, doch das liegt laut Echolot noch einen ganzen Fuß unter uns. Das Ufer hält ebenfalls genügend Abstand. Allgemeines Aufatmen.

Gut, bleiben wir die Nacht über hier. Morgen wird bestimmt wieder alles besser.

*

Das Leben kommt langsam, peu à peu, zu mir zurück. Sitzen kann ich bereits wieder und lachen und das Boot aufräumen. Mit links wohlgemerkt. Eine Woche »Mann in der Küche« hat deutliche Spuren hinterlassen. Mittlerweile fühle ich mich gesund genug, um meinen zweiten Besuch empfangen zu können. Nachdem Becky und Lee, die beiden Amis vom Mount Wilhelm, gestern für ein paar Stunden an Bord vorbeikamen, möchte nun John unsere MICO gerne von außen und innen betrachten und uns den Abend mit seinen Geschichten über PNG versüßen.

Niemand erzählt so gerne wie John und so viel wie John. An diesem Abend gibt er Geschichten von der spirituellen Welt PNGs, von Geistern und Medizinmännern zum Besten. Obwohl Weißer, glaubt er an die Riten und religiösen Geschichten der Papuas. Besser gesagt: Er ist überzeugt davon, wie alle anderen gläubigen Menschen von ihrer Religion auch. John redet von Gott, von Jesus und vom Satan. Das tun übrigens die meisten Australier. Doch John erzählt auch von Dämonen und Geistern. Von den bösen Geistern, die die Bewohner der einzelnen Dörfer gegeneinander anstacheln, sich zu bekriegen, Rache zu üben, niemals zu vergeben oder Frieden zu schließen. Nicht von ungefähr konnte man es vor hundert Jahren nicht wagen, ins Nachbardorf zu gehen, denn die Wahrscheinlichkeit war hoch, seinen Kopf zu verlieren. Erst als die Missionare den christlichen Glauben verbreiteten, stoppte das Morden, und es kehrte weitgehend Frieden ein zwischen den Stämmen in Papua-Neuguinea. Nach dieser Geschichte überlegen wir, ob der Einfluss der Missionare vielleicht doch nicht so schlecht war, wie wir bisher geglaubt haben.

Interessant finden wir Johns Theorie, warum sich der christliche Glaube in PNG so schnell hat durchsetzen können. »Stellt euch die spirituelle Welt wie eine Pyramide vor. Unten hausen die Dämonen, die bösen Geister, davon gibt's viele unbedeutende, machtlose und gemeine. Sie können nur existieren, weil es dunkel ist da unten, weil das göttliche Licht, das über der Pyramide scheint, nicht bis dorthin gelangt. Die Geister auf den höheren, darüber liegenden Stufen sind immer lichtdurchfluteter, das heißt, je höher sie angesiedelt sind, desto mehr werden sie zu Engeln. Und an der Spitze dieser Pyramide, ganz nah am Licht, steht Jesus.«

Die Papuas schließen nun daraus: Akzeptieren sie die Herrschaft der bösen Geister, haben sie diesen zu dienen und zu gehorchen. Entscheiden sie sich dagegen für Jesus Christus als ihren Herrn, sind sie von ihren Verpflichtungen den Dämonen gegenüber und den Dämonen selbst befreit, da Jesus über allen steht. Nun leuchtet uns ein, warum sich die Menschen hier, als sie von der Bibel, dem christlichen Gott und Jesus gehört haben, so bald der christlichen Religion angeschlossen haben. Da fühlten sie sich auf der sicheren Seite. Und – wie man aus der Geschichte ersehen kann – hat es ihnen viel Frieden und Ruhe gebracht.

»Aber trotzdem glauben viele noch immer an Geister, auch heutzutage und trotz der vielen unterschiedlichen Religionsgemeinschaften und Kirchen, die sich mittlerweile in PNG etabliert haben.«

»Das ist richtig, aber die Geister haben jetzt sehr viel weniger Macht über die Menschen als früher. Dennoch tauchen sie hin und wieder auf.« Johns Augen beginnen zu leuchten, als er zu den Erinnerungen seiner Jugend zurückkehrt. »Ich erzähle euch ein paar Geschichten, ohne jegliche Wertung, einfach so, wie ich sie selbst miterlebt oder von meinem Vater gehört habe. Geschichten, die wirklich passiert sind – und die typisch sind für dieses Land. Da gab es einen Häuptling in einem Dorf an den Middle Sepik Lakes. Yambun Dimbe, so hieß er, blieb oftmals beim Fischen im Sepik für Stunden unter Wasser, um mit den Geistern zu sprechen. Manches Mal ist er danach in den Busch gegangen, hat sich ein paar Hölzer geschlagen und daraus eine Maske geschnitzt. Eine Maske, die wie das Gesicht des Dämons aussah, den er unter Wasser gesehen hat. Die fertige Maske hat er ins *spirit house* gebracht, das als Wohnhaus der Ahnen und Gottheiten sowie als Versammlungsort für die Männer gilt, und dort eingeschlossen. Erst danach war sein Geist frei vom Dämon, und Yambun durfte wieder sprechen. Ich habe ihn selbst noch gekannt.

Bei uns im Dorf haben die Leute ebenfalls die Gesichter von Geistern ins Holz geschnitzt, obwohl die Missionsstation direkt gegenüberlag und alle sich, zumindest offiziell, zum christlichen Glauben bekannten. Einmal, als besonders viele Statuen und Masken für ein neues *spirit house* gefertigt wurden, riss meinem Vater, der ja als Missionar dort war, der Geduldsfaden. Er ging schnurstracks zum Häuptling, der vor dem *spirit house* kniete, und herrschte ihn an: ›Da ist nichts weiter drin, nur ein paar Stücke Holz!‹ Der alte Häuptling schaute ihn mit weisen Augen lange an, bevor er gütig antwortete: ›*Master, yu no save.*‹ – Herr, du verstehst nichts. Dann wandte er sich von meinem Vater ab und begann mit seinen Leuten ein mehrere Tage anhaltendes *sing-sing* zur Initiation des Hauses und Besänftigung der Geister.

Oder die Geschichte, die damals in Wingei Village passierte. 1950 muss es ungefähr gewesen sein, ich war noch ein kleiner Junge von zehn, zwölf Jahren. Ein Schwein war in die Gärten eingefallen und hatte sie verwüstet, jede Nacht aufs Neue. Die Männer konnten es nicht fangen, deswegen verfolgten sie eines Tages seine Spuren. Und siehe da, die Spuren führten durch die

Gärten, mitten ins Dorf, direkt vors *spirit house*. Dort endeten sie – wie vom Erdboden verschluckt. Was war geschehen? Üblicherweise besänftigen die Einheimischen die Geister im Haus mit Nahrung. Das war in diesem Dorf unterlassen worden. Erst von dem Tag an, als sie regelmäßig eine Schale mit Essen vor das Haus stellten und den Geist gut fütterten, hörte der Spuk auf. Kein Schwein kam mehr vorbei.« Nach einer Pause fährt er fort: »Ja, so war das, und so ist es heutzutage noch immer. Für die Menschen in PNG kommt erst das Spirituelle, danach das Sichtbare. Für die Australier existiert ausschließlich das Materielle. Das ist einer der Gründe, warum ich nach PNG zurückgekehrt bin. Aber meine Lieblingsgeschichte kennt ihr ja noch gar nicht. Kommt ein Einheimischer zu dem neuen Missionar, der seit ein paar Wochen in der Mission arbeitet. ›Was ist mit den Brüsten deiner Frau passiert?‹, will er wissen. ›Warum fragst du?‹, erwidert etwas pikiert der Missionar. ›Weil sie sie immer versteckt!‹, lautet die Antwort.«

Das ist John, wie er leibt und lebt. Immer zu Witzen und kleinen Sticheleien aufgelegt. Wir hatten viel Spaß zusammen an diesem Abend.

*

Eine unglaubliche Erfahrung machen wir, als am nächsten Nachmittag eine australische Segelyacht neben uns in der Bucht von Kranket ihren Anker wirft. Björns Traum geht in Erfüllung: Endlich wieder mit anderen Yachties an Bord hocken und über Gott und die Welt und eigene Reiseerlebnisse klönen können. Die Familie macht auf den ersten Blick einen unkomplizierten, sympathischen Eindruck, typische Aussies halt, die uns bald zu Kuchen und Bier an Bord einladen. Nach den ersten drei Bieren, die innerhalb einer halben Stunde in den Rachen unserer Gastgeber verschwinden und dort bestimmt nicht auf trockenen Grund stoßen, beginnt das Ehepaar, uns ungefragt ihre Meinung über PNG mitzuteilen. Beschimpfungen gegen die Papuas folgen weiteren Dosen Bier, darauf folgen die entsetzlichsten Hasstiraden auf die »primitiven, unmenschlichen, dummen und unfähigen« (in ungefähr dieser Reihenfolge) Eingeborenen. Denen man, sobald sie sich der Yacht nähern, am besten gleich mit der Waffe droht. Die sich auf all den schönen Inseln ausbreiten, sodass man als Segler keine einsame Ankerbucht mehr findet. Das Gesicht der Frau verzerrt sich durch Alkohol und Hass immer mehr zu einer Fratze, als sie uns erklärt, dass PNG Australien ALLES zu verdanken habe. Sie habe vor fünfundzwanzig Jahren hier für kurze Zeit gelebt, als die Haushaltshilfen noch spottbillig, wenn auch unendlich dumm waren, und es in Madang die technisch neuesten Waschmaschinen zu kaufen gab, die auf dem australischen Markt noch nicht angeboten wurden. Und heute? Heute bekäme man in diesem verlotterten Land nicht mal mehr einen Gameboy.

Ich lasse mich von Björn, der zumindest am Trinken in Gesellschaft Gefallen gefunden hat, nach zwei vergeudeten Stunden meines Lebens zu MICO zurückfahren. Mein Arm tut weh. Ich bin nicht einmal zornig auf die beiden, nur traurig über die Tatsache, dass Menschen mit einer so ablehnenden Haltung anderen Völkern und Kulturen gegenüber um die Welt segeln. Nicht nur mit verschlossenen Augen, sondern auch mit verschlossenem Herzen. Sie reisen durch dasselbe Land wie wir und sehen doch nichts von alledem, was uns so fasziniert und begeistert und PNG so liebenswert macht. Sie tun mir Leid. Besonders Leid tun mir aber ihre beiden Söhne, die unten zwischen Paletten von Bierdosen hockend im Salon Videos guckten. Aber am allermeisten tun mir all die lieben und herzensguten Papuas Leid, die diesen Menschen bereits begegnet sind oder noch begegnen werden.

*

Mein Arm wird von Tag zu Tag besser, das Fieber verschwindet ganz, das Leben hat mich wieder. Und vor allem, meine Lebensgeister kehren zurück. Ich will wieder hinaus in die Welt, Neues sehen und entdecken. Die Holzschrauben in der Kajüte habe ich in den letzten Tagen häufig genug gezählt. Ob ich mir bereits eine Fahrt mit dem Lkw zutraue, über Schotterpisten mitten in den Urwald hinein, fragt Björn. Klar. Hauptsache raus!

Am Sonntag ist es dann so weit. Wir zwängen uns neben John ins Fahrerhäuschen auf die zerrupfte Pritsche. Sein kleiner Lkw hat vor zwanzig bis dreißig Jahren schon bessere Zeiten erlebt. Ich glaube, außer Motor, Kupplung und Bremsen funktioniert nicht viel. Außerdem ist es warm. Da macht es nichts, dass die Seitenfenster keine Scheiben haben und die Tür nicht richtig schließt. Schnell fahren können wir eh nicht. Nicht wegen der schlechten Straßenverhältnisse, denn die sind auf der fünfzig Kilometer langen Straße die Küste hinauf ausnahmsweise super. Nein, wir müssen grüßen. Jedem Menschen auf der schwach befahrenen und stark begangenen Straße wird zugewunken. Jedem. John und Björn winken zwei volle Stunden lang wie Aufziehmännchen. Ich armlahmes Wesen begnüge mich mit Lächeln. Dann biegt der Lkw von der geteerten Straße ab, direkt in den Regenwald hinein. Bergauf und bergab, über Schlammpisten und fast senkrecht die Steigungen hinauf. Die sechs jungen »Assistenten« von John, die, hinten auf der Ladefläche stehend, zu unserem Ausflug mitgekommen sind, johlen vor Vergnügen. Über uns kreischen die Kakadus, in den Urwaldriesen am Wegesrand sitzt hin und wieder ein Tukan, Papageien flattern laut zeternd über der ganzen Szenerie. Am Ende der Piste versteckt sich im üppigen Grün ein hübsches Dorf, in dem John gut bekannt ist. Die Männer, die uns entgegenkommen, sind seine Geschäftspartner. Doch noch sind wir nicht am eigentlichen Ziel unserer kleinen Reise angelangt. Gemeinsam klettern wir im einsetzenden Nieselregen einen schmalen, glitschigen Trampelpfad hinauf in den Dschungel. Was sich uns dort offenbart, übersteigt meine kühnsten Erwartungen. Dass John im ökologischen Holzhandel tätig ist, wissen wir bereits. Was ökologischer Holzhandel bedeutet, sehen wir jetzt. Mitten im tiefsten Urwald liegt eine kleine tragbare Motorsäge, daneben ein frisch gefällter Tropenholzbaum. Diese kleine Säge, die von einem Menschen allein getragen werden kann, ist in der Lage, den Urwaldriesen an Ort und Stelle in handgerechte Bretter zu zersägen, die dann von zwei Männern auf den Schultern über den besagten Trampelpfad zur Straße getragen werden. Ein Baum fehlt zwar, doch der Urwald ist, wenn die Männer nach drei, vier Tagen mit ihrem Werkzeug abgezogen sind, intakt und genauso ursprünglich wie vorher. Die Papuas können auf diese Weise mit ihren Schätzen der Natur Geld verdienen und gleichzeitig ihre kostbaren Wälder erhalten. Davon halten die Politiker dieses Landes allerdings gar nichts. Anstatt ihre eigenen Leute wirtschaftlich zu unterstützen, planen sie, ein Gesetz zu erlassen, das es den Papuas verbietet, auf eigenem Grund und Boden Holz zu schlagen. Holzabbau soll nur noch in großem Maßstab erlaubt sein. Kahlschlag soll also gefördert werden, und ausländische Firmen sollen an den Rohstoffen PNGs verdienen. Ein solches Gesetz wäre natürlich das Aus für John und würde gleichzeitig vielen Papuas ihre Lebensgrundlage entziehen.

*

Nach unserer Rückkehr wartet die Hausarbeit, die auch an Bord nicht ganz entfällt, auf uns. Waschmaschinen-Jim haben wir lange nicht mehr im Club gesehen. Aber auch John hat eine Waschmaschine. Leider jedoch zu viel zu tun und darum keine Zeit, uns samt Wäsche abzuholen. Dafür hat er eine Idee, eine viel zu gute, wie sich hinterher herausstellt.

»Ihr habt doch euer Schlauchboot. Mit dem fahrt ihr das kleine Flüsschen am Ende der Lagune hinauf. So kommt ihr auf dem Wasserweg fast bis vor meine Haustür.«

Mit der Aussicht auf eine romantische Bootsfahrt machen wir uns am Vormittag, bepackt mit einer Riesentasche voller Schmutzwäsche, auf den Weg. Den Eingang zum *creek* finden wir ohne nennenswerte Schwierigkeiten, doch ein paar Meter weiter versperrt eine Fußgängerbrücke unsere Weiterfahrt. Ein Balken mit Geländer, der sich genau auf Wasserhöhe von einem Ufer zum anderen streckt. Ich möchte umkehren, Björn natürlich nicht. Zur Strafe darf er Dinghi, Außenborder und Tasche einzeln an Land befördern und auf der anderen Seite des Balkens wieder zusammenbauen. Mindestens dreißig Zuschauer amüsieren sich köstlich. Freuen sie sich, weil sie bereits wissen, was uns gleich erwarten wird? Nach wenigen hundert Metern verengt sich das Flüsschen. Wir fahren quasi durch die Hinterhöfe der hier wohnenden Menschen. Ein *haus pekpek* reiht sich ans andere. Wer weiß, was als *haus pekpek* bezeichnet wird, kann sich auch vorstellen, wie die Farbe des Wassers um uns herum aussieht. Es handelt sich nicht nur um Klopapier und Plastiktüten, die diese Kloake wie einen Teich voller bunt getupfter Seerosen erscheinen lassen. *Shit happens.* Doch Nase rümpfen oder gar das Gesicht vor Ekel verziehen, ist nicht erlaubt. Alles, was Beine hat, rennt beim Geräusch unseres Außenborders zum Flussufer. Alle fünf Meter lugen freundlich grinsende Gesichter hinter Fenstern, Türen, Pflanzen hervor. Wir schwimmen im Dinghi in dieser braunen Brühe und winken und lächeln pausenlos nach beiden Seiten. Wie Queen Mum. Weil jeder, aber auch wirklich jeder, uns grüßen will und sich freut, uns zu sehen. Wir sind das Ereignis schlechthin.

John amüsiert sich prächtig, als wir ihm von unserem Spießrutenlauf erzählen. Er verspricht, die getrocknete Wäsche am Nachmittag im Club vorbeizubringen – um unseren Nasen weitere Belästigungen zu ersparen.

*

Angenehm ist das Stadtleben ja schon. Doch wir wollen aufbrechen, bevor wir noch weiter degenerieren. Neue Gegenden und neue Abenteuer müssen her. Zwei Wochen an ein und demselben Ort sind für herumstreunende Zigeuner wie uns entschieden zu lang.

Leider gibt es noch das Problem mit der vermaledeiten Stopfbuchse. Ihr Daseinszweck besteht darin, die Öffnung, durch die die Propellerwelle in den Schiffsrumpf führt, möglichst dicht abzuschließen. Nur zwei bis drei Tropfen pro Minute sollen laut *Seemannschaft* zwecks Schmierung der Welle heraustropfen. Seit Tagen nun hängt mein langer Björn zusammengefaltet im hintersten Winkel des Motorraumes und zählt ungeduldig die herausquellenden Wassertropfen, während ich mit dem Schiff eintönige Kreise in unserer Ankerbucht ziehe. Mal läuft das Wasser in Strömen ins Boot, dann wiederum tropft gar nichts. Mein genervter Freund verschiebt die notwendige Justierung aus diesem Grunde bis zur Abfahrt.

»Ich mache es später, wenn wir aus Madang raus sind, auf dem Meer ...«

Tolle Idee. Andererseits bin ich es leid, noch länger zwischen unseren Segelsäcken herumzuturnen. Wenn Björn im hinteren Bereich des Motorraums herumwerkelt, sieht der Rest des Bootes aus, als würde gerade eine achtköpfige Familie einziehen. Das Chaos ist eine Zumutung. Segelsäcke, Seekarten und Jonglierkram besetzen die Polster auf den Kojen, die riesige Werkzeugkiste thront auf meiner Arbeitsfläche in der Pantry, und die Leiter steht mitten im Durchgang. Die Wassertonne im Klo verhindert das Öffnen der Tür, Harpune und Einkaufsbeutel machen sich auf meinem Bett breit.

Die bedrückende Enge an Bord macht mich noch wahnsinnig. »Lass uns dieses Wohn- und Arbeitsschiff endlich wieder in ein Segelboot verwandeln!«

Vorher wandern noch säckeweise Süßkartoffeln und Kokosnüsse, Karotten und Bananen an Bord. Björn schleppt sie vom Markt zum Boot und stöhnt dabei nach einem Lieferservice per Kanu, der auf den bisher besuchten Inseln deutlich besser gewesen sei. Wir verlassen Madang am Nachmittag – ohne Reserveimpeller. Das Päckchen aus Australien ist noch immer nicht angekommen. Bei Sonnenschein und leichtem Wind motoren wir gut gelaunt hinaus in die Bismarcksee, eine gute Stunde später ertönt aus dem Motorraum eine Tirade an Flüchen. Im nächsten Moment fängt der Motor an zu husten und stirbt zwei Sekunden später.

Von unten höre ich Björn schreien: »Mach den Motor aus, schnell!«

»Hat sich schon von selbst erledigt«, antworte ich, »was ist denn los?«

»Verdammte Scheiße, der Motor hat den Schwamm gefressen!«

Ich glaube, meinen Ohren nicht zu trauen. Der doch sonst nicht so auf Sauberkeit bedachte Björn hat damit begonnen, die Motorbilge und die Rückseite des Motors zu reinigen. Weil er gerade dort hinten zu tun hatte. Auf dem offenen Meer bei laufender Maschine! Und ebendiese hat ihm den Küchenschwamm aus der Hand gerissen und durch den offenen Luftansaugstutzen komplett ins Innere des Motors gesogen.

Was bleibt uns übrig, als äußerst frustriert und mit wahrscheinlich ruiniertem Motor nach Madang zurückzusegeln. Natürlich schläft eine Meile, bevor wir die vertraute Ankerbucht wieder erreichen, der Wind ein, und wir schubsen Mi Columpio die letzten Meter per Schlauchboot durch die Dunkelheit.

Da sind wir wieder. Im Club ist kein einziger australischer Mechaniker mehr anzutreffen. Verzweifelt wenden wir uns an Thor, den netten Finnen, der am Tag zuvor mit seiner Yacht eingelaufen ist.

Er macht uns Hoffnung: »Weiterlaufen lassen, der Motor wird den Schwamm schon verdauen.«

Wir vertrauen seinem Rat, obwohl wir uns beide kaum vorstellen können, dass unser Motor einen beschichteten Küchenschwamm unbeschadet überleben soll. Björn befürchtet das Schlimmste, nämlich auf der Suche nach den Überresten des Schwammes den gesamten Motor auseinander nehmen zu müssen. Trotzdem starten wir die Maschine erneut. Eine grauenhafte Minute lang schluckt und würgt der Motor, bis er wieder wie ein vollgefressenes, zufriedenes Kätzchen schnurrt. Wer hätte das gedacht.

Oh, wir schlafen gut nach dieser Aufregung! Im Gegensatz zu Thor, der die ganze Nacht über wach liegt und an seinem eigenen Ratschlag zweifelt.

Ab Windstärke acht stirbt der Atheismus

Bismarcksee/Garove Island

Nachdem mein privater Mechaniker Björn unsere MICO wieder in ein bewohnbares Boot verwandelt hat, verlassen wir Madang am nächsten Tag endgültig. Unser Ziel ist Garove Island vor der Nordküste New Britains, knappe zweihundert Seemeilen entfernt. Das Mittagessen nach thailändischem Rezept schmeckt noch delikat, danach nimmt der Wind zu und mit ihm kommt eine widerliche kurze und harte Welle. Ich fühle mich gar nicht gut. Alles schaukelt, und mein Kreislauf spielt dank der Nachwirkungen der Antibiotika nicht mit. Wie ein nasser Waschlappen liege ich lang ausgestreckt im Cockpit und frage mich, was der Sinn des Segelns, ja überhaupt der Sinn des Lebens ist.

Plötzlich fangen die Segel an zu flattern. Ein aufgeregter Björn rennt an mir vorbei zum Vorschiff, einige Sekunden später zurück zu MICOs Heck. Eine Tirade unfeiner Kraftausdrücke dringt an mein Ohr.

»Ist was los?«, will ich wissen.

»Nichts Weltbewegendes«, lautet die lapidare Antwort. »Die Querstange von Ole ist abgebrochen.«

»Haben wir die nicht erst in Madang verstärken und neu anschweißen lassen? Wie kann sie denn einfach so abbrechen?«

»Woher soll ich das wissen. Sie ist eben abgebrochen. Wenigstens habe ich noch die Querstange gerettet.«

»Und was nun?«

»Handsteuerung, was sonst.«

Wie liebe ich es, eine Selbststeueranlage durch die Gegend zu kutschieren, die nicht gebrauchsfähig ist! Das ganze Drama kommt mir irgendwoher bekannt vor. Hatte Björn nicht damals in den Marquesas, auf unserer Pazifiküberquerung, versucht, unsere Windsteueranlage namens Knut mit dem Hammer in die richtige Position zu bringen? Der Gute hatte am Abend zuvor bei meiner Geburtstagsfeier zu tief ins Glas geschaut, und seinem umnebelten Gehirn fiel am darauf folgenden Morgen nichts Besseres ein, als rohe Kräfte sinnlos walten zu lassen. Von diesem Tag an war Knut verbogen, funktionierte mehr schlecht als recht und dankte schließlich Björn die brutale Behandlung, indem er sich hinter Bora Bora ins zweitausend Meter tiefe Meer fallen ließ. Was darauf folgte, werde ich mein Lebtag nicht vergessen. Unsere elektrische Selbststeueranlage ereilte nämlich kurze Zeit später in ruppiger See ein ähnliches Schicksal: Sie brach nicht ab, sondern mitten durch. Das geschah einen Tag nach dem Auslaufen von Samoa, weit entfernt vom nächsten Hafen oder Postamt. Wir hatten, da die Uni bald wieder anfing, keine Zeit mehr, nach Samoa zurückzulaufen und Tage, ja vielleicht Wochen auf das Ersatzteil zu warten. Und da wir gerade auf der Funke von anderen Seglern gehört hatten, die drei Wochen per Handsteuerung unterwegs gewesen waren, dachten wir, wenn die das können, können wir das auch. Es bedeutete, dass während der nächsten achtzehn Tage immer einer von uns an der Pinne sitzen musste. Tag und Nacht, Woche für Woche, bis wir müde, zerschlagen und furchtbar stolz auf unser Durchhaltevermögen endlich Australien erreichten.

Nein danke, solch eine Tortur brauche ich nicht noch einmal in meinem Leben. Und doch sieht es jetzt wieder danach aus, die nächsten achtundvierzig Stunden an der Pinne zu hocken und an der Pinne zu ziehen und an der Pinne zu drücken und auf den Kompass zu starren und die Minuten zu zählen, bis die Wache vorbei ist und die Ablösung naht. Björn ist trotz der Misere erstaunlich gut gelaunt, sitzt gelassen mit einem Kissen im Rücken im Cockpit, die Füße auf der Pinne und steuert fröhlich die Wellenhänge hinauf und hinunter.

»Hervorragendes Anti-Cellulite-Training«, ruft er, der magere Hering, mir fröhlich zu. »Und es gibt Super-Bauchmuskeln!«

Pünktlich zum Einbruch der Nacht legen Wind und Wellen noch mal deutlich zu. Seit Stunden schon sitzt Björn ununterbrochen an der Pinne. Noch immer ist er von den Wellenbergen, die da herangerauscht kommen, begeistert und lässt sie gekonnt unter MI COLUMPIOS Bauch hindurchrauschen. Ich versorge ihn, so gut ich kann, mit Essbarem, liege sonst apathisch unter Deck. Trotz der langen Ruhepausen, die Björn mir gönnt, kann ich die gesamte Nacht über nicht schlafen und fühle mich hundeelend. Kein Hunger, kein Appetit.

*

Nach nur zwei Stunden Handsteuerung fühle ich mich am nächsten Tag ausgelaugt und körperlich am Ende. Es tut mir weh, Björn nach so kurzer Pause schon wieder aus dem Tiefschlaf zu reißen, doch ich kann nicht mehr. Wieder liege ich unter Deck, lausche, wie der Wind noch weiter zunimmt, fühle, wie ein Querschläger unser Boot erwischt und es zur Seite wirft, sehe, wie das Wasser durch die Luken sickert, deren Silikondichtungen durch die Tropensonne marode geworden sind, und auf den Fußboden, die Polster und mich tropft. Ein paar Bücher haben sich verselbstständigt, ebenso die Wassertonne im Klo und die Töpfe in der Abwaschschüssel. Und – ist Björn noch da? Die nächsten Stunden verbringe ich mit Feudeln, Dösen und Nachschauen, ob mein Held da draußen zwischen den Naturgewalten noch am Leben ist.

Björns Begeisterung ist mittlerweile gänzlich verschwunden. Verbissen starrt er auf das rote Licht des Kompasses. Seine Augen schmerzen vom angestrengten Gucken, seine Arme vom Dauersteuern sowieso. Trotzdem schickt er mich wieder nach unten. Nur ab und zu, wenn es die Segelstellung zu ändern gilt oder das handtuchgroße Vorsegel noch weiter gerefft werden muss, ruft er mich. Dann warte ich im Niedergang, springe auf sein Kommando an die Winsch und kurble mit letzten Kräften, bis der nächste Ruf »Welle!« mich wieder in den Schutz der

Sprayhood flüchten lässt. Mit ohrenbetäubender Wucht knallt die Wasserwand seitschiffs gegen MICO, schäumt über die Sprayhood weg. Hundert Liter Wasser rasen über mich drüber und ergießen sich über den schutzlos an der Pinne sitzenden Björn. Der Arme scheint sogar schon zu erschöpft zum Fluchen zu sein – nur ein kurzes gequältes Lächeln legt sich auf sein von Schlafmangel gezeichnetes Gesicht.

Obwohl ich meine Regenjacke dichtgezogen habe, schafft es das durch die Luft fliegende Salzwasser, mich in diesen Sechzig-Sekunden-Aktionen komplett aufzuweichen. Nach der dritten Welle habe ich genug vom ewigen Klamottenwechseln und dem Haufen nasser Kleidungsstücke auf dem Boden und ziehe mich noch unten aus. Die eigene Haut ist doch viel regenfester und besser zum Abtrocknen geeignet als jede Regenjacke. Und Björn sieht auch mal etwas Erfreulicheres als immer nur Wellenberge, Gischt und dunkle Wolken.

Wir rasen über die Bismarcksee. Wenn wir uns die genaue Abfahrtszeit gemerkt hätten, könnten wir sicherlich ein neues Rekordetmal angeben. Hundertfünfzig bis hundertsechzig Seemeilen, kann das sein? Die grauen Wassermassen schieben uns viel zu schnell vorwärts, bei dem Tempo werden wir Garove noch vor Mitternacht erreichen. Ich habe nicht die Kraft, um zu steuern, und Björn kann nach dreißig Stunden nonstop an der Pinne auch nicht mehr. Unserer elektrischen Selbststeuerung Arndt wollen wir diese Wellenungetüme nicht zumuten. Was bleibt uns als letzter Ausweg anderes übrig als beizudrehen? Regenfronten lösen sich unentwegt ab, Schaumkronen fegen über das Wasser, MICO wird von den hohen Wellen hilflos hin und her geworfen und macht ihrem Namen alle Ehre. Mir wird allein vom Draußensitzen und dem Gedanken an Essen speiübel. Nur die Bananenstaude an der Reling hält uns noch am Leben. Ich mag nicht mehr. In Madang haben wir uns bei völliger Windstille die Seele aus dem Leib geschwitzt. Kaum sind wir wieder auf hoher See, kachelt und stürmt es los.

Noch eine Nacht. Vollmond. Wolkenverhangen. Regnerisch. Fronten ziehen durch mit fünfunddreißig bis vierzig Knoten. Rucken, scheppern, heulen, schlagen, rumsen. Erneut drehen wir bei. Was hat neulich ein Segler gesagt? »Ab Windstärke 8 stirbt der Atheismus.« Wie beruhigend, dass wir auch bei Windstille ein gutes Verhältnis zu Gott haben. Eng aneinander gekuschelt versuchen wir, wenigstens ein bisschen Schlaf zu finden.

*

Der Morgen graut. Björn nennt mich gesichtsalt. Nach nur einer Stunde Schlaf ist das kein Wunder. Ich fühle mich zu unkreativ, um ihm ebenfalls ein Kompliment zu machen. Bloß weg vom rauen grauen Meer.

Dann endlich erhebt sich im Licht der trüben Morgendämmerung Garove Island vor uns aus der sturmzerfetzten See. Die größte der Vitu Islands ist ein ehemaliger Vulkankrater, in den das Meer eine Bresche hineingeschlagen hat. Wir laufen mit letzter Kraft darauf zu. Linker Hand, auf den Klippen der schmalen Einfahrt, sehen wir eine romantische, weiße Kirche. Dann haben wir's geschafft. Uns empfängt ein kreisrundes, spiegelglattes Gewässer, von einer makellosen, üppig bewachsenen Caldera, dem Kraterrand, umringt und beschützt. Draußen auf dem Meer heult weiterhin der Wind, hier herrscht absolute Ruhe. Der perfekte Naturhafen. Das Hoffen und Bangen, Warten und Leiden sind auf einen Schlag vergessen, als wären die letzten vierzig Stunden nur ein böser Traum gewesen. In Minutenschnelle verwandelt sich Mico von einem bockigen Ungetüm in ein kuscheliges Zuhause. Noch eine heiße Suppe und wir fallen um neun Uhr morgens am Rande der Erschöpfung ins Bett.

*

Es schifft und prasselt, regnet und strömt die beiden folgenden Tage über in den dunkelsten Grautönen. Wir päppeln uns mit frischen Früchten und anderen Leckereien wieder auf. Was braucht der Mensch mehr zum Glücklichsein als einen sicheren Ankerplatz, einen vollen Magen und ein gutes Buch? Endlich kann ich Schlaf-Fetischistin ausgiebig meinem liebsten Hobby frönen. Björn versucht mir nachzueifern, aber in gewissen Künsten bin ich unschlagbar. Daraufhin kommt er in seiner wachen Zeit zu der Erkenntnis, dass Schlafen umweltfreundlich ist. Als Schlafender kann man nichts verschmutzen, Schlafen verbraucht wenig Energie, da man sich nicht bewegt, Schlafen stört keinen (wenn man nicht schnarcht), und Schlafen macht den Menschen entspannter, glücklicher und hübscher. Kurz und gut, würde die gesamte Menschheit mehr schlafen, wären wir dem Paradies auf Erden vermutlich wesentlich näher ...

*

Der Regen hat Garove sauber gewaschen. In leuchtendem Grün funkelt die üppige Vegetation auf den steilen Vulkanhängen. Wir haben genug geschlafen, möchten endlich die Insel erkunden, in deren Schutz wir seit achtundvierzig Stunden ankern. Trotz des Sonnenscheins erweist sich das Dorf vor uns als herbe Enttäuschung. Die Hütten, die Wege und vor allem die Kinder mit Rotz und Dreck im Gesicht sehen heruntergekommen aus. Das Marienstandbild in einer Felsnische wirkt auf dieser Tropeninsel ebenso fehlplatziert wie die überdimensionierte katholische Kirche. Die Unterschiede zwischen den einzelnen Inseln PNGs und ihren Bewohnern sind schon markant. In Gedanken vergleiche ich das Dorf vor unseren Augen mit Deidei und seinem schönen, gepflegten Blumengarten. Auch vermisse ich die freundliche Aufgeschlossenheit und den wachen Blick in den Gesichtern der Dorfbewohner. Schade. Sie wissen nicht viel mit uns anzufangen und wir nicht mit ihnen. Wir haben das Gefühl, dass ihr Dasein auf dieser beeindruckend schönen Insel sie langweilt. Vom Genießen des Lebens spüren wir nichts. Was hatte John uns noch in Madang über den Unterschied zwischen Insel-

und Hochlandbewohnern erzählt? Die Menschen auf den Inseln seien schöner und intelligenter und zufriedener mit ihrem Leben als die an der Küste und die wiederum schöner und intelligenter und zufriedener als die im Hochland. Die Menschen auf den Inseln schienen uns tatsächlich wohlgestalteter und freundlicher und von ihrer Wesensart offener und herzlicher. Nun macht uns Garove einen Strich durch diese Rechnung. Um dem Ganzen die Krone aufzusetzen, meinen einige Halbstarke am Abend, sie müssten uns Gesellschaft leisten. Bedröhnt von zu viel Betelnuss lärmen sie herum und wissen selbst nicht, was sie am Boot wollen. Proleten gibt es überall auf der Welt.

*

Blauschillernd und überaus freundlich empfängt uns die Bismarcksee am nächsten Morgen. Unvorstellbar, dass wir erst vor drei Tagen vor dieser damals so aufgewühlten See Zuflucht gesucht haben. Heute schaut es so aus, als ob sich das Meer wieder mit uns versöhnen will. Leider meint die See es zu gut: Weder die winzigsten Wellen noch der kleinste Windhauch kräuseln das spiegelglatte Gewässer. Die Wasseroberfläche sieht aus, als wäre sie mit einer Lage Frischhaltefolie überzogen. Passend zum Tuck-Tuck des Motors, das die sonnendurchflutete Stille unterbricht, fällt mir der Spruch meines Freundes Hoge ein, der uns unter ähnlichen Bedingungen auf Tahiti besucht hatte.

»Eine Frage beschäftigt mich schon die ganze Zeit. Wozu fahrt ihr auf eurem Motorboot eigentlich diesen langen Mast spazieren? Zum Hängematten- oder zum Wäscheaufhängen?«

Weiße Wölkchen schweben in der Ferne über den perfekt geformten Vulkankegeln der Willaumez-Halbinsel, den ersten Vorläufern New Britains. Björn kramt die Seekarte hervor und will nicht wahrhaben, wie unverschämt gut die Sicht ist. Die hohen, am Horizont erkennbaren Berge hinter den Vulkanen liegen hundert Seemeilen weit weg. Das sind unglaubliche hundertachtzig Kilometer.

Kein Wind, dementsprechend keine Kühlung.

»Was meinst du, wollen wir es wagen, endlich ein Bad im Ozean zu nehmen?«

Das dringende Bedürfnis nach Abkühlung siegt diesmal über die Vernunft. Gemeinsam stürzen wir uns in die leuchtenden, tiefblauen Fluten. Wir wissen beide, dass man auf dem Meer niemals, noch dazu gemeinsam, sein Schiff verlassen soll. Wir tun es trotzdem und sind davon überzeugt, die harmlose Situation richtig einschätzen zu können. Meine lächerliche Furcht vor plötzlich auftauchenden Haien oder ähnlichem Getier lässt mich sowieso nicht weiter als einen knappen Meter von MICO wegschwimmen. Auch können wir gar nicht vergessen, die Badeleiter herauszuhängen. Wir besitzen gar keine. Björn krabbelt wie immer an der niedrigen Bordwand empor, ich hangle mich über den Bugkorb zurück aufs Boot. Ach, wie kann das Meer nett sein. Und wie angenehm ist es, wenn Arndt steuert und wir, auf dem Vorschiff sitzend, das Leben und die Weite und den herrlichen Ausblick genießen können. Ein Hoch auf den Erfinder der elektrischen Selbststeueranlage!

Leider nimmt in der Nacht der Wind wieder zu. MI COLUMPIO mag sich darüber freuen, ich nicht, denn ich kann bei dem erneut einsetzenden Geschaukel wieder nicht einschlafen.

*

Kühler Mangosaft am Morgen – und die Welt hat mich wieder. Mitten im Meer am nördlichsten Zipfel der großen Insel New Britain steht zwischen den Schaumkronen ein Leuchtturm: Cape Lambert. In der Ferne begrüßt uns der erste Vorbote von Rabaul. Eine dunkle Rauchsäule steigt hinter den Hügelketten gen Himmel. Wow, unser erster echter aktiver Vulkan! Doch Rabaul werden wir heute nicht mehr erreichen, sondern mit der kleinen Insel Watom im Norden der Gazelle-Halbinsel vorlieb nehmen müssen. Falls wir es bis zum Einbruch der Dunkelheit dorthin schaffen. Die Wellen helfen nach und schubsen uns von hinten an, das Groß steht voll im Wind, zusätzlich lassen wir den Motor auf Hochtouren rackern. Doch die Sonne eilt im Laufschritt über den Himmel und senkt sich für unseren Geschmack viel zu schnell dem Horizont entgegen.

»Man kann sich gar nicht richtig auf das Ankommen freuen, wenn man weiß, dass der Ankerplatz schlecht ist«, mault Björn herum, nachdem er unseren Segelführer bezüglich dieser Insel studiert hat.

Schnell nähern wir uns dem über und über mit Palmen bestandenen, hügeligen Eiland. Rasch schieben uns Wind und Wellen an Riffen und Felsen vorbei zur geschützten Leeseite, und vor unseren Augen öffnet sich eine paradiesisch anmutende Bucht im goldenen Licht der Nachmittagssonne. In das friedliche, türkisfarbene Wasser ragt ein alter Holzsteg, der von etwa zwanzig wollköpfigen Kindern bevölkert ist. Ein unerwartetes Jubelgeschrei bricht aus, als wir uns nähern und in gefährlich nahem Abstand zu diesem Steg über der einzigen flachen Stelle in dieser Bucht den Anker fallen lassen. Björn fühlt sich wie die gesamte deutsche Fußballnationalmannschaft nach dem Gewinn des Endspiels 1974. So was hat er, der Applaus quasi von Berufs wegen gewohnt ist, noch nie erlebt. Noch besser wird es, als wir QUIETSCHIE zu Wasser lassen und jede unserer Bewegungen mit frenetischem Beifall an Land gefeiert wird. Solch ein bemerkenswertes Publikum muss unverzüglich belohnt werden. Wir fahren hinüber und beginnen, vom Schalk getrieben, jedem einzelnen Kind die Hand zu schütteln und es persönlich zu begrüßen. Die verständlicherweise erst einmal eingetretene Verwirrung legt sich bald, vergnügt und mit strahlenden Gesichtern umringen uns die Kinder. Hier sind wieder Leben und Lachen zu Hause, hier bleiben wir. Und zwar länger als nur eine Nacht.

*

Schaumkronen bedecken auch am folgenden Tag das blaue Meer, während wir sicher im Schutz von Watom ankern und leckeren Grießstrudel backen. Endlich sind wir wieder zurück in »unserem« PNG und freuen uns am Sonnenschein, an den Korallen, den spielenden Kindern, den *banana boats*, die ihre Passagiere zum Schauen und Winken ganz nah an MI COLUMPIO vorbeifahren. Wir lümmeln auf unserem Logenplatz auf dem Vorschiff herum, mit einer Tasse Tee in der Hand, und finden unser Leben mal wieder perfekt.

Zusätzlich übertrifft die Unterwasserwelt alles bis dahin Gesehene: Mit Korallen in allen Regenbogenfarben bewachsene Felswände steigen senkrecht, wirklich absolut lotrecht aus dem über siebzig Meter tiefen blauen Meer herauf, keine drei Meter neben dem Ufer. Hier leuchtet noch das vom Sonnenlicht durchflutete Flachwasser, dort schon das unergründliche Aquamarinblau, in dem sich die Lichtstrahlen im Bodenlosen verlieren. Björn gerät beim wilden Hin- und Herschnorcheln fast in einen Tiefenrausch. Nur schwer kann er sich vom Anblick der farbenfrohen Fischschwärme und bizarren Korallen losreißen.

Als wir erneut den Strand betreten, steht Moses da, ein Kerl von einem Mann mit strahlend weißen Zähnen und übersprühendem Humor, und erwartet uns. Ihm gehört das klapprige Auto, das hinter ihm parkt: ein Pick-up ohne Fensterscheiben, ohne Plastikverkleidungen, Sitzpolster, Kühlerhaube oder anderem überflüssigen Schnickschnack. Dafür mit Unmengen von Kabelsalat, der aus allen Löchern herausquillt. Doch die Karre fährt – und ist das einzige Transportmittel auf Watom, für Passagiere, Koprasäcke, Hühner oder was sonst auf dieser hügeligen Insel transportiert werden soll.

»*You wanna come with me?*«

Ob wir ein Stückchen mitfahren wollen? Klar wollen wir. Wir hocken uns mit einigen anderen zusammen auf die Ladefläche, und los geht's im Schritttempo, den schmalen Sandweg hinauf in den üppigen Kokospalmenwald, der die ganze Insel bedeckt.

»Hey, Moses, wo fahren wir überhaupt hin?«, schreien wir durch die zerbrochene Rückscheibe unserem Fahrer zu.

»Die Straße hoch und nachher wieder zurück. Es gibt keine andere Straße auf der Insel«, erwidert der Chauffeur der Nobelkarosse mit breitem Grinsen. »Und diese hier haben wir erst vor wenigen Jahren eigenhändig gebaut. Die Leute waren es leid, ihre Koprasäcke einzeln auf den Schultern hinunter zu den Booten am Strand zu schleppen.«

Nach einer Viertelstunde Holperfahrt erreichen wir das erste Dorf. Alle Bewohner kommen angelaufen, winken, lachen, wollen uns die Hände schütteln. Im zweiten Dorf ergeht es uns auch nicht anders. Nur hält der Wagen dort unter einem Karambolenbaum. Aus Versehen schaue ich hoch. Schon ergießt sich ein Schwall unverständlicher Worte aus Moses Mund. Eine knappe Minute später wird mir eine Palmwedeltasche voller Karambolen und Mangos in die Hand gedrückt, dazu noch eine Ananas. Ich finde das unglaublich und strahle sie alle an. *Tenk yu, tenk yu!* Auf den abgeholten Koprasäcken sitzend, geht es zurück zum Wasser und mit Chris und Moses, der so gerne auf eine echte Segelyacht möchte, an Bord zu Kaffee und Kuchen. Das finden sie großartig. Wir übrigens auch.

Was uns bei den Papuas immer wieder aufs Neue fasziniert, ist ihr völlig anderes Zeitempfinden. Auf die Fragen »Wann beginnt die Regenzeit?« oder »Wann waren das letzte Mal andere Segler hier?« haben wir noch nie eine Antwort bekommen, aus der wir schlau werden konnten. Bei Army, bei Willy und Derek, bei Eddy war es so, bei Moses, dem intelligenten und pfiffigen Moses, ist es nicht anders. Dieses lineare Zeitgefühl, das wir Europäer verinnerlicht haben, existiert in den Köpfen der Papuas nicht.

»Ist es eine Woche her?«

»Ja.«

»Einen Monat?«

»Ja.«

»Ein halbes Jahr?«

Immer wieder lautet die Antwort »ja« oder »kann sein« oder

»vielleicht«. Das gibt mir zu denken. Möglicherweise liegen die Papuas richtig, und es gibt gar keine Zeitlinie? Vielleicht denken wir in selbst erfundenen Maßstäben, über die andere Völker nur lachen können. Was ist schon Zeit?

In der Kühle des Abends starten wir auf der Rasenfläche vor dem Dorf unser Stelzenlauftraining, indem wir kleine, schwarzhäutige Menschen durch die Hecken und um die Hütten jagen. Wie in Sialum laufen Große wie Kleine vor uns und unseren quietschenden Stelzen davon. Na gut, üben wir halt Pirouetten. Zweifelnd-misstrauische Blicke, erneutes Gelächter. Auch auf Watom haben alle Parteien ihren Spaß. Ein paar Stunden später sitzen Männer und Frauen in kleinen Grüppchen auf dem Rasen, unter den Bäumen, kaum sichtbar in der Dunkelheit. Einer hat eine Gitarre dabei. Eine vereinzelte Melodie weht zu uns aufs Boot herüber. Ansonsten herrscht Stille. Keine lärmende Techno-Musik, kein lautes Geschrei und Gejohle. Meine Ohren lieben PNG. In diesem Land habe ich, was den allgemeinen Geräuschpegel angeht, zumindest nicht das Gefühl, ein Jahrhundert zu spät geboren zu sein. Hier gelten das Zirpen der Zikaden und das Rauschen der Wellen als Musik – und nicht das ununterbrochene Radiogedudel aus überdimensionierten Lautsprechern wie im Rest der Welt.

*

Der nächste Tag steht ganz im Zeichen der Kinderunterhaltung. Die blonden Krausköpfe – warum sie alle blond sind, habe ich nicht herausbekommen – wagen es, immer näher zum Boot zu schwimmen. Ich schicke eine Salve Seifenblasen über ihre Köpfe hinweg. Bewunderung vonseiten der Erwachsenen am Strand. Dann spielen wir Ball, erst vom Boot aus, dann komplett im Wasser. Ich will den Kindern zeigen, wie man die Ankerkette hochklettert, um dann wieder vom Bugkorb ins Wasser hinunterzuspingen: kaum sind sie jedoch oben, freuen sie sich über ihren unerwarteten Aufenthalt auf der eroberten Yacht und »besetzen« das Boot. Siebzehn kleine, halb nackte Gestalten, die sich über Kinderlieder, Gummitiere, Zaubertricks und zum Abschluss eine Gratisdinghifahrt zurück ans Land freuen. Und sie sind lieb und wohlerzogen und überaus vergnügt.

Kurz darauf ertönt eine uns bekannte, tiefe Stimme zu uns herüber: »*Hey yachtsmen, your fruits are waiting here for you.* Kommt und holt sie ab!«

»*Of course, Sir, immediately!*«

Eine riesige Tasche voller Früchte und ein Monster von Papaya wechseln den Besitzer. Moses samt seinen beiden kleinen Töchtern ist erneut Kaffeegast auf MI COLUMPIO und erzählt komische Geschichten. Von der AIDS-Awareness-Kampagne zum Beispiel. Sie hat bewirkt, dass seit neuestem in allen größeren Ortschaften des Landes Kondome zu bekommen sind beziehungsweise waren. Seit sich allerdings herumgesprochen hat, dass Kondome sich hervorragend zum Fischfang eignen, sind sie überall ausverkauft. Für einen simplen Köder braucht man nur ein Kondom um den Angelhaken zu knoten. Irgendwelche dummen Fische fühlen sich beim Anblick des sich im Wasser schlängelnden Gummis angeblich an kleine Tintenfische erinnert. Tunfische bevorzugen allerdings Schraubenzieher-Köder und beißen besonders gerne in die roten und gelben Plastikgriffe. Björn fragt sich in diesem Moment leicht bitter, warum er in Australien teures Geld für seine im Detail nicht unähnlichen Angelköder ausgegeben hat.

16 Unter dem Beifall der Frauen von Feni schrubbt Björn am Strand unsere Wäsche.

17 Unser morgendlicher Kokosnuss-express vor Sialum

18

19

18 Üppige Blumenpracht vor Betty's Guesthouse auf 2500 Meter Höhe

19 Unser Ersatzanker aus einem Korallenblock hält Quietschie *im Korallenschutt auf Kapingamarangi.*

20

20 Das Fährboot ist für maximal zehn Passagiere zugelassen – typisch Papua-Neuguinea.

21 Eine vorbildliche Firma: Der Australier John und seine Mitarbeiter beim nachhaltigen ökologischen Holzfällen

21

22

23

22 *Grauer Himmel und Nieselregen über Nukuoro*

23 *Sportfest auf Nukuoro – eine Herausforderung für mich*

24

24 *Cecilia und ich posieren fürs Familienalbum*

25 *Rabaul: Ruinen unter einer hohen Ascheschicht, im Hintergrund raucht immer noch der Vulkan Tavurvur*

25

26

27

28

26 Ifalik: Björn schaut bei den Vorbereitungen zum Weben zu.

27 Carlos, ich und John amüsieren uns bestens beim tupa trinken auf Ifalik.

28 Nukuoro: Dalaniele schnitzt für uns einen Schemel zum Kokosnussschaben.

29

29 Auf Nukuoro werden wir mit Geschenken überhäuft.

30 Welmina und ich vor dem umo, *dem polynesischen Erdofen*

30

31

32

31 Traditionelles Segelkanu vor Ifalik

32 Björn im lavalava *und mit Blütenkranz als Südseeplayboy …*

33 … und ich bei der Arbeit

Pannen am laufenden Band

Rabaul

Wir fühlen uns geliebt an diesem paradiesischen Sonntagmorgen, dem Tag unserer Weiterreise. Kinder bringen Mangos vorbei, Chris und Andrew eine weitere Tasche voller *kulaus* und Bananen. Beim Anblick der aufgetürmten Früchte im Cockpit kommt uns eine irrwitzige Frage in den Sinn: Kann man eigentlich an einer Vitamin-C-Vergiftung sterben? Es ist schön, Besuch zu haben. Dann läuten die Kirchenglocken zum Gottesdienst vom Land herüber. Unsere Gäste verlassen uns, und wir holen den Anker hoch. Uns zieht es ins nur vier Segelstunden entfernte Rabaul.

Schon seit Tagen fasziniert uns die weiße Rauchwolke, die ununterbrochen hinter den Hügeln von New Britain hervorquillt und sich in luftiger Höhe im Himmelsblau verliert. Die Zerstörungskraft ihres Verursachers mag furchtbar sein, doch uns lockt sie mit ihrer majestätischen Schönheit. Hinter der Nordspitze von New Britain, hinter der so passend benannten Crater Peninsula, erhebt sich der Vulkan, der im Jahre 1994 die bis dahin blühende Stadt Rabaul in wenigen Tagen unter einer grauen Ascheschicht begrub. Eigentlich haben zwei Vulkankrater die Katastrophe verursacht, aber heute, sechs Jahre später, raucht nur noch der Tavuvur fleißig vor sich hin. Wir sind mehr als gespannt, ja ungeduldig, dieses aktive Monster endlich mit eigenen Augen zu sehen.

Von leichtem Wind geschoben, gleitet MI COLUMPIO an den steilen und doch mit abertausenden von Palmen bestandenen Hängen der Krater-Halbinsel vorbei. Ein erloschener Vulkan hier, dort noch einer. Üppige Vegetation, kleine Hütten auf den Klippen – in der blendenden Mittagssonne ein Bild der Idylle und des Friedens. Hinter der nächsten Felsspitze ändert sich schlagartig das Bild. Das blühende Leben endet, hier herrscht der Tod. Wie von einer Riesenhand über den kahlen Hang gestreut, liegen die entwurzelten und abgeknickten Palmen, zerbrochenen Streichhölzern gleich. Welche Naturgewalten müssen hier gewütet haben, welche unglaublichen Kräfte am Werk gewesen sein. Aschgrau und schwefelgelb sind die vorherrschenden Farben der nächsten Meilen. Kein Baum, kein Strauch. Nichts Lebendes hält es hier, so nah am Tavuvur, noch aus. Langsam kommt der Krater in unser Gesichtsfeld, ein riesiger offener Schlund von mehreren hundert Metern Durchmesser, weißlich-gelblich-grau. Am Fuße des Vulkans türmen sich Asche und Geröll. Ununterbrochen und unerbittlich steigen Schwaden dunklen Rauches aus seinem Inneren empor, hüllen die Welt in eine Wolke beißenden Schwefelgeruches. Wir starren mit einem leicht mulmigen Gefühl auf diese lebensfeindliche Szenerie. Das Flappen der Segel holt uns in die Realität zurück.

»Lass uns den Motor anwerfen.«

Die Windabdeckung der hohen Berge macht das Motoren jetzt unerlässlich. Auch die Ungenauigkeit unserer Seekarte erfordert exaktes Navigieren nach Sicht. Seit dem Vulkanausbruch stimmt keine der Kartierungen rund um den Tavurvur mehr. Untiefen haben sich über vorherige Tiefen geschoben, und Tiefen haben Untiefen ersetzt. Aber erst einmal wundere ich mich, warum wir trotz Motorunterstützung kaum vorankommen. Sollte etwa ...

»Björn, kannst du bitte mal in deine Lieblingsecke kriechen, um der Sache auf den Grund zu gehen? Ich habe da so einen Verdacht.«

Aus dem stickigen Motorraum erklingt nach kurzer Zeit Björns sarkastische Stimme: »Die Propellerwelle ist mal wieder abgefallen. *Bagarap.*«

Bagarap, vom australischen *bugger up*, was Schrott beziehungsweise kaputt bedeutet, ist während dieser Reisen zeitweilig zu unserem Lieblingswort avanciert.

»Wie kann denn das schon wieder passieren?«, hake ich nach.

»Keine Ahnung, bin ich Mechaniker oder habe ich eine Banklehre gemacht?«

Björn ist hörbar genervt, aber was hilft es. Die Propellerwelle ist über einen Flansch mit dem Getriebe verbunden, und irgendwelche Schrauben im Flansch haben sich gelöst. Immerhin hängt der Propeller samt Welle noch am Schiff. Wie immer haben wir aber Glück im Unglück. Im Grunde passieren uns Motorpannen nur dann, wenn wir Werkstätten oder Fachleute in der Nähe haben. Was hatte sich Björn vor der Reise an Horrorszenarien in Bezug auf den Motor ausgemalt. Gestrandet auf einsamen Inseln, ohne Werkzeug oder Ersatzteile, ganz allein auf uns und sein technisches Nichtwissen gestellt. In Wirklichkeit ereilten uns die Pannen aber immer nur in Gegenden, wo wir auf Menschen trafen, die uns helfen konnten, oder wo Ersatzteile zu erwerben waren. So auch jetzt. In der Ferne können wir Lagerhäuser und Dieseltanks ausmachen. Da wird auch eine Werkstatt für uns dabei sein.

Leider liegt der nächste Platz zum Ankern noch drei lange Seemeilen entfernt. Wieder hilft nur Plan C: Wie selbstverständlich springt Björn ins Dinghi und schiebt MICO von hinten an, während ich an der Pinne stehe und aufs Echolot achte. Was würden wir bloß ohne unser QUIETSCHIE machen! Schwimmen? Schiffbruch erleiden? Oder fluchen und warten? Langsam, viel zu langsam kriechen wir im Schneckentempo auf den Ankerplatz zu. Hinter uns verdunkelt sich der Himmel in Minutenschnelle. Donner grollt, Blitze zucken, eine tiefschwarze Gewitterwand schiebt sich unaufhaltsam näher. Na wunderbar.

Dem Tavurvur schenken wir längst keine Aufmerksamkeit mehr – wir sind voll und ganz damit beschäftigt, uns möglichst glimpflich aus der momentan herannahenden Naturkatastrophe zu ziehen. Drei Meilen können bei einer Durchschnittsgeschwindigkeit von eineinhalb Knoten verdammt lang werden. Doch bevor die ersten Regentropfen fallen, fällt MICOs Anker. Björn, leicht nervös wegen der Warnung im *Cruising Guide* bezüglich dieser Ankerbucht – »Markieren Sie unbedingt per Boje Ihren Anker, um ihn im Notfall freitauchen zu können. Der Meeresgrund ist noch immer übersät von Segel- und Motorbooten, die während des Vulkanausbruches vor Anker liegend gesunken sind …« –, bemüht sich in den heranrasenden Gewitterböen erfolgreich, den Anker mit der vollen Motorkraft des Schlauchboots rückwärts fahrend einzugraben.

Sintflutartiger Regen stürzt wenige Sekunden später vom Himmel herab und hüllt die ganze Welt in prasselnde Wassermassen ein. Wir sitzen trocken und sicher unter Deck und freuen uns, alles noch rechtzeitig geschafft zu haben. Und der Regen hat auch seine guten Seiten: Unser Wassertank braucht dringend eine Nachfüllung. Fast freiwillig begeben wir uns bald wieder nach draußen, um unsere Folie aufzuspannen. Die Luft schmeckt nach Schwefel, das Wasser glücklicherweise nicht, das erst in die Regentonnen und von dort in den großen Tank im Bootsinneren rinnt. Im Handumdrehen sind unsere Wasserbehälter bis unter den Rand gefüllt. Noch immer schüttet es wie aus Kübeln. Wir nutzen die unerwarteten Mengen an Süßwasser und waschen die gesamte Wäsche der letzten zwei Wochen. Mittlerweile sind wir bis auf die Haut durchnässt. Also duschen wir selbst auch noch ausgiebig, tanzen nackt durch den strömenden Regen, können von dieser Frischwasserorgie nicht genug bekommen. Danach geschieht das Unglaubliche: Ich friere! Zum ersten Mal seit drei Monaten friere ich an Bord! Und kuschle mich unter die Bettdecke, die damit auch in diesem tropischen Land noch ihren Sinn und Zweck erfüllt.

*

Sauber und erfrischt betrachten wir am nächsten Morgen unsere neue Umgebung. De facto ankern wir direkt vor Rabaul. Um das zu bemerken, benötigen wir allerdings ganze drei Tage. Denn vor uns an Land ist – nichts! O.k., o.k., natürlich wachsen hier und da Gräser, ein paar Büsche, und vereinzelt ragt ein Baumstamm ohne Krone aus der Erde, auch drei Häuser können wir erkennen. Aber sie machen noch lange keine Stadt aus, auch keine ehemalige. Erst als wir unseren Fuß auf das von schwarzer Asche bedeckte Land setzen, wird uns das Ausmaß der Katastrophe klar, die sich hier abgespielt hat. Vor uns liegen, von Straßenlaternen gesäumt, breite asphaltierte Straßen, die vom Nichts ins Nichts führen. Meterhohe Wälle aus schwarzem Schlamm sind zu beiden Seiten aufgetürmt und zeugen von den regelmäßigen Versuchen der Verwaltung, die letzten Beweise einer städtischen Vergangenheit von Staub und Asche frei zu halten. Dahinter versinken in noch mehr Schlamm die letzten Häusertrümmer. Hier steht noch ein halber Wassertank zwischen den erneut blühenden Büschen, dort ragt eine Treppe samt Geländer sinnlos in den Himmel hinein. Palmen ohne Palmenkronen zeugen von Verwüstung und Untergang. Totenstille und Leere überall. Wir können uns kaum vorstellen, dass hier vor wenigen Jahren noch vierzigtausend Menschen gelebt und gearbeitet haben. Rabaul aber ist verschwunden, die beiden Vulkankrater haben gründliche Arbeit geleistet. Andererseits wundern wir uns, dass eine Stadt hier überhaupt so lange existieren konnte. War es denn vernünftig, eine Ansiedlung in den unmittelbaren Dunstkreis von sechs meist noch aktiven Vulkanen zu setzen? Die deutschen Kolonialherren Ende des letzten Jahrhunderts scheinen sich darum zu wenig Gedanken gemacht zu haben, denn Rabaul wurde von der deutschen Verwaltung als neue Hauptstadt mit breiten Alleen und schönen Gärten an dem perfekt geschützten Naturhafen auf der Crater Peninsula geplant; in den anderen Städten waren die Weißen von der Malaria wie die Fliegen dahingerafft worden. Während des Zweiten Weltkriegs eroberte am 23. Januar 1942 die japanische Armee Rabaul und baute die Stadt zur Festung und zu einer gigantischen, teils unterirdischen Nachschubbasis aus, welche die US-Armee durch unvorstellbaren Bombenhagel erst 1945 erobern konnte. Nochmals rappelten sich Stadt und Bewohner auf und brachten Rabaul zum Blühen. Bis am Morgen des 19. Septembers 1994 aus beiden Vulkankratern auf einmal feurige Brocken in die Luft geblasen und ganz Rabaul mit einem Ascheteppich überzogen wurde. Und die Asche war es und nicht die Lava, die den diesmal wohl endgültigen Untergang Rabauls bedeutete.

Was hatte uns Moses vom Vulkanausbruch erzählt? Damals war er in Kavieng auf New Hanover, etwa dreihundert Kilometer weiter nördlich, beschäftigt gewesen. An einem Sonntagabend landete plötzlich ein Flugzeug nach dem anderen auf Kaviengs Flughafen. Moses erster Gedanke ging in Richtung Krieg, da die Zahl der ankommenden Flugzeuge auch nach Stunden nicht weniger werden wollte. Schließlich erfuhr er, dass die Vulkanologen für Rabaul höchste Alarmstufe ausgerufen hatten und alle Flugzeuge aus Rabaul auf den nächsten Flughafen, sprich Kavieng, in Sicherheit geflogen wurden. Zwölf Stunden später, am Montagmorgen, brachen Tavuvur und Vulcan, wie 1937 schon einmal, mehr oder minder zeitgleich aus. Von da an regnete es unaufhörlich Asche auf die am Fuß des Mount Tavuvur gelegene Stadt, bedeckte die Straßen und Plätze, sie färbte die blühenden und grünenden Gärten schwarz und sammelte sich kontinuierlich auf den flachen Wellblechdächern der Häuser an. Die Stadtbevölkerung konnte glücklicherweise komplett evakuiert werden, was aber den Untergang der Stadt zur Folge hatte. Denn nach wenigen Tagen Ascheregen setzte normaler Regen ein. Dieses Asche-Wasser-Gemisch, das nun auf den Dächern lastete, wurde hart und nach einiger Zeit so schwer, dass ein Haus nach dem anderen zusammenbrach. Einzig und allein die großen Hotels der Australier blieben stehen, da deren Besitzer sich den Anweisungen der Polizei widersetzt hatten, alle paar Tage in das Sperrgebiet zurückkehrten und die Dächer ihrer Häuser von der Asche befreiten.

Jetzt stehen die einzigen mittlerweile restaurierten Gebäude verloren auf der weiten, kahlen Fläche: wie kleine weiße Oasen inmitten einer schwarzen Aschewüste. Wir treffen in der Travellodge auf Linda, die Managerin des Hotels. Sie kommt aus Kiriwina und ist die Ex-Schwägerin von Rod, dem uns bekannten

Ladenbesitzer. Wehmütig lauscht sie unseren Erzählungen von ihrer Heimatinsel, während wir Bananenkuchen und Käsekuchen und ein gutes Glas Wein zum Abendessen genießen. Im Hintergrund erklingt *Imagine* von John Lennon. *Imagine* ... stell dir mal vor, das hier war einst Rabaul ...

*

Wir wissen unseren abgeschiedenen Ankerplatz zu schätzen, weitab von Kanus, Hütten und anderen Schiffen. Der Tavurvur spuckt und qualmt, während wir in Unterwäsche unter der grünen Folie, die wir aus Australien mitgebracht haben, auf dem Vordeck hocken, schwitzen und essen. Langsam kommen wir voran im Kampf gegen die Mangoinvasion von Watom.

Ansonsten latschen wir durch öde Straßen, bis die Sohlen schmelzen. Wir spielen wieder mein Lieblingsspiel: *Hardware*-Läden abklappern, Schweißereien aufsuchen, Autowerkstätten beehren. Davon gibt es genug in Rest-Rabaul, denn das Einzige, was der Vulkanausbruch verschont hat, ist das Industriegebiet. Weder hübsch noch schattig, aber für uns eine Fundgrube. Wir finden sogar eine Firma, die den ausgelutschten Zahnkranz im Antriebsflansch neu fräsen kann. Jede Dreiviertelstunde kommen wir wie zufällig am Markt vorbei, um uns den Inhalt einer frischen Kokosnuss in unsere ausgedörrten Kehlen zu gießen. Außerdem entdecken wir zwischen Bananenstauden und Taroknollen unser Mittagessen, das es in dieser Form aus Preis-, Bequemlichkeits- und Geschmacksgründen gleich vier Mittage hintereinander gibt: zu einem Beutel zusammengebundene Bananenblätter, in deren Innerem Fisch, Bananen und viel Grünzeug in Kokosmilch schwimmen. Erinnert vom Aussehen an Grünkohl, schmeckt aber tausendmal besser.

Sogar die bestellten Reserveimpeller für die Wasserpumpe sind mittlerweile wohlbehalten in unsere Hände gelangt; sie haben dank DHL nur zehn Tage von Australien hierher gebraucht. Die mit der normalen Post verschickten Teile sind noch immer nicht aufgetaucht. In Rabaul erfahren wir auch den Grund. Die gesamte Post wird seit weit über einem Monat in Port Moresby gehortet, da die Post in PNG nicht in der Lage ist, die ausstehenden Rechnungen bei Air Niugini für den Frachttransport zu begleichen.

*

Das Paar von der HORNPIPE, der Yacht, die neben uns liegt, wartet seit geschlagenen fünf Wochen auf ein Päckchen aus den Staaten. Glenn, Amerikaner und ein netter Kerl, und Marie Ann aus den Niederlanden ist während ihres Aufenthalts in Kavieng ihr Fernglas abhanden gekommen. Ohne Fernglas trauen sie sich aber nicht weiterzusegeln. Also warten sie, Tag für Tag, Woche für Woche und fahren jeden zweiten Morgen nach Kokopo zur Post. Sie sind Rentner, haben viel, viel Zeit und ein gewisses Bedürfnis nach Sicherheit. Sie erinnern uns an einige Segler, die wir auf unserer Pazifiküberquerung getroffen haben. Diese hatten die größten Boote, die teuerste Ausrüstung, die modernste Technik. Leider haben sie von der pazifischen Inselwelt so gut wie nichts gesehen, da sie fast durchgängig in den Häfen der Hauptstädte lagen und auf Ersatzteile für Radar, Computer, Bugstrahlruder oder sonst was gewartet haben. In Europa oder den USA mag das Segeln mit Hightech-Yachten Sinn machen, hier im Pazifik, wo die Menschen seit tausenden von Jahren ohne jegliche technische Hilfsmittel zu navigieren verstehen und trotzdem ihr Ziel erreichen, sind sie unserer Meinung nach eher fehl am Platz. Die moderne Technik sollte dazu dienen, dem Menschen das Leben, sprich seine lebensnotwendigen Bedürfnisse, zu vereinfachen. Doch was macht der Mensch? Er vermehrt stattdessen seine Bedürfnisse – und gerät vollends in die Abhängigkeit der Technik.

Auch Björn, der in diesem Punkt prinzipiell mit mir übereinstimmt, quält sich regelmäßig am Nachmittag in den Motorraum, wo er irgendwelche Schrauben, Flansche und Was-weiß-

Ichs ab- und anschraubt. Hätten wir keinen Motor, wäre zwar vieles schwieriger, aber auch vieles leichter. Und Björn könnte zusammen mit mir im Schatten auf dem Vordeck liegen und Fingernägel pflegen. Oder die Touristenattraktionen von Rest-Rabaul anschauen. So sind wir leider etwas zu sehr mit Reparieren und Ausstatten beschäftigt, um die japanischen Tunnel und Panzer aus dem Zweiten Weltkrieg gebührend zu würdigen. Aber nach Madang, der Schönheit, ist es für jede weitere Stadt ohnehin schwer mitzuhalten.

*

Dann naht der 3. Februar, der offiziell unser letzter Tag in PNG ist. Für das kürzeste, preisgünstigste und unproblematischste Ausklarieren unserer Seglerkarriere benötigen wir knappe zehn Minuten, An- und Abfahrt inklusive. Am nächsten Morgen werden wir die weite geschützte Bucht von Rabaul verlassen müssen. Gerne wären wir noch auf die andere Seite der Bucht, zu den Duke of York Islands gefahren. Auf der Seekarte wimmelt es rund um die Inseln nur so von Riffen und winzigen Inselchen. Der *Cruising Guide* verspricht dazu *the most interesting cruising in St. George's Channel.* Und, was sich in unseren Ohren noch besser anhört: exzellente Möglichkeiten zum Tauchen und Beobachten von Meeressäugern. Das wäre die Gelegenheit, endlich der ersten Seekuh meines Leben zu begegnen. Björn hat »seine« Kuh vor ein paar Jahren in Neu-Kaledonien beim Grasen angetroffen. Und mit leuchtenden Augen von diesem unförmigen, friedlichen Tier geschwärmt. Doch bei mir bleibt es beim Träumen. Wir müssen weiter. So haben wir wenigstens einen guten Grund, in ferner Zukunft wiederzukommen. Zum ersten Mal auf unserer Reise müssen wir weiter, obwohl wir es nicht wollen. Die Behörden wünschen es. Unsere auf zwei Monate begrenzte Aufenthaltsgenehmigung ist offiziell abgelaufen. Glücklicherweise bedeutet das für uns Segler nicht, innerhalb der nächsten vierundzwanzig Stunden das Land wirklich verlassen zu müssen. Aber wir sollten so tun. Und nur da, wo weit und breit keine Behörden oder Patrouillenboote zu befürchten sind, können wir nochmals anhalten. Zum Schlafen in erster Linie, zum Auffüllen von Wasser und zum Bunkern von frischen Früchten. Und auch ein bisschen zum Leute-kennen-Lernen. Auf dem Weg nach Mikronesien liegen noch ein paar verstreute Inselchen, die wir, wer wollte es uns verübeln, auf jeden Fall aufsuchen wollen. Die hohen Inseln von Feni und das weit draußen im Ozean liegende Atoll von Nuguria. Zwei Inseln, die so weit abgelegen sind, dass man sie nur vor dem Ein- oder nach dem Ausklarieren anlaufen kann.

*

Nach einer erquickenden Nachtruhe folgen wir der HORNPIPE, die sich am Abend zuvor auf den Weg in dieselbe Richtung gemacht hat. Doch kaum sind wir aus der Bucht von Rabaul hinaus, versucht uns der Wind mit allen Tricks und Kniffen zur Verzweiflung zu bringen. Offiziell herrscht zu dieser Jahreszeit Nord-West-Monsun. Inoffiziell weht ein leichtes Lüftchen aus Ost, als wir gen Osten fahren, und aus Süd, als wir uns gen Süden durch den St. George's Channel bewegen. Zu guter Letzt weht um Mitternacht ein starkes Lüftchen aus Nordost, als wir ums Kap St. George herummotoren. In welcher Richtung Feni liegt, kann man sich denken. Björn hat nach vierzehn Stunden vom Gegenanfahren die Nase voll. Er überlässt mir die Entscheidung und legt sich gegen zwei Uhr einfach schlafen. Auf einmal sitze ich alleine im Cockpit. MICO rumst in jede Welle hinein, die Gischt spritzt mich nass. Ich überlege. Aufgeben oder nicht? Umkehren oder weiterfahren? Noch sind es sechsundsiebzig Seemeilen bis nach Feni. Das ist viel. Und ich bin müde. Müssen wir uns irgendetwas beweisen? Nein. Müssen wir anderen etwas beweisen? Auch nicht. Also beschließe ich umzukehren. Hinterm Kap können wir uns in einer geschützten Ankerbucht namens English Cove verstecken und abwarten, bis der

Wind dreht. Bevor ich mir den Rest der Nacht um die Ohren schlage, wende ich lieber. Und steuere per Hand und mit dem jetzt angenehmen Wind im Nacken zurück ums Kap.

*

Alles geht schief am frühen Morgen. Drei lange Stunden warten wir beigedreht auf die Dämmerung. Als wir endlich in die weite Bucht einlaufen, fällt mir beim Fotografieren einiger Delfine der Polfilter vom Objektiv, während ich im Bugkorb hänge. Das Wunderding, das den Südseehimmel so wunderschön blau färbt, kullert unaufhaltbar ins Wasser und verschwindet auf Nimmerwiedersehen. Hinterherspringen? Nicht mit der Kamera um den Hals. Welch ein Mist. So sinkt er auf vierzig Meter Wassertiefe, um dort unten sinnlos zu verrotten. Ein paar Minuten später fällt beim Ankereinfahren die gerade erst reparierte Propellerwelle wieder auseinander. Zur Krönung des Ganzen kommen noch ein paar der wenigen Unsympathen der Gegend angepaddelt und glotzen uns einfach nur an. Björn und ich sind komplett gepestet – und übermüdet.

Nach einem fulminanten Früchte-Mittagessen geht es uns aber wieder besser. Barbusig, verschwitzt, dreckig und zumindest ein bisschen motiviert machen wir uns als Erstes daran, den Anlasserdefekt zu finden, der den Motor von Woche zu Woche zögerlicher anspringen lässt. Und siehe da, ein Batteriekabel ist total versparkt und glänzt erst nach zweistündigem Putzen wie neu. Mit der Starterbatterie springt der Anlasser zwar noch immer nicht an, mit den doppelt so starken Bordnetzbatterien aber viel besser als vorher. Immerhin etwas. Ein kurzes Bad versüßt uns den Rest des Tages. Doch immer wieder kacheln Fallböen aus Nordost die steilen Berghänge herunter. Nur gut, dass wir es nicht eilig haben und noch nicht lossegeln müssen.

*

Anderentags wagt sich Björn noch vor dem Frühstück an seine heiß geliebte Propellerwelle. Ich leiste ihm freiwillig Gesellschaft, nach dem Motto: *Gemeinsam fluchen und schwitzen bringt mehr Spaß.* Kopfüber hängen wir abwechselnd in der hinterletzten Ecke des Motorraumes, während Schweiß und Schmutz in dunklen Strömen über unsere Körper fließen. Diese verfluchte Enge an Bord! Ich erinnere mich nur ungern an den Tag, an dem wir versuchten, unseren Kühlschrank zu installieren. Um die erste Schraube festzudrehen, die den Verdampfer in der Kühlbox halten sollte, brauchten wir zusammen geschlagene zwei Stunden. Und das Mistding hatte sechs Schrauben. Oder unser damaliger Windgenerator! Wie oft lag Björn zusammengefaltet wie ein indischer Yogi in der hinteren Backskiste und schraubte kopfüber das Gestänge, in dem die Kabel verliefen, ab und wieder an. Siebenmal insgesamt. Mit mehr Platz an Bord würde bestimmt alles nur noch halb so lange dauern …

Und warum will sich dieser verdammte Flansch nicht vom Getriebe lösen! Alle Schrauben sind gelöst, doch trotz brutaler Anwendung aller uns zur Verfügung stehenden Werkzeuge und Methoden will und will er sich nicht von seinem Gegenüber lösen, entgegen allen Gesetzen der Physik. Wenn es nicht so heiß und unbequem wäre, könnten wir fast darüber lachen. Ein Kilo Stahl »klebt« senkrecht an Stahl, das könnten wir glatt als Zaubertrick verkaufen: der schwebende Flansch. Andererseits schlagen durch unser ununterbrochenes Gehämmere die Zähne des gerade neu gefertigten Zahnkranzes wieder aus. Björn fällt von einer Krise in die nächste, möchte am liebsten alles hinschmeißen.

»Wir müssen nach Rabaul zurück. Alles ist wieder kaputt!«

Und da wünschen uns die Leute zu Hause einen schönen Urlaub. Dass ich nicht lache! Wir sitzen nicht mit einem Sundowner in der Hand den ganzen Tag herum und lassen alle Fünfe gerade sein, sondern dürfen ein stinknormales Alltagsleben mit all seinen anfallenden Drecksarbeiten führen – bloß auf einem Segelboot. Und zwar ohne Bohrmaschine, Geschirrspülmaschine oder Stichsäge. Urlaub! Pah!

Doch – o Wunder – um zwölf Uhr sitzen alle Schrauben wieder an Ort und Stelle. Diesmal hat Björn sogar die Sicherungsmutter festgezogen, was er in Rabaul vergessen hatte. Sollen wir es wagen? Der Wind weht steif aus Südwest in unsere Bucht hinein, doch die Wolken über den Bergkämmen kommen weiterhin, wenn auch langsamer, aus Nordost. Viel langsamer, finden wir. Sehr viel langsamer, reden wir uns ein. Wir leisten hervorragende Überzeugungsarbeit, um nicht länger in der Ankerbucht von English Cove bleiben zu müssen. Zwei Stunden später verleihen wir Kap St. George einen neuen Namen: Kap der Verarschung. Wie beim ersten Versuch kommt der Wind genau von vorn, egal, welchen Kurs wir nehmen. Auch die Strömung hat etwas gegen uns und treibt uns innerhalb von drei Stunden weit gen Süden ab. Als wir mühsam wieder hochgekreuzt sind, befinden wir uns eine Meile weiter östlich als fünf Stunden zuvor. Na Klasse! Wir kreuzen und kreuzen. Der Wind dreht zwischen Nord und Ost hin und her und wir mit ihm. Das geht den ganzen Tag und die ganze Nacht so weiter. Als kleines Bonbon in der Nacht weht noch eine schwache Squallline über uns hinweg. Ich spiele weiter tapfer auf der irischen Flöte vor mich hin und trotze dem Wind. Alle halbe Stunde darf ich an irgendeiner Schot ziehen, weil wir schon wieder den Bug wechseln.

»Klar zur Wende!«, brüllt Björn übers Boot.

»Klar!«, brülle ich in den Wind zurück.

Ich schätze, das Wenden ist das einzige Manöver bei uns an Bord, bei dem ein schulmeisterlicher Segler nicht die Hände über dem Kopf zusammenschlagen würde, wenn er uns sähe. Vor- und Großsegel rauschen auf die andere Seite. Wieder heißt es die Schoten dichtholen und die Segel trimmen, damit Mico hoch am Wind segelt. Wieder und wieder. Und kurz darauf noch mal. Und noch mal. Meine Handinnenflächen schmerzen vom vielen Kurbeln und Ziehen.

»Dieser Kurs ist grausam.«

»Na, und? Bequem kannst du es zu Hause auf dem Sofa haben. Bloß erlebst du da nicht so viel.«

Zumindest erwartet uns an diesem Tag doch noch ein Erfolgserlebnis. Und was für eines! Nach über zwölftausend Seemeilen Segeln verstehen wir endlich, wozu wir ein Kuttersegel haben. Und was man damit macht, wenn man es nicht nur wie wir im Segelsack zusammengeknüllt durch die Gegend fährt. Ja, wir kapieren sogar, wie und wann man das kleine Segel am zweiten Stag richtig einsetzt. MICO liegt ruhig auf der Seite und schaukelt kaum. Vielleicht aber auch, weil wir nicht segeln. Wir verharren die ganze Zeit auf der Stelle. Wenn wir vorankommen würden und ich nicht so genervt wäre, könnte der Tag sogar ganz schön sein.

*

Ein merkwürdiges Gefühl überfällt uns, als wir nach sechzehn Stunden Segeln immer noch die gleiche Distanz von knapp achtzig Seemeilen zu unserem Ziel auf dem GPS vorfinden. Feni werden wir in diesem Leben nicht mehr erreichen, fluchen wir. Was liegt denn ersatzweise so im Südosten von uns? Bougainville? Nissan Island? Björn, wie wär's ... Wir haben es mittlerweile beide aufgegeben, nach Feni kommen zu wollen. Irgendetwas wird sich ergeben. Falls nicht, segeln wir durch – direkt auf die Nordhalbkugel.

Die Sonne scheint, das Meer glitzert in freundlichem Blau, der Wind flaut ab. Er flaut ab? Zumindest weht er nicht mehr. Wir werfen den Motor an. MICO tuckert gen Norden, langsam, ganz langsam, denn jetzt haben wir viel Zeit. Feni werden wir, egal wie schnell wir unterwegs sind, frühestens in den Morgenstunden erreichen. Außerdem möchte Björn Diesel sparen, den wir seiner Meinung nach für die bevorstehende Äquatorüberquerung dringend brauchen werden. Als Entschädigung für den nervigen gestrigen Tag opfere ich unseren vorletzten Beutel Mousse au Chocolat. Auf dem Vorschiff liegend, schlagen wir uns mit dem fetten Zeug die Bäuche voll, bis uns schlecht ist. Nichts erinnert mehr an die vergangenen vierundzwanzig Stunden. Ein bisschen

Segeln, ein bisschen Motoren, in der Ferne tauchen die sanft gewellten Hügel von Feni auf. Ein herrlicher, erholsamer Tag. Kurz vor Einsetzen der Dämmerung schwimmt ein paar Meter voraus auf unserem Kurs ein riesiges tonnenförmiges Ungetüm. Eine Schwimmboje? Ein Container? Ein treibendes U-Boot? Wir haben keine Ahnung, sind nur geschockt über die Erkenntnis, was auf dem offenen Meer alles herumtreibt. Im Dunkeln möchten wir da nicht gegenrauschen.

Um Mitternacht weckt mich Björn: »Wir sind dicht genug an der Insel und trotzdem weit genug weg. Lass uns beidrehen – und weiterschlafen.«

Flüchtlinge unter Kokospalmen

Feni

Ausgeschlafen und mit einer Tasse Kaffee in der Hand segeln wir am nächsten Morgen an der Nordwestküste von Feni entlang, erfreuen uns an der malerischen Szenerie und sind froh, doch noch hierher gekommen zu sein. An dem von uns anvisierten Ankerplatz entdecken wir ein anderes Segelboot. Vielleicht die HORNPIPE? Richtig! Glenn und Marie Ann sind glücklich, uns »wiedergefunden« zu haben, kommen sogleich an Bord zum Kaffeetrinken und Klönen. Zum ersten Mal in PNG geben wir uns dem unkomplizierten Yachtieleben hin, das sich um ganz andere Themen dreht als die Gespräche mit den Papuas. Unser Vergnügen mit den Hornpipers ist eine große Ausnahme, denn unser Interesse gilt normalerweise mehr den Papuas als den Amerikanern. Wie dem auch sei, Björn und Glenn harpunieren zusammen (nichts), und zum Abendessen werden wir zu Langusten (von den Papuas gegen Angelzeug eingetauscht) und Wein aufs Nachbarboot gebeten. Kulinarisch ein Genuss, doch mit den Gesprächsthemen hapert es mittlerweile schon ein wenig. Über vergangene Reisen haben wir uns zur Genüge ausgetauscht und über Politik und Gesellschaft zu reden entpuppt sich als wenig fruchtbar. Schade.

*

Tags darauf weht ein frischer Wind über die türkisblaue, vom Riff gut geschützte Lagune, in der sich unsere beiden weißen Segelboote drehen. Natürlich weht er aus Nordost, woher sollte er auch sonst kommen. Aber immerhin, wir müssen nicht schwitzen. Wir nutzen die Zeit und reparieren ein paar kaputte Nähte an Bimini und Sprayhood. Und üben uns an Land darin,

Kokosnüsse zu entschälen. Bisher hatte sich für mich noch nie die Notwendigkeit beziehungsweise die Gelegenheit ergeben, die »Innennuss« aus der »Außennuss« herausbekommen zu müssen. Auf dem Markt, in den Dörfern wurden uns die Essnüsse stets entkleidet angeboten, ebenso, wie wir sie aus den deutschen Supermärkten kennen. Doch hier, auf dem kleinen *motu* am Außenriff liegen so viele heruntergefallene Nüsse herum und warten förmlich darauf, »ausgepackt« zu werden. Wie das funktioniert, zeigt mir mein neuer Lehrer mit Begeisterung, ein junger Papua, der mit seiner Familie hier lebt. Mit einem in die Erde gerammten, spitzen Stock und viel Gewalt werden wir die zähe Basthülle los. Eine äußerst langsame und äußerst mühselige Prozedur. Ich bin stolz wie Oskar, als ich, zurück an Bord, Björn meine erste eigenhändig geschälte Kokosnuss präsentiere.

Später lockt Glenn uns auf die HORNPIPE zum Videoschauen. Er ist sehr stolz auf seinen Computer und die vielen, in Rabaul günstig erstandenen CD-Roms. Auch für uns hört es sich erst einmal super an. Endlich mal wieder Kino! Und, o Wunder der Technik, ein Film mit dem Titel *A simple plan* flimmert bald darauf vor unseren Augen über den Monitor.

Doch nach nicht mal einer Viertelstunde werfen Björn und ich uns verzweifelte Blicke zu. Langeweile macht sich breit. Und ist Fernsehgucken in Gesellschaft nicht sowieso absurd? Vier erwachsene Menschen starren mehr oder weniger gebannt auf diese kleine flimmernde Mattscheibe, anstatt sich zu unterhalten oder irgendetwas miteinander zu unternehmen. Höflich halten wir bis Mitternacht durch und ertragen das Genuschel der Schauspieler; vom Videogucken sind wir jedenfalls vorerst kuriert, besonders in einer Gegend, wo nur einen Steinwurf weiter die Menschen in Einbäumen durch die Gegend fahren und abends bei Petroleumlicht in ihren Hütten hocken.

*

Dann fährt die HORNPIPE ab – nach Kavieng zum Ausklarieren

und von dort weiter nach Mikronesien. Jetzt haben wir die ganze grüne, hügelig-gezackte Insel für uns allein und brechen auf zum Erkunden der anderen Seite. Drei Meter hohe Wellen brechen sich am Rand der Passage, durch die wir mit leicht mulmigem Gefühl motoren. MICO schlingert durch Kreuzsee-Kabbelwellen. Auf der Südseite der Passage wird das Wasser ruhiger, ist aber weit davon entfernt, eine geschützte Bucht genannt zu werden. Nur weil auf unserer Seekarte Dorf und Anker eingezeichnet sind, ankern wir kurz darauf trotzdem – und zwar ungeschützt vorm Riff auf Legerwall. Ein völlig bescheuerter Ankerplatz, aber irgendwie zieht es uns gerade hier an Land. Aus einer Gruppe Papuas, die uns vom Strand aus beobachten, löst sich eine Frau und kommt auf uns zu.

»Willkommen, ich bin Cecilia. Wie heißt ihr?«

Björn kann vor Erstaunen kaum antworten. Es ist das erste Mal, dass er in PNG von einer Frau direkt angesprochen wird.

»Kommt doch mit zu unserem Haus. Da können wir sitzen und reden«, lädt sie uns ein.

Na, wenn das keine Begrüßung ist. Im Schatten vor ihrer Hütte stellt uns Cecilia ihre Familie vor: ihren Mann Temarama und die vier Kinder Elisa, 17, Bianca, 13, Alistair, 12, und Natascha, 4 Jahre alt. Temarama ist, wie man am Namen erkennen kann, Polynesier und stammt von Nuguria, der Nachbarinsel, die wir als Nächste besuchen möchten. Cecilia dagegen ist Bougainvillesin durch und durch. Bereits nach wenigen Minuten schwärmt sie uns von ihrer Heimatinsel vor, auf die sie, sobald die politischen Verhältnisse es zulassen, sofort wieder zurückkehren möchte. Für sie stellt Feni nur eine Zwischenstation dar, ein Flüchtlingslager sozusagen. Als Übergangslösung für die nächsten Jahre versucht die Familie, die heruntergekommene Kopra-Plantage von Temaramas Vater, der vor Jahren ebenfalls mal auf Feni lebte, zu bewirtschaften und wieder aufzupäppeln. Als wir mehr über die Hintergründe des Ereignisses erfahren wollen, das alle stets nebulös nur als »die Krise« bezeichnen, hören wir, dass an die 15 000 Einwohner von Bougainville sie mit dem Leben bezahlt haben. »Die Krise« begann, weil ein Minen-Konzern nach den Regeln der westlichen Industriegesellschaft nach Gold und etwas Silber schürfen ließ, ohne die Landeigentümer daran ausreichend zu beteiligen oder die Tabus der Südseekultur zu respektieren. Der Gewinn aus der Mine, der nur zu fünfzig Prozent in die Staatskassen von Papua-Neuguinea floss, deckte aber damit zu einem großen Teil den Staatshaushalt. Mehr erfahren wir zunächst nicht.

Im Moment scheint die Bougainville-Krise jedenfalls in weite Ferne gerückt. Ein anderes Ereignis beschäftigt die Menschen auf Feni. Vor wenigen Tagen begann nach zweimonatiger Ferienzeit wieder die Schule in ganz PNG. Das bedeutet, dass alle älteren Kinder, die weiterführende Schulen besuchen, ihre Heimatinseln verlassen und die nächsten Monate in der Schule oder bei Verwandten wohnen müssen. Dementsprechend voll ist das einzige Schiff, das die Passagiere auf den verstreut liegenden Inseln östlich von New Ireland aufsammelt. Auch Elisa, die älteste Tochter, war mit diesem Schiff nach Kavieng unterwegs, das im äußersten Norden der dreihundertfünfzig Kilometer langen und nur zehn Kilometer breiten Insel New Ireland liegt. Temarama begleitete sie. Sie waren zwei der zweihundert Passagiere, die an Bord des kleinen Dampfers Platz fanden, der offiziell für vierzig Personen zugelassen ist. Typisch PNG. Und typisch für die meisten Entwicklungsländer. Bitter, bitter.

Die ersten Stunden der ungefähr sechsunddreißigstündigen Reise verliefen noch ohne Zwischenfälle. An jeder Insel auf dem Weg wurde gestoppt, um noch mehr Passagiere aufzunehmen. Dann, kurz vorm ersehnten Hafen, bekam das Schiff bei höherem Wellengang plötzlich Schlagseite – und sank innerhalb von wenigen Minuten. Glücklicherweise befanden sich die meisten Passagiere an Deck, glücklicherweise können in PNG fast alle Menschen schwimmen, und glücklicherweise passierte das Unglück nur zweihundert Meter vom Land entfernt. Fast alle Menschen konnten sich aus eigener Kraft in Sicherheit bringen, doch für neun kam jede Hilfe zu spät. Darunter waren drei Bewohner von Feni.

Temarama und Elisa wurden wie alle anderen auch mit dem nächsten Boot zurückgeschickt, um sich zu Hause erst einmal von dem Schock zu erholen. Und um die Unfallopfer bestatten zu können. Für die Schüler beginnt die Schule in diesem Jahr vier Wochen später.

Cecilia möchte von uns Geschichten aus der Welt da draußen hören. Neugierig fragt sie uns über unsere Reise aus, über die Inseln, die wir besucht haben, über unsere Gefühle für PNG. Sie hungert förmlich nach Informationen, und wir erzählen ihr von unserem Leben zu Hause, zeigen unseren Traumtänzer-Prospekt, Fotos von der Familie. Überhaupt sind alle, die wir zu Gast an Bord haben, immer ganz wild darauf zu erfahren, wie es anderswo, wie es bei uns zu Hause aussieht. Wie wir wohnen, wie Landschaft und Städte, Eltern und Freunde aussehen. Das Leben auf einer so kleinen Insel bietet eben nicht allzu viel Abwechslung, neue Informationen dringen nur spärlich über das Meer herüber. Und wir verstehen, dass Fremde hier so gerne gesehen sind, weil sie die Fremde so nahe bringen.

Vor lauter Erzählen bemerken wir kaum, dass dunkle Gewitterwolken am Himmel aufziehen. Die ersten Böen einer Squalline lassen MICO am Ankerplatz auf- und niedertanzen. Wir sollten uns schleunigst aus dem gefährlichen Legerwall davonmachen. Es bleibt kaum Zeit, uns zu verabschieden.

»Wir kommen morgen wieder. Ganz bestimmt!«

Im strömenden Regen motoren wir unter der Wolke weg und fallen auf der geschützten Leeseite der Nachbarinsel bereits um sieben Uhr todmüde ins Bett. Schlafen!

*

Allerdings nur bis fünf Uhr. Dann schiebt die nächste Regenfront MICO bis auf zwei Meter neben einen aufragenden Korallenblock. Da an Schlaf nicht mehr zu denken ist, nutzen wir die Morgenstunde, um unseren potenziellen Unfallgegner, ein Prachtexemplar von Koralle, schnorchelnderweise zu begutachten. Als ich wieder aus dem Wasser komme, wird jede meiner Bewegungen, besonders das Abduschen und Abtrocknen, von einer Horde Kinder auf dem Riff unter lautstarkem Gejohle kommentiert. Habe ich jetzt einen Fanclub?

Auch auf dieser Seite der Insel scheinen nicht häufig Segelboote vorbeizukommen. Das wundert mich nicht bei solch einem steil abfallenden Riff als einzigen möglichen Ankerplatz. Also sind wir natürlich die Attraktion! Kinder in Kanus blinzeln immer wieder durch MICOs Luken und verfolgen jeden meiner Handgriffe, als ich einen Schokoladenkuchen backe. Ein junger Mann, der bei uns Früchte gegen Kinderkleidung getauscht hat, sitzt derweil als unser Gast im Salon und bestaunt, fleißig die Schokoladenteiglöffel ableckend, die Einrichtung.

Mittags kehren wir an unseren ersten Ankerplatz zurück. Wir brauchen Trinkwasser. Gerade ist Ebbe, was bedeutet, dass das Frischwasser aus einer Süßwasserblase unterhalb der Insel an verschiedenen Stellen auf dem jetzt vom Meer freigelegten Strand hervorquillt. Überall sprudelt leckeres Trinkwasser aus dem Sand, und nur zwei Meter weiter schwappen die salzigen Wellen des Pazifiks. Das nenne ich Luxus. Ebenso wie den Trägerservice. Hundertsechzig Liter Wasser zu schleppen, ist in PNG normalerweise nie ein Problem, denn immer und überall finden sich sofort ein paar junge Männer ein, die zumindest mir den Kampf mit den schweren Wassertonnen gerne abnehmen.

Nach der Arbeit das Vergnügen: Cecilia lädt uns zu einem Familienausflug auf papua-neuguinesische Art. Wir gehen alle zusammen baden. Nein, nicht im Meer, das wäre ja langweilig, das tut man hier jeden Tag sowieso mehrere Male. Sondern im Swimmingpool. Mitten im Wald sickert nämlich kristallklares Wasser aus dem Boden und formt tiefe, runde Teiche. Wir springen – und zwei, drei Meter tiefer schlägt frisches, eisgrünes Süßwasser über uns zusammen. Ein umgestürzter, rutschiger Baumstamm dient als Badeleiter. Dank der Erziehungsarbeit der katholischen Missionare baden wir übrigens alle sittlich bedeckt in unserer Kleidung. Bianca behält sogar ihre Badelatschen dabei an. Als ganz besonders sittlich gilt es, wenn man wie ich in Wickelrock und bauchfreiem Top badet. Beides schwimmt im Wasser hervorragend auf – und die jungen Männer, die uns begleiten, haben was zu gucken. *Anyway*, Spaß bringt's allemal.

In Cecilias Küchenhütte findet am Abend ein internationales Essen statt. Wir steuern einen riesigen Topf Spaghetti mit Schafskäsesoße bei. Auf melanesischer Seite werden frisches Baumblattgrün in Kokosnusscreme, Reis und Kochbananen aufgefahren. Das liebe ich am Seglerdasein. Wir sind nicht wie die anderen Reisenden von den Einheimischen abhängig und müssen auch nicht für alles in barer Münze bezahlen, was wir haben oder essen oder sehen wollen. Wir sind so gut wie autark und werden auch nicht als Geldesel angesehen, die man melken kann, sondern als willkommene Besucher. Und das Schönste: Wir können uns für die Freundlichkeit, die uns entgegengebracht wird, mit anderen Dingen als mit Geld revanchieren. Mit Einladungen an Bord, Jongliershows oder, wie jetzt, mit selbst gekochtem europäischem Essen. Mal sind wir Gast, mal Gastgeber. So gefällt mir das.

Nach dem Essen kommt Björns großer Auftritt: Langustentauchen in der Nacht! Sechs Männer und eine Taschenlampe stürzen sich tapfer in die schwarzen Fluten am Riff und treffen auf unzählige Fische und Langusten, die an ihren im Lampenlicht rötlich leuchtenden Augen einfach auszumachen sind. Sie begegnen sogar einem Hai. Zwei Stunden später stehen sie vor Kälte zitternd und zähneklappernd und um eine wahrscheinlich sehr interessante Erfahrung reicher wieder vor uns und präsentieren uns Frauen stolz ihre ansehnliche Beute.

Cecilia und ich hocken in der Zwischenzeit in der Esshütte

vor dem Feuer, kochen und trinken Tee. Kinder flechten meine glatten, blonden Haare. Cecilia mit ihrer pechschwarzen Haut ist im flackernden Licht des Feuers kaum zu erkennen. Zum ersten Mal sitze ich ohne Björn in einer Hütte, zum ersten Mal seit langem klöne ich wieder mit einer Frau. Es ist urgemütlich. Sie erzählt mir von ihrem eng mit der Bougainville-Krise verflochtenen Schicksal. Von den Unabhängigkeitsbewegungen in Bougainville, die seit Anfang 1970 aktiv sind, da sich die Insulaner sowohl wegen ihrer geografischen Lage als auch ihrer sehr dunklen Hautfarbe und den Bräuchen mehr zu den nahe gelegenen Salomoninseln als nach PNG hingezogen fühlen. Von den Menschen auf Bougainville, die allgemein als fleißig und intelligent gelten, und von den Herabwürdigungen, die sie trotz ihrer hohen Positionen in Wirtschaft und Verwaltung im Hochland und auf anderen Inseln PNGs von neidischen *redskins*, wie die Papuas aufgrund ihrer braunen Hautfarbe von den tiefschwarzen Bewohnern Bougainvilles genannt werden, ertragen mussten. Und von der äußerst ergiebigen Kupfermine auf Bougainville. Sie berichtet von der Bougainville Revolution Army (BRA), die sich aus Offizieren und sich betrogen fühlenden Landeignern zusammensetzte, und zwar mit dem Ziel gegründet wurde, alle Nicht-Bougainvilleser von Bougainville (wovon also auch Temarama betroffen war) zu vertreiben. Hintergrund war, dass viele der Minenarbeiter vom *mainland* stammten und durch *Rascal*-aktivitäten, besonders Mord und Vergewaltigung, den Zorn der Bevölkerung auf sich gezogen hatten. In den nächsten Jahren setzte die BRA unter ihrer Gewaltherrschaft die selbst erlassenen Gesetze durch und entwickelte sich zu einer Terrororganisation. Im September 1989 wurde die Armee von PNG nach Bougainville geschickt, um wieder Recht und Ordnung herzustellen. Nach einem halben Jahr Kampf wurde ein Waffenstillstand vereinbart, die Armee verließ die Insel. Von dieser Zeit an war Bougainville komplett von der Außenwelt abgeschnitten, es gab keine Schiffe oder Flugzeuge in das Land hinein oder aus dem Land heraus, keine Kommunikation, keine Information. Und jeder Bougainvillese musste zur »Befreiung« Bougainvilles ein Kopfgeld an die BRA für Waffenkäufe zahlen. 1991 rückte die Armee von PNG zum zweiten Mal in Bougainville ein, und es begann ein sechs Jahre dauernder zermürbender Krieg, bei dem das Ziel völlig aus den Augen verloren wurde und in dem sich schließlich Geschwister, Verwandte, Freunde bekämpften und niedermetzelten. Cecilia berichtet von der Flucht der Bevölkerung in die Berge und ihrem eigenen mühsamen Entkommen zwei Jahre später mit dem letzten Boot, das die Insel verlassen konnte. Und sie erzählt von den Lieferungen hochmoderner Waffen unbekannter Herkunft, die trotz eines Embargos auf die Insel gelangten, vom Eingreifen der internationalen UN-Beobachtergruppe, der darauf folgenden so genannten Entwaffnung der BRA (die natürlich nur alte kaputte Gewehre abgeliefert hatte) und von der Gewalt und Willkür, womit nach den offiziellen Friedensverhandlungen auch weiterhin die Bevölkerung unterdrückt wurde. Und von der Mine, die seit Beginn »der Krise« stillgelegt ist, was einigen ausländischen Firmen und Regierungen sehr gelegen kommt. Ich höre zu und komme zu dem Schluss, dass es wohl auch hier wieder einmal nur um die Rohstoffe geht.

Lange liege ich in dieser Nacht wach und lausche dem Knacken unseres Bootes in den Wellen. An Deck hat sich der Spinnakerbaum gelöst und rollt alle zweieinhalb Sekunden gegen die Handreling. Klack. Klack. Wie gerne würde ich jetzt trotz Riff und Dunkelheit mit QUIETSCHIE an Land fahren und Cecilia fragen, ob sie irgendwo noch eine Matte für mich übrig hat. Manchmal beneide ich die Landmenschen sehr ... Klack. Klack. Klack. An Schlaf ist nicht zu denken. Stattdessen fangen meine Gedanken an zu wandern. Wann hatten wir das letzte Mal einen so furchtbaren Ankerplatz? In PNG zum Glück überhaupt noch nicht, aber in Australien auf der letzten Reise. Björn meinte mal, die ganze australische Küste sei ein einziger katastrophaler Ankerplatz. Ganz Unrecht hat er damit nicht.

Ich erinnere mich nur ungern an das einzige Mal, als wir es auf dem schaukelnden Boot nicht mehr ausgehalten und aus diesem Grund die Nacht an Land verbracht haben. Das war vor Moreton Island, einer wunderschönen Sandinsel direkt vor der Millionenstadt Brisbane. Ein langer, ekliger Schwell ließ unser Schiff wie ein Stehaufmännchen hin und her eiern. Björn und ich hatten nicht im Mindesten Lust, uns die Nacht auf unserem schaukelnden Untersatz um die Ohren zu schlagen. Außerdem sahen die Sanddünen am Ufer mit ihren herrlich geformten Hügeln und Tälern recht vielversprechend aus. Kurzentschlossen warfen wir Bettzeug, Moskitonetz und zwei Sitzkissen als Matratzenersatz ins Schlauchboot und fuhren an Land. MICO überließen wir ihrem Schicksal, was wir aber ein paar Stunden später bitterlich bereuten.

An Schlaf war in den Dünen kaum zu denken, der feine Sand fand innerhalb kürzester Zeit seinen Weg unters Moskitonetz und in unsere Augen, unsere Ohren, zwischen die Zähne und unter die Decken. Überall knirschte, juckte und rieselte es. Am nächsten Morgen krochen in aller Frühe die gleißenden Sonnenstrahlen über den Kamm der Sanddüne vor uns. Wir krümelten uns die letzten Sandkörner aus den Augenwinkeln und stapften barfuß auf die höchste Düne. Welch herrlicher Tag nach dieser schrecklichen Nacht! Die strahlend hellen Sandberge mit ihren sanft geschwungenen Formen, dahinter das leuchtende Türkis des flachen Wassers, das langsam in ein sattes Dunkelblau überging, und über allem die kleinen verspielten Schäfchenwolken erfreuten uns außerordentlich.

Doch dann! Björn sah es als Erster: Alle Boote waren weg! Die fünf Yachten, die neben uns geankert hatten, waren offensichtlich schon in den frühen Morgenstunden aufgebrochen. Doch wo war unser Boot, wo war MICO? Panik stieg in uns auf. Hatte jemand sie gestohlen oder hatte sie sich im Laufe der Nacht losgerissen und trieb nun mutterseelenallein auf dem offenen Meer herum? Wir suchten mit unseren Augen den Horizont ab. Nichts!

»Da!«

Björn zeigte plötzlich mit dem Finger auf das Flachwasser ein paar hundert Meter weiter links von uns. Da lag im herrlichsten Sonnenschein ein Boot wie von einer Riesenhand auf die Sandbank gelegt. Ein weiß-schwarzer Farbklecks im leuchtenden Türkis. MICO! Verdammt! Wir rannten zum QUIETSCHIE, das, weil mittlerweile Ebbe herrschte, auf dem Trockenen lag, und schleppten erst das Schlauchboot, dann den 10-PS-Außenborder samt Benzintank ins knietiefe Wasser. MICO lag weiter friedlich auf der Seite, und während wir näher kamen, wurde das Wasser sogar für QUIETSCHIE zu flach. Wir wateten also die letzten Meter zu MICO. Was Björn befürchtet hatte, war geschehen: Unser schöner CQR-Anker samt dreißig Meter Ankerkette war weg, am Boot hing nur noch ein Rest vom Ankertau. Das Tau hatte sich in der Nacht durch das elendige Geschaukel durchgescheuert und verabschiedet. In der nächsten halben Stunde waren wir vollauf damit beschäftigt, unseren Danforth als Ersatzanker ausbeziehungsweise anzubringen. Gott sei Dank sah an Bord alles aus wie immer – abgesehen von der 60-Grad-Schräglage und dem Haufen Bücher auf dem Fußboden. Ich kletterte über die Seitenwände der Schapps durchs Schiffsinnere, fragte über UKW beim Hafenkapitän von Brisbane nach Hilfe. Aus eigener Kraft wären wir hier nie und nimmer weggekommen, und kaum zehn Minuten später knatterte vom Festland ein Hubschrauber zu uns herüber.

»Mann, sind die von der Küstenwache schnell«, wunderten wir uns.

Doch denkste! Dass der Hubschrauber nicht gekommen war, um uns zu helfen, verstanden wir in dem Moment, als wir den Kameramann in der offenen Tür des Hubschraubers sahen. Und die Aufschrift an dem Heli entziffern konnten: Channel 5. Das hatte uns gerade noch gefehlt. Fernsehen. Als gestrandete Oberdeppen durften wir die Sensationsgier des regionalen Queensland-Senders befriedigen. Als eine Viertelstunde später der nächste Hubschrauber, diesmal Channel 7, über uns kreiste, wurden wir stinksauer. Zum Anglotzen kamen die Leute, zum

Helfen nicht. Andere Segler begutachteten aus der Ferne per Fernglas unser Missgeschick – und die irgendwann eingetroffene Coastguard meinte, sie könnte uns nicht von der Sandbank ziehen, dafür wäre unsere Klampe im Bug zu klein und zu schwach.

Also halfen wir uns selbst, das waren wir eh gewohnt, und warteten auf die Flut. War das Wasser bei unserer Ankunft gerade mal dreißig Zentimeter tief gewesen, so stieg es jetzt langsam aber stetig auf achtzig, neunzig Zentimeter, dann einen Meter. Doch jede Welle, die das ersehnte Hochwasser mit sich brachte, drückte MICO weiter auf die Sandbank, und der Wind half fleißig mit. Nur der Danforth-Anker, den Björn gleich zu Anfang fünfzig Meter entfernt in tieferem Wasser ausgebracht und dort eigenhändig tief in den Sand eingegraben hatte, hielt uns auf der Stelle. Gut, dass wir noch von der Querung des Panamakanals diese dicken 50-Meter-Trossen hatten, die jetzt vom Anker über den Bugkorb bis zu den Winschen im Cockpit reichten. Und dort saß ich mit der Winschkurbel und hoffte auf ein Wunder. Das Wasser stieg aber noch immer. Ich winschte und winschte, und nur langsam drehte sich MICOs Bug vom Land weg Richtung Anker und bot zumindest dem zunehmenden Wind nicht mehr die volle Breitseite. 1,20 Meter, sagte das Echolot. Noch dreißig Zentimeter fehlten. Ich spürte höllische Schmerzen in meinen Armen vom vielen Kurbeln. Björn war viel zu nervös, um mir zu helfen, und rannte aufgeregt im Bug herum, kontrollierte das Tau, gab Anweisungen. Ein Meter vierzig! MICO richtete sich langsam auf. Wums. Jede neue Welle hob MICO sanft an, ließ sie dann aber wieder brutal auf den Sandboden zurückkrachen. Wums! Ich kurbelte, als ginge es um mein Leben. Wums! Noch ein bisschen, nur ein ganz kleines bisschen musste das Wasser steigen. Wums! Stille! MICO hatte sich aufgerichtet. Ich wartete auf den nächsten Rums. Doch der blieb aus. Wir schwammen! Unglaublich, aber wir schwammen. Überglücklich fielen wir uns in die Arme, veranstalteten einen Freudentanz und schworen uns, ab sofort nur noch mit Kette zu ankern.

Ja, und daran haben wir uns auch gehalten, denke ich schlaftrunken und kuschle mich tiefer in mein Kopfkissen. Um uns herum lauern heute keine Sandbänke auf MICO, sondern scharfe, harte Korallenriffe. Mit dem beruhigenden Gefühl, dass uns das Schicksal bestimmt auch in Zukunft immer dann lernen lässt, wenn keine direkte Gefahr für unser Boot und unser Leben droht, schlafe ich endlich ein.

*

Die Nacht ist kurz und grauenhaft. Wir sind beide mehr als gerädert und deshalb schlecht gelaunt – besonders Björn. Eigentlich wollten wir heute zusammen mit Cecilias Familie per Trecker, dem üblichen Fortbewegungsmittel hier, zu den heißen Quellen auf der anderen Seite der Insel fahren. Doch noch immer sind die Beerdigungszeremonien in den einzelnen Dörfern nicht zu Ende, was bedeutet, dass die drei auf Feni vorhandenen Trecker belegt sind.

»Fahrt doch per Boot dahin!«

Übermüdet, wie wir sind, ist uns alles egal. Also folgen wir dem Vorschlag. Das bedeutet für mich allerdings, drei nicht enden wollende Stunden mit einem ungenießbaren Mitsegler in die nächste, zumindest halbwegs ruhige Bucht zu segeln. Ansprechen darf ich ihn nicht, da der Herr seine Ruhe haben will. Solche Tage liebe ich!

*

Nach zwölf erholsamen Stunden Schlaf herrscht am nächsten Morgen weiterhin Kriegsstimmung an Bord. Keine fünf Minuten vergehen ohne irgendwelche sinnlose Provokationen. Gemeinsam, aber schweigend schaffen wir zumindest einen kurzen Spaziergang zu einem kleinen Flüsschen. Heißes Wasser sprudelt unter den Steinen hervor. Zum Wäschewaschen und Kochen mag es ja ganz praktisch sein, aber sonst?

Wir beschließen zurückzusegeln und überlegen, ob wir nicht heute noch weiterfahren sollen. Dort, wo man auf Feni gut ankern kann, haben wir bis jetzt keine netten Menschen kennen gelernt, und dort, wo unsere neuen Freunde wohnen, kann man nicht ankern.

Immerhin herrscht Wind, aber noch immer, wie sollte es anders sein, aus Nordost. Es ist wirklich kein Vergnügen zu erleben, wie sich die Wetterkarten aus schlauen Büchern nicht im Geringsten mit der Realität decken. Wo ist denn, bitte sehr, der viel gepriesene Südostwind? Windstille, bedingt durch die Äquatornähe, ließen wir uns ja noch gefallen. Aber Nordost?! Hier darf zu dieser Jahreszeit gar kein Nordostwind wehen!

Temarama und Cecilia sitzen mit ein paar Nachbarn am Strand, vielleicht warten sie ja auf uns. Der Anblick der beiden, die im Schatten der Bäume eine entspannte Zufriedenheit ausstrahlen, berührt mich tief. Die zwei wissen, davon bin ich fest überzeugt, wie gut sie es haben, wissen um die Schönheit des Meeres vor ihrer Haustür. Wozu sollen sie mehr arbeiten und sich – nach westlichem Leistungsdenken – tagtäglich mit ihrer kleinen Kokosplantage abrackern, um sie größer und ertragreicher zu gestalten? Um nach Jahren harter Arbeit endlich genug Wohlstand zu besitzen und sich von einem bequemen Lehnstuhl aus endlich wieder die Farbenpracht eines Sonnenunterganges überm Meer anschauen zu können? Mir scheint, die meisten Menschen in PNG kennen die Sage vom alten Fischer, der jeden Tag nur einen Fisch fängt und den Rest des Tages das Leben genießt. Und sie leben danach. Weise sind die Menschen hier.

Nur wir dummen Europäer müssen arbeiten und unsere Wäsche waschen. Björn hockt bereits im Sand und schrubbt, umringt von einem Dutzend sich blendend amüsierender Papua-Frauen. Anscheinend hat hier noch nie ein Mann, geschweige denn ein weißer, Wäsche gewaschen. Der weiße Riese bemüht sich zwar um Sauberkeit, doch Flecken bleiben Flecken. Wir haben bereits auf der letzten Reise unsere Konsequenzen daraus gezogen und die weiße Unterwäsche samt hellen T-Shirts verbannt und gegen schwarze und graue eingetauscht.

Dann wollen wir weiter. Björn lässt es sich nicht nehmen und zeigt zum Abschied unseren Freunden noch ein paar Jongliertricks. Doch die Zeit drängt, und Temarama gibt uns zwei Briefe mit, für seinen Vater und den Lehrer auf Nuguria. Und Früchte. Und Kokosnüsse. Zum Schluss stehen alle unter den Bäumen am Strand und winken, während wir uns mit QUIETSCHIE zum letzten Mal den Weg durchs Riff bahnen. Sie werden immer kleiner und dunkler und sind schließlich aus unserem Sichtfeld verschwunden. Übrig bleibt wie immer nur die Erinnerung. Und die Freude darüber, erneut liebenswerte Menschen kennen und schätzen gelernt zu haben – nur war diesmal die Zeit vielleicht wirklich etwas zu kurz.

Appetit auf Mikronesien

Kapingamarangi

Knirschende Geräusche an der Ankerkette lassen mich kaum Schlaf finden. Dazu diese schweißtreibende Hitze. Der Wind wird doch wohl nicht etwa ...? O doch, bis auf einen leichten Windhauch hat sich der Nordost vorerst verabschiedet. Was nun? Was tun? Wir beschließen, trotzdem aufzubrechen. Zwei Tage und eine Nacht sollten für die achtzig Seemeilen nach Nuguria ausreichen.

Bye-bye, Berge von Feni, ab jetzt gibt es nur noch Atolle, *bye*, Melanesier, die nächsten Inseln sind von Poly- und Mikronesiern bewohnt, und *bye-bye*, ihr unsäglich nervigen Fliegen. Lasst euch von jemand anderem totschlagen!

Erste Versöhnungsgespräche zwischen Björn und mir finden statt, fallen aber noch nicht auf fruchtbaren Boden. Worüber wir uns in den letzten Tagen gestritten haben? Keine Ahnung. Es muss etwas Unbedeutendes gewesen sein, wie eigentlich immer. Unsere durchschnittliche Reisegeschwindigkeit: eineinhalb Knoten, Kurs Nord. Leider liegt Nuguria im Osten. Flapflap macht das Segel, bäh macht der Björn. Nach fünf Stunden Herumeiern will der Mann aufgeben, zurück zu unserem allerersten Ankerplatz auf Feni »driften«. Denn motoren dürfen wir nicht. Dieselsparen für die Äquatorüberquerung heißt die von ihm ausgegebene Devise. Ich rebelliere, will weiter in die richtige Richtung. Versuche mein Bestes mit Motorsegeln und schaffe eine lächerliche Seemeile in einer Stunde.

»Lass uns erst mal nach Norden segeln, den 60-Grad-Kurs nach Nuguria schaffen wir eh nicht.«

Nach Norden zu segeln ist bei dieser Miniwelle und dem leichten aufkommenden Windhauch angenehm. Und schön. Und so trocken, dass wir auf der Kante sitzen und die Beine baumeln lassen können. Zum Sonnenuntergang im leuchtenden Orange ertönt das *Officium* mit Jan Gabarek aus unserer Ministereoanlage. In der Ferne schimmern die allerletzten Umrisse von Feni. Es könnte schon fast wieder romantisch sein.

In dieser Nacht bekomme ich meine Gedanken nicht ausgeschaltet und kann nicht einschlafen. Ich sitze zwischen zwei und vier Uhr nachts im Cockpit und starre den kalten, weißen Halbmond an. Normalerweise liebe ich diese Stunden in der Nacht, die Zeit, in der nichts passiert, das sanfte Geräusch der Wellen, die MICO durchschneidet, den Mond, der unser Boot in ein bleich schimmerndes Licht taucht, das Meer versilbert, die Luft verzaubert. Die Zeit steht still in solchen Nächten. Ich werde mir dann bewusst, was für ein winziger, nichts sagender Punkt auf diesem unendlich weiten Wasser ich bin. Doch dieser Gedanke macht mir keine Angst. Im Gegenteil. In diesen Momenten fühle ich mich wunderbar, weil ich durch diese vom Mondlicht durchflutete Schönheit segeln darf. Mit jeder Zelle meines Körpers nehme ich sie auf. Nur für mich badet das Meer alles in flüssiges Silber. Ich liebe solche Nächte sehr.

Doch heute Nacht ist alles anders. Zu viele sinnlose Gedanken schwirren durch meinen Kopf. Ich will nach Nuguria! Doch die aktuellen Bedingungen wollen das nicht zulassen. Warum stelle ich mich dann trotzig dagegen? Ich weiß doch, dass es nichts bringt. Das haben wir in den vergangenen Wochen gelernt. Das Leben weiß besser als wir, was gut für uns ist. Vielleicht werde ich die Gründe im Nachhinein erkennen und gutheißen. Vielleicht werden sie mir auch für immer verborgen bleiben. Aus der Rückschau gesehen, macht aber doch das meiste seinen Sinn.

*

Am nächsten Morgen werde ich mit den freundlichen Worten begrüßt: »Wir segeln durch nach Kapingaramangi, nach Nuguria kommen wir bei diesem Wind nie und nimmer!«

Nein! Mein letztes PNG-Inselchen! Und außerdem: Was wird aus den Briefen?

Doch der auffrischende Wind gibt uns keine Chance, auch nur ein paar Meilen nach Osten gutzumachen. Und für den Kurs nach Kapingaramangi können wir im Moment zumindest Segel setzen.

Mir soll alles egal sein. Ich bin todmüde und versuche es nach dem Frühstück sogar mit einer Schlaftablette. Doch es ist zu heiß und zu schaukelig zum Schlafen. Dösend und fressend verbringe ich den Rest des Tages, das sind immerhin zehn Stunden, und im Cockpit liegend, stopfe ich alles Essbare, was ich finde, in mich hinein. Immerhin ist die Zeit gerecht: Auch miese Tage nehmen einmal ein Ende.

*

Trotz unseres Kurses hoch am Wind ist das Segeln fast angenehm. Mit kleiner Fock und Kuttersegel braust MICO tausendmal besser durchs Wasser als mit der großen Genua. Außerdem war die Nacht doch noch zum Schlafen da. Das Leben hat mich deshalb wieder. Dafür ist Björn jetzt schlapp, fühlt sich matschig und zerschlagen. Neue eiternde Wunden übersäen seine Hand- und Fußknöchel. Nicht einmal sein Lieblingsessen, Papaya in Vanillesauce, hilft. Immerhin reden wir mittlerweile wieder halbwegs normal miteinander.

Endlich kommen wir voran, machen gute Seemeilen wett. Zufrieden male ich mittags ein Kreuzchen auf unser Stück Butterbrotpapier, das uns für die Strecke zwischen PNG und Mikronesien als Seekartenersatz dient. Für teures Geld eine Extra-Seekarte für ein Gebiet zu kaufen, in dem es sowieso nichts als Wasser gibt, fanden wir überflüssig. Also liehen wir uns in Townsville von einem Segler die passende Karte aus und pausten die paar Inselchen darauf durch. Ich finde das Verfahren praktisch – als »arme Studenten« sind wir nach dieser Methode über den halben Pazifik gesegelt.

Traurigkeit macht sich in mir breit. Soll es das jetzt gewesen sein? Nur zweieinhalb Monate Papua-Neuguinea? Noch lebe ich in Gedanken in diesem Land, habe das Gefühl, es sollte ewig so weitergehen mit den bezaubernden Inseln und den liebenswerten Menschen. Doch PNG liegt unwiderruflich hinter uns. Nur mein Tagebuch bleibt, nein, die Fotos und die Erinnerungen bleiben auch. Wie gut werde ich sie in mir bewahren können, bevor sie verblassen im Laufe meines Lebens? Werde ich jemals hierher zurückkommen? Es sieht nicht danach aus. Mikronesien wartet auf uns, und danach Asien, der riesige Kontinent. Ach, PNG! Man kann mich blauäugig nennen oder naiv, meinetwegen sogar Traumtänzerin. Habe ich PNG nur durch die rosarote Brille gesehen? Ich wage zu behaupten, nein. Was wir erlebt und gefühlt haben, war Realität und kein Kleinmädchentraum. Andere Menschen werden vielleicht von PNG viel Negatives zu berichten wissen. Das tut mir für sie Leid, doch in gewisser Weise ist die Welt immer das, was wir von ihr denken. Punkt. Wir haben Positives erwartet und auch bekommen. Natürlich haben wir nur einen kleinen Ausschnitt von der Lebensweise der Papuas gesehen, hatten keine Möglichkeit, uns tiefer mit den gesellschaftlichen Problemen des Landes zu befassen. Doch war das wirklich ein Fehler? Jeder hat seine eigene Sichtweise von der Welt. Wir haben die unsere.

*

MICO plätschert sanft durch die Wellen. Immer schön brav und stabil auf Backbordbug. Wunderbares Segeln. Wir können sogar kochen, ohne uns festhalten zu müssen, und lesen ohne Schummergefühl. Es ist ein herrlicher Segeltag, ohne dass wir irgendetwas an der Segelstellung ändern müssen. So gefällt mir das Leben. Beim Segeln kann die Seele, im Gegensatz zum Fliegen, zumindest Schritt halten. Noch zweihundert Seemeilen bis KGM, so unsere Kurzfassung für Kapingamarangi, die Insel mit dem zu lang geratenen Namen.

Ob wir den Äquator diesmal bei Tageslicht begutachten dürfen?

Es ist kaum zu glauben, aber dann segeln wir tatsächlich *full speed* über die Linie! Das nur mal so zum Thema schlaue Handbücher mit ihren Angaben über innertropische Konvergenzzonen und Kalmengebiete. Die Realität sieht glücklicherweise für uns anders aus. MICO hat ein Etmal von hundertzwanzig Seemeilen unter Segeln zurückgelegt, das ist bei diesem Kurs und Wind weiß Gott nicht schlecht.

Noch fünf Seemeilen bis zum nullten Breitengrad, bis wir die Südhalbkugel, die lieb gewonnene, verlassen. Noch drei Seemeilen, dann wird MICOs Bug nach vier Jahren Abwesenheit wieder in die Gewässer der Nordhalbkugel eintauchen. Das Wasser im Klo gurgelt noch immer gegen den Uhrzeigersinn das Becken hinunter. Ich male Schilder »*Äquator* ->« und bin sogar bereit, für das obligatorische Äquatorfoto meinen bis dahin nackten Körper mit einigen wenigen Kleidungsstücken zu bedecken. Noch ein paar Minuten. Björn wacht aus seiner Lethargie auf und kann wieder grinsen. Dann springt die Anzeige vom GPS auf 00°00'00"00 und das S wird durchs N ersetzt.

Juchhuuu! Stimmung! Tröten! Ein Foto, bitte.

Im Anschluss gehe ich baden. Wage es, bei flatternden Segeln allein ins unergründliche wellige Blau zu springen – um einige Sekunden später bereits wieder am Bugkorb hochzuklettern. Ich hab's wirklich getan. Ein Bad in echtem Äquatorwasser!

Dann dreht der Wind leicht nach Nord. Da erwacht mein Kapitän endlich wieder voll zum Leben. Ohne zu zögern, schmeißt er den Motor an, und wir motoren unter Segeln ganz hoch am Wind direkt gen Norden. Wie wir die noch fehlenden fünfundzwanzig Seemeilen nach Ost zurücklegen sollen, werden wir am nächsten Morgen herausfinden.

Damit beginnt ein neues Kapitel: Mikronesien. Es ist genauso fremd und unbekannt, wie es Papua-Neuguinea vor ein paar Monaten für uns war. Wie werden wir in Empfang genommen, wie sollen wir uns dort verhalten? Werden die Männer genauso freundlich, zurückhaltend, neugierig und doch höflich sein? Werden die Frauen genauso warmherzig sein und sich immer im Hintergrund halten? Und werden uns die Kinder genauso jubelnd und lachend begrüßen und vergnügt den lieben langen Tag um uns herumspielen? Sind Yachten überhaupt erwünscht auf Kapingaramangi? Wir werden es erleben – morgen.

*

»Wer die Inseln zuerst sieht, darf heute Abend die Sektflasche öffnen.«

Ich darf, denn da liegen sie, im Halbkreis angeordnet, im strahlenden Sonnenlicht. Es ist für uns immer wieder ein faszinierender Anblick, wenn ein winziges, von Palmen bestandenes Sandinselchen nach dem anderen aus dem riesigen blauen Ozean auftaucht, bis schließlich das Gesamtwerk, das Atoll, in all seiner Pracht vor uns liegt. Ohne GPS glich die Suche nach diesen mikroskopisch kleinen Inseln früher manchmal einem Lotteriespiel. Ein bisschen mit dem Sextanten gewackelt beim Sonneschießen, nur fünf klitzekleine Seemeilen zu weit nach Steuerbord gesegelt, und schon kam man statt in drei Stunden in Kapingaramangi erst fünf Tage später auf dem Nachbaratoll an, der Insel mit dem betörenden Namen Sapwuafik. Wir dagegen werfen jetzt alle paar Minuten einen Blick aufs GPS und steuern zielstrebig der einzigen Passage zu. Oh, wie ich diese Einfahrten durchs Riff liebe! Erst schaukelt und eiert man Ewigkeiten am Außenriff entlang, das einem den ersehnten Weg in die geschützte Lagune dahinter versperrt, und auf einmal weicht das Riff zurück, öffnet sich und ein schmales dunkelblaues Band aus Wasser führt im Zickzack zwischen Korallenblöcken und Korallenwänden in die paradiesisch ruhige Lagune. Nach Bramble Haven und der Conflict Group endlich wieder ein Atoll!

Überall am Strand stehen offene Hütten, die ins Wasser hineinragen – und sich als Bootsschuppen entpuppen. Davor dümpeln weiß gestrichene *banana boats* mit riesigen Außenbordern dran. Hier scheint der Wohlstand ausgebrochen zu sein.

Als wir am späten Nachmittag an Land gehen, um bei *chief* George offiziell einzuklarieren (»Hallo, da sind wir. Dürfen wir ein paar Tage bleiben?« – »Ja.«), erwartet uns das Kontrastprogramm zu unseren Erlebnissen von PNG. Die Hauptinsel ist sehr dicht bebaut, eine einzige Wohnsiedlung mit großen, gepflegten Hütten, ohne Gärten und Freiflächen dazwischen. Die Wege sind breit, schnurgerade, fein geharkt, und jedes heruntergefallene Blatt wird offenbar sofort aufgehoben, alles strotzt nur so vor Sauberkeit und Ordnung. Teure Mountainbikes stehen vor gestutzten Hecken, hinter denen Radios dudeln. Stabile, moderne und neu gestrichene Gebäude beherbergen die offiziellen Einrichtungen wie Kirche und *office.* George sitzt in seinem Büro wie selbstverständlich vorm SSB und klönt mit jemandem auf der hunderte von Kilometern entfernten Hauptinsel Pohnpei. Zur nahen Nachbarinsel führt eine solide, hundert Meter lange Betonbrücke.

Dafür sind die Bewohner, allesamt Polynesier, fast ausschließlich mit sich selbst beschäftigt und würdigen uns kaum eines Blickes. Unser freundliches Nicken beim Spaziergang rund um die Insel wird nur sporadisch erwidert. Am Anlegesteg in der Lagune setzen wir uns zu ein paar Männern, die dort im Schatten spielen, klönen, rauchen. Doch auch hier fühlen wir uns irgendwie deplatziert. Niemand ist an einem Gespräch mit uns interessiert. Schade.

Neben MI COLUMPIO ankert eine weitere Yacht, es ist die vierte, der wir begegnen, seit wir Australien verlassen haben. Björn und ich sind uns noch nicht ganz schlüssig, ob wir uns darüber freuen sollen oder nicht. Natürlich sehnen wir uns hin und wieder – Björn eigentlich fast immer – nach Gesprächen mit anderen Yachties. Haben sie doch ähnliche Höhen und Tiefen auf ihren Reisen erlebt wie wir, können Ratschläge geben, interessante Geschichten erzählen – von gemeinsamen feucht-fröhlichen Abenden mal ganz abgesehen.

Leider liegen aber Wunschvorstellung und Wirklichkeit oft sehr weit auseinander. Es kann eine ausgesprochen angenehme Zeit werden, wenn die Segler sympathisch sind und sich gut mit den Einheimischen verstehen oder die Einheimischen nett sind. Unangenehm wird es dagegen, wenn sich die Yachties gut mit den *locals* verstehen und so tun, als ob es »ihre« Einheimischen wären, oder sowohl Segler als auch Landbewohner unberechenbar sind oder die anderen Yachties uns furchtbar nett finden, während wir uns viel lieber mit den Einheimischen beschäftigen würden.

Wie dem auch sei, neben uns liegt ein Boot, ein schickes modernes, aus Japan. Japanische Segler zu treffen, das erwischt einen ungefähr so häufig wie ein Fünfer im Lotto. Dementsprechend gespannt sind wir auf das Paar, das uns im Dinghi entgegenkommt und mit einem Wortschwall in gebrochenem Englisch überrascht. Die beiden scheinen froh zu sein, andere Nicht-Insulaner anzutreffen. Kein Wunder bei der Geschichte, in die sie vor drei Tagen hineingeschlittert sind und die uns Kyochi brühwarm bei einem eiskalten Bier bei ihnen an Bord erzählt.

Die beiden waren mit ihrer HINANO (hieß so nicht das Bier auf Tahiti?) auf dem Weg von Kosrae nach Kapingaramangi. Da der Äquator nur einen guten Breitengrad südlich dieser Insel entlang verläuft, fuhren sie erst zum nullten Breitengrad und ein paar Mal, weil's so schön war, hinüber und herüber, bevor sie Richtung KGM abdrehten. Dreißig Seemeilen lagen noch vor ihnen, also dachte Kyochi, er könnte sich noch für vier Stunden hinlegen und stellte den Wecker auf sieben Uhr morgens. Leider war (Zitat Kyochi) das Schiff zu schnell, sodass Kyochi nicht vom Klingeln des Weckers, sondern von einem heftigen Rums aufwachte und zusammen mit seiner Frau Tsuse aus der Koje auf den Boden fiel.

Was geschehen war, kann man sich denken. Die HINANO war in voller Fahrt mit etwa siebeneinhalb Knoten geradewegs aufs

Außenriff gerauscht. Dreißig Meter vor ihnen wiegten sich die Palmen im Winde, lächelte sie der weiße Sandstrand an. Sie waren angekommen – vor Kapingaramangi. Bloß leider auf der falschen Seite des Riffs. Zufälligerweise kam an diesem Morgen das monatliche Versorgungsschiff vorbei, sah die Yacht, informierte per Funk die Inselbewohner, zog die HINANO vom Riff und schleppte sie danach in die Lagune. Und da liegt sie jetzt, ohne Ruder und Propellerschaft, dafür mit einem korkenzieherartig aufgedrehten Kiel, den wir dank Kyochis Unterwasserkamera bereits auf dem Fernsehbildschirm bewundern konnten. Der Rest der 150 000 Euro teuren Yacht ist wie durch ein Wunder unversehrt geblieben.

*

Die Aussicht am nächsten Morgen ist einfach traumhaft. Ich könnte den ganzen Tag lang auf dem Vorschiff hocken und mich an diesem leuchtenden Panorama erfreuen. Hütten, Palmen, Strand und Meer, alles stimmt auf dieser Insel, ist perfekt in Farben und Formen aufeinander abgestimmt. Eine vollendete Komposition, an der das Auge sich kaum satt sehen kann.

Doch Björn ist müde und fühlt sich krank. Seine Wunden eitern noch immer, fressen sich unaufhaltsam und immer noch tiefer in die Haut hinein. Dösend verbringt er diesen wunderschönen Tag auf dem Vorschiff, wo er im kühlenden Wind liegt. Bevor ich mich zusammen mit ihm langweile, tue ich lieber so, als wäre ich die perfekte Bordfrau und lasse mich vom Arbeitseifer packen, schrubbe Herd und Kühlschrank, backe Kekse und Brot.

Mittags kommt überraschenderweise ein *banana boat* mit Großfamilie längsseits, und ein freundlicher Polynesier namens Swingley reicht mir drei Trinknüsse, geröstete Brotfruchtscheiben und einen Plastikbehälter mit noch warmem Tunfisch in Kokosöl. Einfach so. Reden möchte er nicht mit uns. Ich bin verwirrt, Björn dagegen ist vom Essen begeistert. Am späten Nachmittag wagen wir sogar einen kurzen Ausflug zu den kleinen unbewohnten Palmeninseln und bekommen ein Schauspiel geboten, das wir schon so oft von Bord aus haben bewundern können: Zwanzig Zentimeter lange, silbrig glänzende Fische springen in einer Reihe nacheinander aus dem Wasser heraus, fliegen einen, zwei Meter in hohem Bogen durch die Luft, tauchen dann wieder unter, um eine halbe Sekunde später erneut herauszuschnellen. Und hinter ihnen planscht es wild. Dann plötzlich fliegt einer der Fische unkontrolliert durch die Luft – ein kurzer Tumult –, und ein kleiner Hai oder welcher Räuber auch immer verzehrt sein Mahl. Die Wasseroberfläche aber schimmert sofort wieder in tiefem Frieden im Abendlicht, als ob nichts geschehen wäre.

*

Zum ersten Mal seit Australien fühle ich mich einsam, fange an, mich zu langweilen. Mir fehlt die Warmherzigkeit der Papuas. In PNG trafen wir so viele Seelenverwandte. Irgendetwas ist fundamental anders hier. Alle halten Abstand. Kommen möglicherweise zu viele Yachten nach KGM? Ist das Verhalten der Menschen schon zu materiell ausgerichtet? Oder liegt es an uns? Vielleicht brauchen wir etwas Zeit, um Abstand zu PNG zu gewinnen. Andere Segler mögen in Kapingaramangi ihre Trauminsel gefunden haben, wir leider nicht. Vielleicht waren wir einfach zum falschen Zeitpunkt am falschen Ort.

*

Kyochi hat es vernünftigerweise endlich aufgegeben, den Mast der HINANO am Ankerplatz herausziehen zu wollen. Aber bis zu der Erkenntnis, dass ein fünfzehn Meter langer Alumast sich nicht ohne Hebel beziehungsweise ohne Kran aus einer winzigen Öffnung im Deck ziehen lässt, hat er zwei schlaflose Nächte, vier verschiedene Konstruktionspläne und mindestens zehn hilfsbereite Einheimische gebraucht. Und einen erfolglosen Versuch. Seit den Morgenstunden hängt der Mast schief überm Schiff und bricht langsam das Deck auf. Die Armen werden noch ein paar lange Tage warten müssen, bis der über Funk gerufene Frachter vorbeikommt, den Mast zieht und die HINANO huckepack zur Hauptinsel Pohnpei bringt.

Bevor wir Kapingaramangi endgültig verlassen, machen wir noch die Entdeckung des Tages. KGM heißt gar nicht Kapingaramangi, wie wir immer dachten und sagten, sondern Kapingamarangi. Wie konnten wir uns bloß so irren!

Der Kurs nach Ponape oder Pohnpei, wie es neuerdings in einer anderen Schreibweise heißt, lautet dreißig Grad und wäre bei dem vorherrschenden Wind sogar möglich. Sollen wir es wagen? Und wollen wir? Vierhundertfünfundsiebzig Meilen liegen vor uns, wir müssen hoch am Wind segeln oder, bei viel Pech, fast gegenan. Doch das Mikronesien-Handbuch, das wir uns noch in Australien zugelegt haben, weil wir keinen Segelführer für diese Gegend finden konnten, schwärmt von der Schönheit der grünen, zerklüfteten Insel. Uns locken die Aussichten auf Milchshakes, geschnitzte Mantarochen und vor allem auf die Ruinen von Nan Mandol, dem Venedig des Pazifiks. Wehe, die Insel hält nicht, was das Handbuch verspricht.

Da sich Björn wieder besser fühlt, obwohl der Eiter in den Wunden nicht weniger geworden ist, steuern wir im goldenen Licht der Nachmittagssonne durch den dunkelblauen Pass wieder aufs offene Meer hinaus. Diesmal bolzen wir freiwillig hoch am Wind gegen die Wellenberge an, malen uns in Gedanken schon einen spannenden Aufenthalt auf Ponape aus. Überhaupt, seit der Passatwind wieder eingesetzt hat, ist meine melanesische Hitzelethargie spurlos verflogen, und meine alten entdeckungsfreudigen und tatkräftigen Lebensgeister kehren wieder. Glücklicherweise.

*

Raues Segeln steht uns bevor: Der Wind hat aufgefrischt, und wir purzeln nur so durchs Boot. Außer im Cockpit fest eingeklemmt herumzuliegen, ist nichts anderes möglich. Am Abend, noch dreihundertsechsundachtzig Seemeilen vor Pohnpei, treffen wir eine folgenschwere Entscheidung.

»Segeln wir, um uns zu quälen?«

»Definitiv nicht.«

»Wollen wir nächste Nacht wieder durchschlafen? Nur fünfundneunzig Seemeilen von hier liegt ein kleines Atoll – Nukuoro.«

Wie so oft auf unseren Reisen hat auch diesmal das Schicksal seine Hand im Spiel und hält für uns Meervagabunden wunderbare Überraschungen bereit. Und die Lebensweisheit einer alten indienreisenden Dame bewahrheitet sich aufs Neue: »Derjenige kommt am weitesten, der kein Ziel hat.«

Leichtathletikwettkampf auf Polynesisch

Nukuoro

Doch erst kommt noch die Nacht und mit ihr das Grau(en). Der Wind legt sich zur Ruhe, die mühsam ausgebaumten Segel schlagen träge hin und her, und natürlich fängt es auch noch an zu regnen. Ich bin nicht nur durchnässt und friere, sondern fühle mich auch noch müde und schon wieder furchtbar hungrig – und ziemlich verloren zwischen all den schwarzen Wolkenwänden, die sich um uns herum auftürmen. Um fünf Uhr morgens beim Anblick der mattgrau schimmernden Wasseroberfläche kommt mir glücklicherweise der rettende Gedanke.

»Guten Mooorgen! Bjööörn, aufstehen, du bist dran mit Nachtwache!«

Bei Tagesanbruch nähern wir uns im Nieselregen aus immer noch eintönig grauem Himmel der Riffeinfahrt von Nukuoro. Bedrohliche Wellen donnern schäumend über sie hinweg, und dahinter, in der zwanzig Meter breiten Passage, strudelt und gurgelt das graue Wasser. Dieter, ein alter Segelfreund von uns, den wir auf Galapagos kennen gelernt haben, würde dazu sagen: »Eine echt charakterbildende Einfahrt.« Björn ist mulmig zumute. Aber mich zieht es unwiderstehlich ins schützende Innere der Lagune, während ich ihn von der Wantenleiter aus dirigiere.

»Wie stand das noch gleich in dem Roman *Papillon*? Jede siebte Welle ist niedriger? Das wollen wir doch mal nachprüfen. Außerdem sind wir noch immer überall hingekommen, wo wir hinwollten. Diese Welle bricht, und die nächste auch. Aber danach ... Los! Vollgas! Das schaffen wir!«, schreie ich ihm zu. Zum Glück sind wir auch noch immer unbedarft genug, um überall, wo wir hinwollen, auch hineinzufahren.

Der Wellenberg schiebt MICO bereits in beängstigendem Tempo vor sich her. Das Riff zu beiden Seiten scheint zum Greifen nahe. Doch unser wunderbares Boot meistert die Passage lässig, wie Björn zumindest hinterher behauptet.

Die gefühlte Temperatur übersteigt kaum zehn, naja, vielleicht zwanzig Grad. Und ich hänge oben in der Wantenleiter barbeinig und barfüßig. Eiskalt weht mir der Wind auch um die Ohren, besetzt der Regen meine Brille. In der Tat erinnert uns der Anblick voraus eher an einen winterlichen See in Norddeutschland als an ein tropisches Korallenatoll. Grau und vom Winde verweht ...

Als wir uns am Ankerplatz direkt vorm Dorf endlich eine heiße Schokolade und unser wohlverdientes warmes Bett gönnen wollen, bekommen wir Besuch von höchst offizieller Seite. Zwei Polizisten und ein Arzt bestehen darauf, unser *Yacht Entry Permit* für die Föderierten Staaten von Mikronesien zu sehen und verlangen allen Ernstes von uns, ein Einklarierungsformular auszufüllen. Irgendwie können wir die drei tropfnassen Gestalten in unserem Cockpit nicht ganz ernst nehmen. Da segelt man höchstmöglich am Wind und durch hohe Wellen und widerlichen Regen und meistert zum Schluss sogar die Brecher in der Riffpassage, und statt eines Ordens oder einer Medaille oder doch zumindest anerkennenden Worten samt ein paar Trinknüssen bekommen wir ein Einklarierungsformular vorgehalten. Und eigentlich wollen wir jetzt gar nicht mehr schreiben, sondern nur noch schlafen.

Der Regen fällt ununterbrochen. Bei Kürbiscremesuppe und *Mensch-ärgere-dich-nicht*-Spielen machen wir es uns am Abend unter Deck gemütlich. Bis das erste Kanu mit den schon heiß ersehnten *kulaus* vorbeikommt. Wir laden Leo – wir halten ihn für unseren ersten Mikronesier – gleich zur nächsten Runde *Mensch-ärgere-dich-nicht* ein. Er hat schwarze, glatte Haare, eine hellbraune Haut, ein etwas breites Gesicht mit leicht asiatischem Einschlag. Leo spielt begeistert mit und lässt sich mit uns – da wir dank seiner Spende jetzt *kulaus* an Bord haben – unser Lieblingsgetränk schmecken: Trinknuss mit einem winzigen Schuss Wodka. Ebendieser Schuss tut gerade bei uns dreien seine Wirkung, da klopft es erneut an die Bordwand.

Schon wieder der eine Polizist! Er möchte kontrollieren, wer bei uns an Bord ist, natürlich zu unserer eigenen Sicherheit. Der umsichtige Inselhüter namens Roger befürchtet, dass einige männliche Bewohner von Nukuoro möglicherweise auf die Idee kommen könnten, uns heimlich zu besuchen und um Alkohol zu bitten. Alkohol ist nämlich seit einiger Zeit auf der Insel strikt verboten. Wer dagegen verstößt, riskiert eine nicht zu knappe Gefängnisstrafe.

Natürlich bitten wir Roger ebenfalls sofort an Bord, nicht ohne vorher die verdächtigen Wodka-Kulaus versteckt und Leo ein paar verschwörerische Worte zugeflüstert zu haben. Roger, der sich als netter Kerl entpuppt, muss auch mitspielen. Bei einem Glas Mangosaft erklärt er uns, dass es in der Vergangenheit zu viel zu vielen Vor- und Zwischenfällen aufgrund von übermäßigem Alkoholgenuss gekommen ist und 5, in Worten: fünf, hauptamtliche Polizisten eingestellt wurden, die die Einhaltung des neuen Gesetzes überwachen. Das ist eine stolze Zahl bei einer Insel mit vierhundert Bewohnern, von denen mindestens die Hälfte Kinder sind. Roger versichert uns zum wiederholten Male, dass wir hier nichts zu befürchten haben und uns sicher fühlen können. Ohne ihn wären wir gar nicht auf andere Ideen gekommen, wobei mir Roger selbst, ehrlich gesagt, nicht ganz geheuer ist. Auf meine Frage, wann auf Nukuoro denn wieder die Sonne scheinen wird, antwortet er nämlich mit todernster Miene: »In zwei oder drei Wochen. Wenn es hier regnet, dann regnet es.«

*

Die Sonne lacht schon am nächsten Morgen aus strahlend blauem Himmel über ein sauber gewaschenes, beeindruckend grünes Nukuoro. Das erste Souvenir dieser Insel treibt bereits zum Frühstück *up-side-down* am Boot vorbei: ein frisch ausgeschlachteter Schildkrötenpanzer, der beschaulich an uns vorbeischaukelt. Mitnehmen oder nicht? Im Geiste hören wir schon die Alarmglocken auf den Flughäfen schrillen, die wir passieren müssen. Doch warum die »Überreste« eines leckeren Mahles der Einheimischen so einfach verkommen lassen? Auf vielen Inseln im Pazifik stehen Schildkröten seit Jahrhunderten wie selbstverständlich auf dem täglichen Speiseplan – und sind noch immer weit vom Aussterben entfernt. Und soll die arme Schildkröte wirklich nur für ein kleines Abendessen gestorben sein? Schnell lassen wir das Dinghi ins Wasser, um unserem Fund paddelnderweise hinterherzujagen. Und werden ihn ein paar Monate später ohne jegliche Probleme an allen philippinischen, singapurischen, schweizer und deutschen Zöllnern vorbeischmuggeln, die für die Essgewohnheiten der Nukuoroer höchstwahrscheinlich kein Verständnis gehabt hätten.

Was hat Nukuoro eigentlich in unserem Törnbericht verloren? Es liegt weder in der Südsee noch in Papua-Neuguinea. Doch wenn Papua-Neuguinea DAS Land für uns ist, so ist Nukuoro definitiv DIE Insel! Die schönste Insel mit den liebenswertesten Menschen und der freundlichsten Gemeinschaft, die wir auf unseren Reisen je gefunden haben. Die Tage, die wir während unseres Abstechers auf Nukuoro verbringen, sind zu außergewöhnlich, zu wunderbar und paradiesisch, um sie einfach unter den Tisch fallen zu lassen und der Vergessenheit preiszugeben.

Kapingamarangi habe ich erwähnt, weil es auf dem Weg zwischen Papua-Neuguinea und Nukuoro liegt und somit einen wunderbaren Übergang schafft. Und Ifalik, die andere mikronesische Insel, unterscheidet sich von allen anderen hinsichtlich ihrer noch gelebten Traditionen so grundlegend, dass es Sünde wäre, über eine solche Insel, deren Lebensweise vielleicht nur noch wenige Jahre unangetastet überdauern wird, nicht zu berichten. Die anderen mikronesischen Inseln, die davor oder danach kamen, wie Satowan, Chuuk, Woleai und Yap, haben mit schönen Eindrücken nicht gerade geglänzt. Im Gegenteil, wir haben uns dort über viele Menschen und ihr unfreundliches Verhalten uns gegenüber richtig geärgert. Und Ärgern ist schon im Alltag viel zu häufig angesagt, da muss ich nicht auch noch ein Buch darüber schreiben.

Also noch einmal: Die Sonne lacht aus strahlend blauem Himmel über ein sauber gewaschenes, beeindruckend grünes Nukuoro. Die Insel ähnelt, was Idylle, Schönheit und Sauberkeit betrifft, Kapingamarangi sehr. Im flachen Wasser wurden die Korallenblöcke beiseite geräumt, um Platz für eine schmale Kanu-Passage zu schaffen. Am Strand grunzen und quieken die unter den Palmen angebundenen Schweine brav vor sich hin, und Brotfruchtbaumgiganten entlang der gepflegten und mit Blumen gesäumten Wege spenden Schatten, dazwischen prangen Pandanus, Palmen und Bananen in üppigen, vor Lebenskraft explodierenden Gärten. Die Mitte der ziemlich langen, aber schmalen Hauptinsel wird von Tarofeldern bedeckt. Es ist fast nicht zu glauben, dass wir uns auf einem Korallenatoll befinden. Die Luft ist feucht, der Boden grün überwuchert von Moosen und Farnen. Auf unserem Erkundungsspaziergang die schnurgerade »Hauptstraße« hinunter, bekommen wir gleich dreimal Trinknüsse angeboten. Man merkt sofort: Vor Nukuoro hat seit mehr als einem Jahr kein fremdes Segelboot mehr geankert.

Andererseits sind Björn und ich mittlerweile komplett verwöhnt. In ein Dorf kommen und länger als eine Viertelstunde auf eine geschenkte Trinknuss warten? Oder auf jemanden, der uns herumführt und die Insel zeigt? Pah! PNG hat uns, was das betrifft, restlos verdorben. Das Inselchen ist wirklich interessant. Björn wundert sich, wie verwestlicht – man kann auch konsumorientiert dazu sagen – die Dorfgemeinschaft schon ist. Motorsägen in einwandfreiem Zustand, Funkgeräte, sogar nagelneue Vespas haben bereits den Weg zu diesem abgelegenen Atoll gefunden.

Nach ziellosem Herumstreunen und ein paar kleinen Schwätzchen über den Gartenzaun erreichen wir den Schulsportplatz, auf dem sich, ich traue meinen Augen kaum, eine Mädchenklasse im Weitsprung übt. Auf einem Korallenatoll sieht das folgendermaßen aus: Man nimmt einfach ein Stück Grasnarbe vorm Sportplatz weg und entfernt ein paar darunter liegende Korallenblöcke, schon hat man eine wunderschöne Weitsprungsandgrube. Björn fragt die hübsche Lehrerin, ob ich auch einmal springen darf. Ja. Also hüpfe ich, natürlich barfuß und mit langem Rock wie alle weiblichen Wesen hier, mindestens einen Meter weiter als die anderen Damen und werde dafür von allen Umstehenden beklatscht. Mein Vater, mein ehemaliger Trainer, wäre stolz auf mich. Twin, die Lehrerin, wittert eine Expertin in mir, und so darf ich vor der versammelten Klasse auch gleich noch den Dreisprung, eine weitere typische Südseedisziplin, erläutern und demonstrieren.

Den Abschluss dieser interessanten Sportstunde bildet ein Staffellauf. Besonderen Ehrgeiz legen die Mädels dabei nicht an den Tag, dafür wird, auch beim Laufen, gelacht, was das Zeug hält. Das ist beim Volleyballspielen, zu dem ich danach gebeten werde, leider etwas anders. Einige »Power-Weiber« jagen Schmetterschläge übers Netz, dass mir Hören und Sehen vergeht. Aber Twin hat beschlossen, gut auf mich aufzupassen, und auch die anderen Frauen werfen hin und wieder ein paar aufmunternde Blicke zu mir herüber, obwohl sie sich ausschließlich in der Inselsprache unterhalten. Nur fünfzig Meter weiter brandet das Meer gegen das Außenriff. Das ununterbrochene Getöse erinnert an entfernten Autolärm, riecht aber wesentlich besser. Die Männer spielen Basket- und Baseball.

Björn und ich fühlen uns schon an unserem ersten Tag auf Nukuoro wie zu Hause. Die Atmosphäre hier ist grundlegend verschieden von der Nachbarinsel Kapingamarangi. Hier herrschen viel mehr Leben und Trubel, obwohl Nukuoro ebenfalls von Polynesiern bewohnt wird. Politisch gehören die Inseln zwar zu den Föderierten Staaten von Mikronesien, sind aber von

Polynesiern bewohnt und stellen die westlichste Enklave Polynesiens dar. Auch auf Nukuoro werden wir unseren ersten echten Mikronesier also nicht antreffen.

Auf dem Rückweg zum Boot spricht uns ein sympathischer, noch recht jung wirkender Mann an.

»Das ist Ben«, raunt Björn mir zu, »der Lehrer, der heute Morgen schon mal bei uns am Boot vorbeigeschaut hat.«

Ben möchte, dass wir vor seinem Haus ankern. Warum nicht? Ein bisschen Familienanschluss kann nie schaden. Und außerdem ist es von seinem Haus viel näher zum Sportplatz.

*

Am frühen Morgen gehen wir auf Erkundungstour, flitzen mit QUIETSCHIE über das spiegelglatte Wasser der Lagune zu einem der kleinen Motus am Saumriff, spazieren dort durch einen Palmenwald. Die Leute hier mögen ja noch so sportlich und fit im Weitsprung und Volleyball und sonst was sein, aber auf die Palmen scheinen sie, im Gegensatz zu den Papuas, ohne Hilfsmittel nicht hinaufzukommen. Vielleicht sind die Bewohner Nukuoros aber auch nur pfiffiger und erleichtern sich die anstrengende und gefährliche Arbeit des Palmenbesteigens auf ihre Weise. In alle Kokospalmen sind, allerdings mit großem Abstand, eine Art Stufen mit der Machete geschlagen worden, sodass sogar ich ohne Mühe sechs Meter erklimme. Und mich oben frage, wie ich wieder heil hinunterkommen soll!

Zwischen den einzelnen Motus strömt das Wasser mit Gewalt vom Außenriff in die Lagune hinein. Wir lassen uns etwas später, kopfüber aus dem Dinghi hängend, mit der Strömung treiben und bewundern die Unterwasserkorallenwelt von oben. Der luftige Schatten des Gemeinschaftshauses, einem mit Palmwedeln gedeckten Dach auf Pfählen, erscheint uns danach hervorragend geeignet zum Abwettern der größten Mittagshitze. Ausgestreckt auf dem kühlen Betonboden spielen wir mit unserem Lieblingspolizisten Roger *Mensch-ärgere-dich-nicht*. Und nochmal und nochmal, denn Roger ist äußerst begeistert von diesem Spiel. Glücklicherweise kommt nach fast zwei sehr angenehmen Stunden ein Kollege von Roger vorbei und löst uns ab. Wir machen uns auf, die südliche Hälfte von Nukuoro zu erkunden.

Auf dem Weg spricht uns ein alter Mann an. »*Do you like to trade?*«

Ja, warum sollten wir eigentlich nicht auch mal etwas kaufen? Neugierig folgen wir Elias in seine Hütte, in der er seine Schätze vor uns ausbreitet: Muscheln, Ketten, Schildkrötenpanzer. Einen Panzer besitzen wir ja bereits, also entscheiden wir uns für ein Halskettchen aus Muscheln und Patronenhülsen. Die Bezahlung – Elias wünscht sich so sehr eine Taucherbrille von uns – finden wir zwar ein bisschen happig. Doch als Björn ihm später die versprochene Tauchermaske vorbeibringt, bekommen wir noch vier weitere Ketten und ein paar wunderschöne, Handteller große Muscheln von ihm dazu geschenkt. Was für eine wunderbare Überraschung!

Mittlerweile tobt wieder das Leben auf dem Sportplatz und wir toben mit ihm. Björn jongliert zur Begeisterung der Umstehenden, danach ist Akrobatik-Stunde angesagt. Vierzig Kinder klettern aufeinander und umeinander und auf uns herum. Die Größeren sprechen bereits Englisch und übersetzen den Kleinen, die noch nicht zur Schule gehen, unsere Anweisungen. Es sind hübsche, höfliche und aufgeweckte Kinder, die in wenigen Minuten die ersten Partnerakrobatikübungen meistern. Und fröhliche Kinder, die begeistert die verschiedensten Arten von meistens zusammenbrechenden Pyramiden bilden. Gelächter, Gekreische, Gejohle brandet immer wieder um uns herum auf.

Unterdessen sind wir Bens Vorschlag gefolgt und haben MICO dreihundert Meter weiter vor sein Haus verlegt, in dem am Freitagabend ein ganz besonderes Ereignis stattfindet. Für die besten Absolventinnen und Absolventen des am Vormittag durchgeführten Mathematiktests (schau an, Ben ist Mathelehrer ...) wird ein Video-Abend veranstaltet. Wir sind ebenfalls dazu eingeladen und hocken zusammen mit dreißig Kindern auf Pandanusmatten in einem palmwedelgedeckten Hüttchen direkt oberhalb des Strandes und schauen uns brotfruchtchipsknabbernd eine Hongkong-Komödie mit Jackie Chan an. Irgendwie leicht absurd. Keinen einzigen Nagel hat man zum Bau dieser zweigeschossigen Hütte verwendet, Bambusstäbe und Palmwedel sind wie seit tausenden von Jahren mit Schnüren aus Palmfasern verbunden. Doch stapeln sich in dieser Südseehütte Videorecorder, Fernseher, Hi-Fi-Anlage und sogar ein Surfbrett.

*

Neue Insel, neues Glück. Auf Nukuoro kommt sogar ein neuer Name hinzu. Bisher waren wir überall als »John« und »*John's wife*« bekannt. John, weil jeder, dem Björn seinen wahren Namen nannte, sofort antwortete »*Ah, John, that's easy*« und »*John's wife*«, weil auf keiner der Inseln PNGs jemand den Namen Birgit oder Bridget oder Birgitta oder Brit aussprechen, geschweige denn behalten konnte. Mittlerweile bin ich es aber mehr als leid, immer nur als »*John's wife*« betitelt zu werden. Ab heute trage ich einen neuen Namen, ab heute heiße ich Lucy, und wehe dem, der noch ein zweites Mal nachfragt. (Übrigens: Björn findet, dass der Name Ben viel besser zu ihm passt als John. Auf der nächsten Insel wird also auch er seinen Namen wechseln.)

Wenn mir jemand vor Jahren gesagt hätte, ich würde meine Laufbahn als Leichtathletin bei einem Wettkampf auf einem Südseeatoll beenden, hätte ich ihn schlichtweg für verrückt erklärt. Und doch entspricht es der Wahrheit – der alljährliche Leichtathletikwettkampf findet zwei Tage nach unserer Ankunft auf Nukuoro statt, und natürlich sind wir aufs Herzlichste eingeladen.

Bens Begrüßungsworte hallen per Megaphon bei unserer Ankunft um zehn Uhr morgens über den gesamten Sportplatz:

»Willkommen, Lucy und John, zu unserer Veranstaltung am heutigen Tage. Wir freuen uns, dass ihr da seid!«

Uns Ehrengästen werden sofort zwei Stühle unter den Hintern geschoben und zwei Tassen Kaffee in die Hand gedrückt. Der Wettkampf kann beginnen. Die Rasenfläche vor dem Schulgebäude hat sich über Nacht in ein Leichtathletikstadion verwandelt. Quer über den Platz läuft die 100-Meter-Bahn, die weißen Linien zwischen den einzelnen Bahnen sind fein säuberlich mit Sand gezogen worden. Mit zwei, drei Schubkarrenladungen voller Strandsand wurde die Weitsprunggrube im Rasen neu aufgefüllt. Die Nukuoroer haben also ihre Sportveranstaltung sorgfältig vorbereitet. An alles haben sie gedacht: an Teilnehmerlisten, an Stoppuhren und Trillerpfeifen für die Kampfrichter, sogar an ein Zielband über der Ziellinie, bestehend aus einer abgewickelten Mullbinde. Das Einzige, was fehlt, ist eine Starterpistole. Doch genau die können wir zum Wettkampf beisteuern, haben wir sie doch als unsere einzige »Waffe« an Bord. Gekauft in einem australischen *Second-Hand*-Laden klingt sie zumindest nachts mit ihren Platzpatronen einigermaßen überzeugend. Heute kommt sie das erste und einzige Mal auf unserer Reise zum Einsatz.

Der Mehrkampf beginnt mit dem obligatorischen 100-Meter-Lauf, gefolgt vom Hochsprung, Weitsprung und dem Lauf um die Insel, an dem Björn und ich ebenfalls teilnehmen wollen. Endlich können wir mal wieder unsere auf dem Boot ganz eingerosteten Muskeln bewegen.

Zusammen mit Ionais (sprich Johannes), dem Schulleiter, darf ich die Zeiten der einzelnen Läufe stoppen. 12,8 Sekunden für den besten Mann, 16,4 Sekunden als Bestzeit für die Damen. Und alle sind natürlich barfuß und auf unebenem Rasen unterwegs. Die Atmosphäre erinnert mich an die Kreismeisterschaften meiner Kindheit, als ich fast jedes Wochenende auf einem Sportplatz verbrachte.

Nächste Disziplin ist Hochsprung. Ein originellerer Hochsprungständer ist mir in meinem ganzen Leben noch nicht unter die Augen gekommen. Zwei an den Seiten gestutzte Palmwedel bilden die perfekten, vor der Weitsprunggrube in den Boden gerammten Ständer. Zwischen den Blattrippen liegt die Hochsprunglatte. Und die Sprungkünste der Männer sind unglaublich! 1,68 Meter im Schrittsprung beziehungsweise per Salto. Ohne Matte wohlgemerkt. Bei den Frauen ist, vielleicht wegen der langen Röcke, bereits bei 1,16 Meter Schluss. Danach darf ich mein Glück versuchen und außer Konkurrenz gleich zehn Schrittsprünge hintereinander absolvieren. Bei 1,38 Meter höre ich freiwillig auf und bekomme dafür als neue Hochsprungrekordhalterin von Nukuoro einen Riesenapplaus. Vor ein paar Jahren habe ich noch vierzig Zentimeter mehr geschafft – natürlich nicht im Schrittsprung, sondern im Flop.

Björn, der mit Leichtathletik noch nie viel am Hut hatte, sitzt am Platzrand und versucht, eine Trinknuss mit der Machete zu öffnen. Es scheint jedoch nicht sein Tag zu sein. Statt in die Nuss hackt er sich mit der Machete in den Daumennagel und halbiert ihn. Genauere Details (wie das Fleisch darunter hervorquillt und der Nagel sich verfärbt etc.) erspare ich mir sogar in der Erinnerung lieber. Der Himmel weint mit Björn, der anschließende Weitsprungwettbewerb fällt also ins Wasser. Die kurze Unterbrechung wird fürs Mittagessen genutzt. Jede Familie hat etwas zum Buffet beigesteuert, das vor Leckereien überquillt. Bevor wir uns von unseren Stühlen erheben können, steht schon Welmina, Bens Frau, vor uns mit zwei reichlich gefüllten Palmblattkörben: geröstete Brotfrucht, Kokosreis, Fisch, Pfannkuchen, Bananen-Kokosöl-Kuchen, frisches selbst gebackenes Brot. Diese Mengen reichen nicht nur für eine Mahlzeit, sondern für eine ganze Woche! Wir schlemmen, bis wir platzen, und nehmen nachher trotzdem noch die Hälfte des Essens mit an Bord.

Es regnet immer heftiger. Die Kinder toben nach dem Essen wie verrückt zu lauter Musik im strömenden Regen. Der Rasen verwandelt sich langsam in eine Schlammwüste. Wegen des Wetters wird der Rest der Veranstaltung abgesagt. Schade, ich hätte so gerne beim Lauf um die Insel teilgenommen. Als Alternativveranstaltung bietet uns Ben an, zum Fischen mitzukommen. Das kann man auch im Regen, der glücklicherweise piewarm ist. Wir trawlen, leider erfolglos, mit Bens *banana boat* am Pass entlang, der bei der Windstille sehr friedlich wirkt. Völlig durchnässt, aber glücklich setzt Ben uns anschließend auf MICO ab.

Am Abend schaut er noch zum Klönen an Bord vorbei. Wir hocken unter Deck und amüsieren uns gut bei ein paar unerlaubten Gläsern Honigwein. Ben ist mal wieder genau der richtige Gast für uns. Kaum älter als Björn, neugierig, unternehmungslustig und intelligent. Und Lehrer, was auf Inseln wie Nukuoro gleichbedeutend ist mit Reichtum. Denn die Insulaner sind traditionsgemäß Selbstversorger. Sie bauen noch immer ihren eigenen Taro an und gehen jeden Tag fischen. Ihre Häuser sind aus geflochtenen Palmenwedeln gebaut, und die Kleidung besteht nur aus Hose und T-Shirt. Wer auf diese Weise lebt und zusätzlich pro Monat ein Lehrergehalt von 800 US-Dollar erhält, ist natürlich reich. Und kann sich auf der Hauptinsel Pohnpei nicht nur Reis und Mehl und Öl kaufen, sondern auch ein *banana boat* mit Außenborder, dazu Generator, Waschmaschine, Videokamera, Fernseher und so weiter und so fort. Auch nagelneue Sicherheitsschlösser in allen Türen. Aus diesem Grund sieht man Welmi stets mit einem langen Band um den Hals herumrennen, an dessen Ende ein Schlüsselbund hängt, das einem Gefängniswärter zur Ehre gereichen würde. Die Zwei-Klassen-Gesellschaft gibt es eben auch hier. Und dadurch auch Schlüssel und verschlossene Türen.

*

Was können wir an diesem regnerischen Sonntag anderes machen als wie alle anderen unsere feinsten Kleider anzuziehen und zum Morgengottesdienst zu gehen? Freiwillig nehmen wir zweieinhalb Stunden tragend-klagenden Gesang und Predigten in der Inselsprache auf uns. Wie immer verstehen wir kein einziges

Wort, obwohl die Gemeinde lutherisch-protestantisch ist und wir hofften, zumindest das Vaterunser oder das Glaubensbekenntnis heraushören zu können. Immerhin ist es in der Kirche trocken, die Gemeinde freut sich über unsere Anwesenheit, und wir treffen bekannte Gesichter wieder. Am Ende des Gottesdienstes wird uns sogar von allen Kirchenmännern – das heißt Pastor, Diakon, Hilfspastor, Hilfsdiakon, also den Männern im dunklen Anzug, wozu auch Roger und Ioanis gehören – die Hand geschüttelt.

Nachmittags klart es zum Glück wieder auf. Endlich können wir die Entenmuscheln, die wir uns in den letzten Wochen eingefangen haben, von MICOs Rumpf kratzen. Und das japanische Ein-Mann-Flugzeug, das gut erhalten ein paar Meter neben unserem Boot im flachen Wasser liegt, beschnorcheln. Ben hat uns zu dieser kleinen Propellermaschine erzählt, dass sie im Zweiten Weltkrieg aus unbekannten Gründen auf Nukuoro notlanden musste, und zwar direkt vor Bens Haustür, sozusagen am Hausstrand. Der Pilot war unverletzt und verbrachte die Zeit bis zum Ende des Krieges in der Sicherheit von Nukuoro. Nur die Amerikaner, die bei einem Aufklärungsflug die kleine Maschine im flachen Wasser der Lagune entdeckten, fanden die Gastfreundschaft der Nukuoroer gar nicht wünschenswert und warfen zur Strafe zwei Bomben ab, die, ohne größeren Schaden anzurichten, in den Tarofeldern in der Inselmitte landeten.

Am Abend unterbricht das Gebimmel der Schulglocke die sonntägliche Stille. Zahlreiche Zuschauer und jede Menge Kinder strömen zum Sportplatz, auf dem eine ungewöhnliche Sportveranstaltung stattfinden soll. Björn und ich haben Nukuoro für »show«würdig befunden. Wir wollen uns mit einer Jongliershow für die vielen Einladungen und die generelle Freundlichkeit der Insulaner revanchieren und zur Abwechslung einmal sie unterhalten. Ein Riesenkreis hat sich deshalb schnell um uns versammelt. Ich stolpere auf der unebenen Rasenfläche meinen Tanz auf Stelzen, der ohne Kostüm, Partner und Beleuchtung ziemlich grotesk wirken muss. Björn lässt beim Jonglieren so gut wie alles fallen, und Ben filmt zur Krönung des Ganzen jeden Patzer. Nichtsdestoweniger lachen sich die Leute schlapp, und der Auftritt wird ein voller Erfolg. Eine Horde von Kindern begleitet uns zum Strand, jedes von ihnen mit einer Keule, einer Stelze oder einem anderen Jonglierutensil beladen. Hauptsache, sie dürfen uns beim Tragen helfen. *Deabodonu.* Danke.

Manchmal frage ich mich, was die Einheimischen von uns denken, wenn wir sie mit Tricks, Kunststücken und lockeren Sprüchen unterhalten. Können sie sich auch nur annähernd vorstellen, dass wir mit dieser Art von »Arbeit« unseren Lebensunterhalt zu Hause verdienen? Dass das Geld, mit dem wir die in der Lagune schwimmende MICO bezahlt haben, kontinuierlich mit ungezählten Jongliershows zusammengespart wurde? Ich erinnere mich zu gerne an Björns Abschlusssatz in seinen Shows in Deutschland, wenn's ums Geldeinsammeln geht: »Liebe Leute, gebt mir Geld. Viel Geld. Ich brauche es. Denn ich spare für meine zweite Segelyacht in der Südsee!«

Und die Zuschauer lachen. Doch Björn und ich lachen am meisten.

*

Graues Wetter den ganzen nächsten Tag hindurch, dazu Regenböen von vierstündiger Dauer. Ben fragt, als wir ihn, Welmina und die vier Kinder zum Mittagessen an Bord einladen, ob wir statt bis Mittwoch, unserem anvisierten Abfahrtstag, nicht bis Freitag zur *fun night* bleiben wollen. Normalerweise ein Spektakel für die Kinder, würden diesmal einige Erwachsene gerne ein Spektakel für uns Gäste daraus machen. Ja, warum eigentlich nicht? Also sagen wir zu. Und bleiben. Was Welmi sofort ausnutzt, uns wieder mit ihrem exzellenten polynesischen Essen voll zu stopfen. Dank ihrer Unterstützung, nehme ich auf Nukuoro mindestens zwei Kilo zu. Doch das ist egal, mir fehlen zum

Gewicht einer durchschnittlichen Polynesierin noch immer rund zwanzig Kilo. Und so lange können und wollen wir auf Nukuoro nun doch nicht bleiben.

Wie jeden Tag sitzen wir auch an diesem Abend um den großen Tisch in Bens Küchenhaus, essen und klönen über Gott und die Welt, die auf solch einem kleinen Atoll immens an Bedeutung verliert. Paris, London, Tokyo, New York – wo in diesem Moment hunderttausende in der U-Bahn sitzen, im Stau oder an der Kasse stehen, an den Börsen oder in den Fußballstadien herumschreien – existieren für uns in diesem Moment nicht mehr als Rotkäppchen und der böse Wolf.

*

Es regnet. Wir nutzen die einzige regenfreie Stunde des Tages, um Heyker Charlie aufzusuchen, einen ausgesprochen höflichen und netten älteren Herrn, der obendrein, wenn er sich in Pohnpei aufhält, als Anwalt fungiert. Laut Ben ist Heyker im Besitz irgendwelcher Schriftstücke in angeblich deutscher Sprache. Angeblich, weil keiner weiß, ob es Deutsch ist (oder Spanisch oder Bulgarisch oder was auch immer). Andere Segler hätten vor ein paar Jahren behauptet, es könnte Deutsch sein. Und da wir die ersten deutschen oder zumindest deutsch sprechenden Besucher seit über zehn Jahren sind, dürfen wir einen Blick in die gehüteten Papiere wagen. Die Kopien des Buches, das ein Freund von einem Freund von Heyker in der Bibliothek in Wellington/Neuseeland fand, entpuppen sich als ein Bericht der Hamburger Südsee-Expedition. Zwischen 1908 und 1910 war unter der Planung des Direktors des Hamburgischen Museums für Völkerkunde, Georg Thilenius, eine Hand voll Anthropologen, Ethnographen, Biologen und Fotografen an Bord des Dampfers PEIHO in den Pazifik gereist. In den damals deutschen Kolonien Neuguinea und Mikronesien hielten sie in Wort und Bild fest, was es an Interessantem über die Eingeborenen, ihre Lebensweise und Gepflogenheiten zu berichten gab. Zusätzlich tauschten sie mit den Einheimischen gegen modernes Angelzeug und die altbekannten Glasperlen eine Vielzahl von Götterstatuen und -masken, traditionellen Werkzeugen, Kochgeräten und Haushaltsgegenständen aus diesen fremden Kulturen, die noch heute vor allem im Hamburger Museum für Völkerkunde bewundert werden können.

Neunzig Jahre später halten wir nun das Kapitel über Nukuoro in den Händen – und das auf Nukuoro. Wir sind in der Lage, das, was da steht, zu lesen, zu verstehen und zu übersetzen. »Mythen und Rituale auf Nukuoro.« Björn und ich sind sofort Feuer und Flamme und finden es unglaublich, dass wir den weiten Weg aus Deutschland kommen mussten, um den Einheimischen von ihren eigenen Göttern und Brauchtümern berichten zu können, ihnen, die dank der Missionierung durch andere Deutsche und Europäer nichts mehr von ihrer eigenen Geschichte wissen.

Mit unserem kostbaren Gut eilen wir an Bord zurück zum Schmökern. Der Regen mit all seinem Tröppelgrau ist uns auf einmal egal. Wir versinken in alten Geschichten über die *ariki*, Götter, die *matai*, Priester, die *tinos*, Götterstatuen und über Wawe, den ersten Siedler aus Samoa, der auf jeder Insel, an der er vorbeikam, König werden wollte. Nirgendwo hat es geklappt, denn überall wurde er im Kampf besiegt und anschließend davongejagt, bloß auf Nukuoro, das bis dahin noch unbewohnt war, konnte er sein Ziel verwirklichen. Fasziniert lesen wir von den verschiedenen Zeremonien, die sich jedes Jahr zur *takatona*-Zeit, der Haupterntezeit, abgespielt haben. Zu Beginn fanden die obligatorischen Gebete statt, gefolgt von einem Festmahl, Tänzen, Wettrennen, noch einem Festmahl, Ringen, noch einem Festmahl, Tätowieren der Frauen und zum Abschluss – wie sollte es anders sein – noch einem Festmahl. Kinder von Traurigkeit scheinen die Nukuoroer auch vor zweihundert Jahren nicht gewesen zu sein, gab es neben den sportlichen und kulinarischen Freuden noch eine weitere, deren normalerweise vorherrschendes Tabu zur *takatona*-Zeit aufgehoben wurde: Alle unverheirateten Mädchen durften jetzt so oft und wann sie wollten die Häuser der unverheirateten Männer aufsuchen. Ach ja, schöne Bräuche hatten sie damals in der Südsee.

Ben hat sich inzwischen mit seinem Freund Turu zu uns aufs Boot gesellt, um auch ja nichts von den Geschichten seiner Vorfahren zu verpassen. Eifrig schreibt er mit, was ich ihm nach bestem Wissen und Gewissen frei Hand übersetze. Von Beerdigungszeremonien und schwangeren Frauen, die, wie auch ihre Ehemänner, bereits fünf Monate vor der Geburt nicht mehr arbeiten durften, sondern von der Familie mit Nahrungsmitteln versorgt werden mussten. Von der Position der Frauen, die zu der damaligen Zeit (um 1908, aber auch schon vorher) respektiert und wirtschaftlich unabhängig waren und die gleichen Rechte und Freiheiten hatten wie die Männer. Und vom Kindesmord, der hier häufig ausgeführt wurde, um Mittellose vor zu vielen Kindern und Nukuoro vor den Problemen der Überbevölkerung zu bewahren.

Wir berichten ihnen von den verschiedenen Tabus, den Regeln, die auf Nukuoro unbedingt eingehalten werden mussten: Man durfte zum Beispiel nicht mit einem Fischspeer an Land herumlaufen oder gar mehr als fünf Speere besitzen, man durfte nicht mit anderen Streit oder Schlägereien anzetteln, niemals Götterstatuen berühren oder sich in der Nähe der Tempel aufhalten, beim Paddeln nicht mit Wasser gegen den Himmel spritzen oder eine Kokosnuss mit einem Holzstück öffnen.

Die Strafe für das Brechen eines Tabus sah meistens so aus: Der Übeltäter wurde an einen Baum gebunden, mit einem Seil gezüchtigt und, in schweren Fällen, zusätzlich noch Hunger, Durst und Hitze ausgesetzt. Nur ganz selten kam es vor, dass der Verbrecher, nach Abstimmung aller Dorfbewohner, verbannt wurde, das heißt, gefesselt in ein Kanu gesetzt und, ohne Nahrung, Trinkwasser oder Paddel, aufs offene Meer hinausgeschleppt wurde.

*

Das Wetter bleibt bescheiden. Zum Dauerregen gesellen sich in der Nacht Sturmböen. Es prasselt und heult, kachelt und stürmt, flattert und gießt auf unser armes Bötchen, das an seiner Ankerkette hin und her tanzt. Wie soll man dabei ein Auge zutun? In solchen Nächten quält mich immer das mulmige Gefühl, eines Morgens ohne Anker auf der anderen Seite der Lagune aufzuwachen. Wir brauchen am Morgen nicht mal mehr aus dem Fenster zu schauen, das Tröppeln des Regens aufs Vordeck verrät uns schon die Farbe des Himmels. Grau ist keine Farbe, sondern eine Zumutung. Diesen Satz zitieren wir schon seit Jahren immer wieder und finden bei unseren Freunden volle Zustimmung.

An einem solchen regnerischen und stürmischen Morgen klopft es an die Bordwand. Ein Besucher namens Nucker möchte uns die Ehre erweisen. Im Gegensatz zu ihm, der schon seit fünf Stunden auf den Beinen ist, sind wir noch nicht einmal angezogen. Wir haben aber auch keine fünf Kinder zu versorgen, um die sich Nucker eigenhändig zu kümmern hat. Denn Nuckers Frau lebt auf Pohnpei mit den anderen fünf Kindern, die dort zur Schule gehen. Unsere Einladung zum Frühstück nimmt er gerne an, obwohl er nicht lange stören, sondern nur ein Geschenk für uns abgeben möchte. Ein alter Mann, den Björn in unserer Show angesprochen hatte, weil er nicht klatschte, hat in den vergangenen drei Tagen einen wunderschönen *tino* für uns geschnitzt. Genau so eine Holzstatue, wie sie in den Texten der Südsee-Expedition beschrieben ist, bloß etwas kleiner, vielleicht siebzig bis achtzig Zentimeter hoch. Laut Nucker ist es ein *tehine ariki,* ein weiblicher Gott. Ich vermute, es ist Ko Kawe, die Gattin des Gottes des Unteren, sprich der Erde. Was für ein Geschenk, einfach so, noch dazu von einem fast Unbekannten. Wir sind total aus dem Häuschen.

Die nächsten vier Stunden verbringen wir mit Nucker im mit Folie überspannten Cockpit, da es immer weiter regnet. Gott, Religion und die Bibel sind Nuckers Lieblingsthemen, und wir lauschen und diskutieren gern mit ihm über diese in der Südsee so selbstverständlichen und in unserer Welt so komplizierten Themen. Die Missionare haben auf Nukuoro wirklich ganze Arbeit geleistet. Nucker kennt die Bibel auswendig wie die deutschen Fußballfans die Bundesligatabellen. Es ist hochinteressant, mit ihm darüber zu argumentieren, wer denn die Gottessöhne sind, die laut Genesis vom Himmel herabstiegen, um sich mit den Menschenfrauen zu vergnügen. Er erzählt uns, wie er dank der Bibel und seines Glaubens an Gott vom Alkohol losgekommen ist, und wir berichten ihm von dem Buch mit dem Titel *Starb Jesus in Kaschmir?*, das uns sehr beeindruckt hat.

Gespannt hören wir zu, als Nucker uns dann die Geschichte der hiesigen Familiennamen erzählt. Irgendein deutscher Pastor scheint sich um die Jahrhundertwende auf der Insel seinen Spaß erlaubt zu haben. Die Familie Ludwig haben wir bereits kennen gelernt, doch es kommt noch viel besser: Nucker heißt Leopold mit Nachnamen, Twiny trägt den Familiennamen Rudolf, Charly heißt Benjamin und Turu hört auf den Namen Adolf. Und das Beste: Keiner von ihnen weiß, dass ihre Nachnamen deutsche Vornamen sind.

Am späten Nachmittag fährt Ben wie jeden Tag hinaus, um das Abendessen zu fangen. Zusammen mit seinem Sohn Matt, dessen Freund Michael und Turu gleiten wir im *banana boat* über die eintönig graue Lagune. Von unten spritzt das Salzwasser, von oben rinnt das Süßwasser über Haare, Haut und Klamotten. Heute wird statt im Wasser auf einem der Motus gejagt. Doch was sich im ersten Moment interessant anhört, nämlich Krebse zu fangen, entpuppt sich als grausames Gemetzel. Die Männer stürzen sich, mit der Machete bewaffnet, begeistert auf ihre Aufgabe: Krebs aufspüren – dauert ungefähr eine Sekunde, da es überall um uns herum im Palmenwald kribbelt und krabbelt – Krebs stoppen – das heißt auf ihn draufzutreten – und Krebs erbeuten – was bedeutet, ihn am Hinterteil hochzuheben und den Bauch der Länge nach aufzuschlitzen. Ich finde die ganze Sache gar nicht lustig. Befremdet stehe ich daneben, beobachte die verängstigten handtellergroßen Tierchen, die um ihr Leben rennen, um sich geschickt unter Baumwurzeln und Blättern zu verstecken, und füttere die Überlebenden mit Brotfruchtnüssen. Eigentlich hatte Welmi uns die Nüsse als Naschproviant mitgegeben, ich finde aber, die Krebse brauchen eine Stärkung nötiger als wir, was der dreizehnjährige Matt mit einem fassungslosen Blick quittiert. Ben dagegen meint, in der Zwischenzeit unbedingt einen Fisch harpunieren zu müssen, da ich mich, wen wundert es, weigere, am Abend Krebse zu essen. Ich möchte aber auch keinen Fisch, ich hatte doch erst gestern und vorgestern und vorvorgestern und ...

Auf dem Rückweg mit weit über hundert Krebsen und einem Fisch im Boot legen wir einen Zwischenstopp auf einem weiteren Motu ein, um Schweinefutter zu holen. Wer vor unserer Ankunft all die Kokosnüsse eingesammelt und zusammengetragen hat, weiß ich nicht. Dreihundert davon finden neben uns sechsen noch Platz im Boot und werden später neben dem Schweinestall vor Bens Hütte aufgeschichtet. Eigentlich haben die Schweine auf Nukuoro ein Leben, wie es sich die meisten Menschen in Deutschland für sich selbst erträumen: an einem Platz an der Sonne am weißen Sandstrand, über dem sich leicht im Wind die Palmenwedel wiegen, und voraus sieht man das glitzernde Türkis der Lagune. Und zusätzlich gibt's Kokosnüsse bis zum Abwinken.

*

Mittlerweile ist es Donnerstag geworden, und es regnet noch immer. Das nervt. Da hätten wir gleich in Deutschland bleiben können.

»Nein«, widerspricht mein weiser Björn, »da ist der Regen 25 Grad kälter.«

Aber das Wetter ist wirklich alles andere als – drücken wir es mal vorsichtig aus – angenehm. Wir können nicht draußen herumspazieren, nicht mit den Kindern auf dem Sportplatz toben oder Volleyball oder Basketball spielen. Sogar auf unserem Boot gibt es nichts mehr zum Reparieren. Also entschließen wir uns, etwas Sinnvolles zu tun: gehen wir Bananen pflanzen. Das bedeutet: den Ableger einer Bananenpflanze ausgraben, an eine neue Pflanzstelle schleppen, den Ableger einbuddeln. Dabei macht Björn die Entdeckung des Tages. Auf Nukuoro werden Holzfiguren von Mantas, den wunderschönen, riesigen Fischen, geschnitzt! Hinter dem Bananenwäldchen versteckt, hockt nämlich Johnny, der Halbbruder von Ben, in seiner Werkstatt und erschafft fantastische, glatt polierte, glänzend braune Kunstwerke. Björns Augen leuchten. Der Tag ist gerettet, vor allem als Ben verspricht, uns einen dieser Mantas als Andenken an Nukuoro zu schenken. Denn, siehe da, Johnny bezahlt seine Verbindlichkeiten bei Ben in Mantas, und in Bens kleinem Steinhaus wimmelt es mittlerweile von den hölzernen Gesellen.

Natürlich schauen wir dann auch noch bei Dalaniele vorbei, dem über siebzigjährigen Schnitzer, um uns bei ihm für den *tino* zu bedanken. Dalaniele aber will keinen Dank für sein so großzügiges Geschenk, auch keine Holzfeilen und kein Schmirgelpapier, er will einfach nur schnitzen. Das liebt er, und er freut sich, wenn wir uns über seine Statue freuen.

Leicht verwirrt kehren wir nach diesen Erlebnissen an Bord zurück, wo Björn auf die abstruse Idee kommt, unseren Danforth-Anker mit der Drahtbürste rostfrei zu schrubben. Ich scheuche ihn mit dem Riesending sofort an Land, damit nicht auch noch Dreck und winzige Metallsplitter unser ohnehin schon wild geflecktes Deck verunzieren.

Aufgeregte Schreie tönen eine halbe Stunde später an mein Ohr. »Birgit!!!«, brüllt Björn, »schnell!«

Ich sprinte an Deck, und Björn legt gerade, wild gestikulierend, mit QUIETSCHIE an, wobei er schon von unten hektisch Schuhe, Paddel, Benzintank an Bord wirft.

»Schnell, hier, nimm den Anker!« Schon wuchtet er das Monstrum unter der Reling hindurch.

»Was ist?«, will ich wissen.

Doch Björn unterbricht mich: »Schnell, das Dinghi sinkt!«, schnappt sich einen überhängenden Tampen und schlingt ihn um den schweren Außenborder, der schon beängstigend tief im Wasser hängt. »Zieh, komm schon, zieh mit!«

Eine Sekunde später sackt das Teil weg, taucht vollends im Wasser unter. Björn steht schon neben mir an Bord und hält mit aller Kraft den Motor, bevor er noch tiefer im Wasser versinkt. Mit vereinten Kräften schaffen wir es, ihn samt der Dinghiruine erst einmal aus dem Wasser zu ziehen, dann den 10-PS-Motor abzuschrauben und schließlich an Bord zu hieven. QUIETSCHIE treibt anschließend wie eine weggeworfene Luftmatratze kopfüber im Wasser.

»Ganz ruhig, ganz ruhig«, beschwichtigt mich Björn sogleich, »es ist alles in Ordnung.«

»Und warum schwimmt dann dieses Wrack vor meiner Nase? Und warum badest du den Außenborder in Salzwasser?«

»Weil der blöde Anker mit der Fluke eine Luftkammer von QUIETSCHIE aufgerissen hat.«

»Na toll. Und wer hat den Anker so blöde ins Dinghi gelegt?«

»Ist gut, ist gut. Ich repariere das alles. Du musst dich um nichts kümmern.«

Das wäre ja auch noch schöner. Mir reicht's schon, dass ich in den nächsten Tagen an Land schwimmen darf.

Doch Björn schafft es, ich weiß nicht wie, innerhalb der nächsten Stunden den zehn Zentimeter langen Riss mit Sikaflex zu kleben. Schön sieht es zwar nicht aus, aber zumindest werden wir morgen früh an Land paddeln können. Der Außenborder dagegen wird wohl für ein paar Tage ausfallen. Ein komplettes Salzwasserbad wird nicht von jedem gleich gut vertragen.

»Den kann ich komplett auseinander nehmen und reinigen«, murrt Björn und hängt ihn, in Erwartung des nächsten Regenschauers, ohne Kappe an die Reling. »Da kann der Regen auch mal was Sinnvolles tun.«

*

Am Freitagmorgen früh um acht Uhr haben wir unseren ersten »Termin« seit langem. Im Versammlungshaus ist Gemeindesitzung, und wir sind dazu eingeladen. An die *micronesian time* bereits gewöhnt, sind wir um zwanzig nach acht da und peinlicherweise die Letzten, die eintrudeln. Ungefähr sechzig Frauen und Männer, darunter einige uns bekannte Gesichter, sitzen schon auf dem Betonfußboden. An der Stirnseite des offenen Hauses thronen hinter einem Tisch, auf Stühlen sitzend, Ioanis, Ben und ein Mann, den wir noch nie gesehen haben. Auf uns warten ebenfalls Stühle.

Nach ungefähr einstündiger Diskussion in der Inselsprache mit vielen Abstimmungen – das Einzige, was wir verstehen, weil wir es ja sehen können – werden schließlich wir zum Thema. Ben stellt uns kurz vor (so interpretieren wir es zumindest), dann sind wir an der Reihe, einen Vortrag über den Inhalt des deutschen Buchs über Nukuoro zu halten. Björn und ich übersetzen abwechselnd vom Deutschen ins Englische, Ben weiter in die Sprache der Insel. Meine anfängliche Nervosität legt sich bald, als ich sehe, wie die Zuhörer von ihrer eigenen Historie beeindruckt sind. Sie hören schließlich zum ersten Mal davon.

»*Te apotonu mai i otou daha.*« – »Wir freuen uns, dass wir hier sein dürfen und bedanken uns.« Und wir versprechen, in Deutschland nach weiteren Berichten und Büchern über Nukuoro zu suchen und sie ihnen zuzuschicken. Zum einen als Dankeschön für die liebenswerten Bewohner dieser liebenswerten Insel. Und zum anderen: Wollten wir nicht immer schon etwas Sinnvolles, etwas wirklich Sinnvolles für die Menschen auf den Inseln hier im Pazifik tun? Jongliershows zu zeigen und Freundschaften zu schließen ist eine nicht zu unterschätzende Geste, aber sinnvolle Entwicklungshilfe zu leisten, ist etwas völlig anderes. Vielleicht ist der Begriff Entwicklungshilfe hier nach dem allgemeinen Sprachgebrauch nicht sonderlich passend –

wir finden Nukuoro und die Bewohner ganz wunderbar entwickelt. Aber sinnvoll ist es, die Geschichte seiner Vorfahren in allen ihren Aspekten (und eben auch aus der Sicht der deutschen Forscher) zu kennen, besonders in Mikronesien, das in den letzten fünfzig Jahren unter US-amerikanischer Besatzung (andere nennen es Treuhandverwaltung) seine Identität zum großen Teil eingebüßt hat und vor allem auf den Hauptinseln dem *american way of life* mit allen Ausschweifungen frönt. Wir haben Chuuk, das ehemalige Truk, eine Woche nach unserer Abfahrt aus Nukuoro dank unseres kaputten Anlassers besucht, und ich kann mit bestem Gewissen behaupten, Chuuk mit seiner Hauptinsel Moen war genau wegen dieser Anpassung der unangenehmste, da unfreundlichste und abgewrackteste Ort auf unserer gesamten Reise. Und der mit Abstand bedauernswerteste.

Nein, Nukuoro soll das sobald nicht passieren. Noch besteht der Geschichtsunterricht in der Inselschule vorwiegend aus amerikanischer Bürgerkriegsgeschichte, aber vielleicht sind wir ja in der Lage, das in den nächsten Jahren zu ändern. Ben träumt bereits davon, die Geschichte Nukuoros im Unterricht durchzunehmen, und Ioanis, der Schulleiter, ist ganz seiner Meinung. Es liegt an uns, ab Mai die Archive des Ethnologischen Instituts des Völkerkunde-Museums in Hamburg nach dem Original zu durchforsten. Und wir wurden fündig: Das Buch, dessen Auszüge wir in Kopien auf Nukuoro in den Händen hielten, steht in der Hamburger Bibliothek: *Ergebnisse der Südsee-Expedition 1908–10.* Nicht ausleihbar, aber kopierbar. Mit all den faszinierenden Geschichten vom Stammvater Wawe, von den verschiedenen Göttern, den tupua, von Bräuchen und Riten, von Priestern und Steinfiguren und einem kleinen Wörterbuch Nukuoro – Deutsch. Es wird einige Zeit dauern, bis wir die Geschichte von Nukuoro aus dem Deutschen ins Englische übersetzt haben. Dann liegt es an der Post, das kostbare Gut heil um die halbe Welt zu befördern, und anschließend liegt es an Ben und den anderen Lehrern, ihr neu erworbenes Wissen an die junge Generation weiterzugeben.

Den Rest des Vormittags verbringt Björn damit, den Außenborder auseinander zu nehmen, ich beschäftige mich damit, einige Dinge ins Gästebuch der Insel zu malen und zu schreiben. Das Buch hat ein vorausschauender Segler vor zehn Jahren dankenswerterweise hier platziert. Ein Buch, in dem sich die Gäste der Insel, zumindest die netten, mit Worten, Fotos und künstlerischen Versuchen bedanken und verewigen können. Im Gegensatz zu Kapingamarangi scheinen hier tatsächlich kaum Fahrtenyachten vorbeizukommen. Die letzten Besucher, eine japanische Familie, betraten Nukuoro vor mehr als einem Jahr.

Um zwölf Uhr habe ich erneut eine Verabredung. Welmi will mir zeigen, wie man im Erdofen, im *umo*, backt. Das freut mich, weil ich mich für die Zubereitung im *umo* interessiere, gleichzeitig ist diese Einladung aber auch ein Zeichen dafür, dass Welmi allmählich auftaut. In den letzten Tagen war es immer Ben, der vorbeikam, der sich um uns gekümmert, mit uns geredet hat. Welmi dagegen war zwar freundlich zu uns, aber auch ein wenig reserviert. Doch langsam scheint sie uns in ihr Herz zu schließen, wird offener, erzählt mir mehr von ihrem Alltag, ihren Kindern, ihrem Leben auf der Insel. Und vom *umo*.

Der *umo* oder *mumo*, oder wie auch immer er auf den anderen Inseln heißt, ist der polynesische Backofen und im gesamten pazifischen Raum verbreitet. Normalerweise wird im *umo* Fleisch, bevorzugt Schwein, gegart, und kein großes Fest kommt ohne ihn aus. Welmi möchte heute allerdings Brot backen, und da sie sich zwar im Luxus eines zweiflammigen Gasherdes, jedoch keines Ofens befindet, braucht sie den *umo*, der in einer kleinen *umo*-Hütte untergebracht ist. In einer Mulde auf dem sandigen Erdboden wird ein Feuer aus trockenen Kokosfasern entzündet. Darauf werden handtellergroße Steine gelegt, die zwecks ihrer besonderen, Wärme speichernden Eigenschaften den weiten Weg aus Pohnpei bis hierher zurücklegen mussten. Sobald das Feuer wieder erloschen ist, kommt eine metallene Kastenform mit Platz für ungefähr fünfzehn Brote in die Mitte, die heißen Steine werden darum herum und oben drauf platziert und das Ganze mit den riesigen Blättern vom Brotfruchtbaum, zwei alten Säcken und Sand bedeckt. Dann braucht man nur noch die Küchenuhr zu stellen, die Welmina tatsächlich besitzt, und eine Dreiviertelstunde später liegt nach dem Ausbuddeln leckeres, duftendes Brot vor uns. So einfach ist das.

Da Welmi und Ben trotz ihrer vier Kinder in drei Tagen keine fünfzehn Brote aufessen können, bekommen wir ein Brot und ihre Freunde ebenfalls und auch noch ein paar Familien, die gerade sehr wenig Geld zur Verfügung haben und für jede kulinarische Abwechslung dankbar sind. Manchmal verschenkt Welmi auch Reis und Mehl an Leute mit Kindern, die sich außer Brotfrucht, Bananen und Taro nichts anderes leisten können. Und zwar, soweit wir mitbekommen haben, ohne das Wissen von Ben.

Nachmittags bereiten wir uns für unser Abendprogramm vor. Heute ist Freitag, und Freitagabend findet ja die berühmte *fun night* statt. Björn bremst meine Vorfreude und meint, wir sollten nicht allzu große Erwartungen haben. Wahrscheinlich seien wir die Einzigen, die ein Showprogramm liefern …

Erstaunlicherweise regnet es nicht, und eine ansehnliche Menge an Zuschauern hat sich vorm Schulgebäude versammelt. Ich könnte wahrscheinlich jede Wette gewinnen, dass alle Kinder von Nukuoro anwesend sind – es wimmelt und lärmt und lacht und tobt überall um uns herum –, aber auch einige der sehr alten Dorfbewohner haben den Weg zum Sportplatz geschafft. Besonders beeindruckt sind wir von einem über neunzigjährigen, hoch gewachsenen, schlanken Mann, der uns mit seinen langen weißen Haaren und seinem schönen, ausdrucksstarken Gesicht besonders auffällt. Seine Ehefrau, die im Gegensatz zu ihm nicht mehr so gut zu Fuß ist, hat er in einer Schubkarre mitgebracht.

Die Vorstellung beginnt. Zwischen zwei kurzen Gebeten führen wir unsere kleinen albernen Tricks vor und lachen, glaube ich, am meisten darüber. Björns Jongliershow und mein Stelzentanz sind ja bereits allseits bekannt. Aus diesem Grund probieren wir deshalb ein paar neue Scherze aus. Interessanterweise lautet auf Nukuoro wie auch auf vielen anderen pazifischen Inseln die Devise: je oller, desto doller. Besonders beim Trichtertrick, den Björn vor Urzeiten in einer Kneipe im australischen Busch kennen gelernt hat, kugeln sich die Zuschauer dann vor Lachen. Björn verspricht dabei einem Freiwilligen, der zu uns auf die »Bühne« kommt, fünf Münzen in der Landeswährung, falls dieser es schafft, auch nur eine dieser Münzen von seiner Stirn direkt in einen Trichter zu befördern, der in seinem Hosenbund steckt. Während das arme Opfer, das mit ausgestreckten Armen und hocherhobenem Haupt die Münze zu balancieren versucht, von Björn zugelabert wird, schlendere ich wie zufällig an dem Unglücklichen vorbei und gieße ein Glas Wasser in den Trichter, sodass er natürlich nichts als eine pitschnasse Hose bekommt. Wer jetzt der Meinung ist, das wäre niveaulos, kann das gerne sagen. Wir haben niemals das Gegenteil behauptet.

Nachdem wir begeistert beklatscht und belacht worden sind und uns unzählige Male verbeugen durften, sitzen wir in der ersten Reihe und harren der Dinge, die da kommen. Bens Töchter, Medlin und Merlina, und zwei Freundinnen haben – wohl auf Wunsch des Vaters – einen kleinen Tanz einstudiert. Eine sehr interessante Kombination: Tanzschritte und Armbewegungen, wie sie den Traditionen Nukuoros entsprechen, zu moderner amerikanischer Popmusik. Uns gefällt's. Nach der Tanzdarbietung erheben sich die *girlscouts*, die mikronesische Variante der Pfadfinder, also die Hälfte aller anwesenden Kinder, und stellen sich zusammen mit Twiny und einigen anderen Frauen im Halbkreis vor uns auf. Dann erklingen vierzig zarte Stimmen, und das Lied, das sie für uns singen, ja sogar extra für uns komponiert haben, weht in der Abenddämmerung zu uns herüber. Erst in ihrer eigenen Sprache, dann auf Englisch, dann nochmals in der Inselsprache.

»*Tanua, tanua, tanua, we are glad to meet you, tanua, tanua, tanua* ...«

Tanua bedeutet hallo – und für uns bedeutet dieses einfache Lied mehr, als sich irgendjemand vorstellen kann. Wir sind gerührt und glücklich, und die Melodie ist so wunderschön und gleichzeitig irgendwie traurig.

Aber das Berührendste steht uns noch bevor. Nach der Dankesrede von Björn und der anschließenden von Ben werden wir beide zu einem auf dem Rasen aufgestellten Tisch geführt, auf dem die Präsente der Dorfbewohner für uns bereitliegen. Geschenke – für uns! Eine dieser herzerwärmenden Aufmerksamkeitsaktionen auf Nukuoro! Jeder, der uns etwas schenken will, hatte in der letzten Stunde Zeit dazu, sein Geschenk auf dem Tisch zu platzieren, ohne dass wir wissen, von wem es kommt. Wir fühlen uns wie Kinder am Heiligen Abend, als wir uns mit leuchtenden Augen und klopfenden Herzen dem Gabentisch nähern. Ich traue meinen Augen kaum, als ich die wunderschönen Dinge, die für uns bestimmt sein sollen, vor mir ausgebreitet sehe. Bin mir nicht sicher, ob ich vor lauter Glücklich- und Gerührtsein eher lachen oder weinen soll. Und entschließe mich, einfach ein bisschen von beidem zu tun. Da liegt ein *lavalava* (Wickelrock) auf dem Tisch, daneben liegen ein fein geflochtener Strohhut aus Pandanusblättern, ein Kettchen mit einem Delfin als Anhänger, Kaurischnecken in allen Formen und Farben und – zu schön um wahr zu sein – ein riesengroßes zauberhaftes Tritonshorn. Dahinter stehen ein kunstvoll aus Palmenwedeln geflochtener großer Korb und ein weiterer, der bis zum Rand mit Papayas, Bananen und Ananas gefüllt ist.

Was sollen wir dazu sagen, was tun? Wir bedanken uns bei allen zusammen für jedes einzelne Geschenk. Und schweben auf Wolke sieben. Als es ganz dunkel geworden ist, leert sich der Sportplatz, da die meisten Kinder nach Hause geschickt werden. Um uns herum stehen nur noch etwa zwanzig Personen, die meisten von ihnen sind uns sehr vertraut. Doch der Abend ist noch nicht zu Ende. Welmi nimmt uns am Arm und geleitet uns zu einem weiteren Tisch, der sich von der Last der auf ihm aufgetürmten Speisen fast schon biegt. Poisson Cru, Fisch, *soro* (geraspelter Bananenkuchen), Tarokuchen, Reis, Bananenpfannkuchen – jeder der Anwesenden hat eine der Köstlichkeiten beigesteuert.

»Das Buffet ist eröffnet!«

Ich lache und bin glücklich und strahle Björn an. Der strahlt zurück, mit voll gestopften Backen natürlich. Wie fühlen wir uns geehrt und geliebt inmitten all dieser herzlichen, netten Menschen. Vielen, vielen Dank an Ioanis, Heyker, Yona, Twiny, Turu und natürlich an Ben und Welmi!

*

Noch ein letzter Tag verbleibt uns auf Nukuoro, ein sonniger, strahlendschöner Tag. Björn widmet sich gleich früh am Morgen seiner neuen Alltagsbeschäftigung: Außenborder reinigen, zusammenbauen, ausprobieren, auseinander bauen, reinigen und das Ganze noch einmal von vorne.

»Es sieht gut aus«, meint er, »der Motor wird bald wieder laufen, noch viel besser als vorher.«

Warten wir's ab.

»Komm, lass uns noch ein letztes Mal einen Spaziergang durch das Dorf machen.«

Wir gehen einen von Farnen und Moosen bewachsenen Pfad entlang, unter den mächtigen Baumriesen hindurch, bis zum sumpfigen Inselinneren, das einen optimalen Nährboden für die Taropflanze abgibt. Abgab, muss man inzwischen sagen, denn wo bis vor wenigen Jahren noch mehr als mannshohe Taropflanzen mit ihren regenschirmähnlichen Blättern wuchsen, welken heute einige kümmerliche gelbe Pflanzen in Kniehöhe vor sich hin. Wir haben natürlich schon davon gehört, doch es macht einen großen Unterschied aus, ob man es in der Zeitung liest oder *live* die Folgen sieht: Ich spreche vom Ansteigen des Meeresspiegels, das dazu geführt hat, dass die tiefer gelegenen Feuchtgebiete mittlerweile salzwasserverseucht sind. Was das für die Inselbevölkerung bedeutet, deren Subsistenzwirtschaft auf Taro und Fisch basiert, kann sich jeder selbst ausmalen. Zum Glück sprang in Notzeiten, wie nach dem letzten Hurrikan vor ein paar Jahren, die amerikanische Entwicklungshilfe ein und versorgte die hungernde Bevölkerung mit Büchsensardinen, Milchpulver und Süßkartoffeln aus der Dose. Freudige Aussichten für Nukuoro!

Auf dem Rückweg die Hauptstraße entlang bewundern wir Twinys winzig kleine, aber äußerst hübsche Hütte und machen kurz bei Dalaniele Halt. Nur um festzustellen, dass er noch immer oder schon wieder am Schnitzen ist. Diesmal macht er für uns einen Kokosnussschaberschemel. Klein genug, dass wir ihn mit nach Hause nehmen können, doch mit allen Details. Und statt eines Metallschabers, wie er heutzutage in Mikronesien verwendet wird, ziert ein Stück gezahntes Perlmutt den Hals des Schemels. Warum ist dieser alte Mann bloß so nett zu uns? Und wie können wir uns für dieses neue Kunstwerk revanchieren?

Weitere Geschenkorgien folgen. Von Ben bekommen wir den versprochenen Manta, von Welmi eine riesige Pandanusmatte. Und, sie hat es sich in den Kopf gesetzt und ich soll ihn als Erinnerung an sie tragen, einen echten mikronesischen Rock mit bunten Blumen am Saum. Dafür wandert unser *Kleine-Fische-*Spiel in ihren Besitz, ebenso unsere gesamten Schokoladen- und Nutella-Bestände.

Am Abend besucht uns Ben noch ein letztes Mal allein an Bord. Zu seiner und zu Ehren der Insel öffnen wir unsere Extra-Flasche Sekt, die wir neben den anderen vieren für Weihnachten, Neujahr, Äquatorüberquerung und Ankunft am Zielhafen »für einen ganz besonderen Anlass« in Australien erstanden haben. Und heute ist wirklich ein ganz besonderer Tag, denn unser Gast an Bord hat noch niemals in seinem Leben Champagner getrunken und ist schon seit Tagen ganz wild darauf, dieses sagenumwobene Getränk einmal selbst zu probieren. Ich sehe es noch heute genau vor mir, besonders den wunderbaren Ben mit seinen wuscheligen Haaren, wie wir zu dritt mit unseren Plastiksektgläsern anstoßen und er voller Erwartung einen tiefen, langen Schluck nimmt. Und dann noch einen und noch einen.

»Und?«, fragt Björn.

»Schmeckt gut«, antwortet Ben, »wie Bier.«

Also trinken wir noch ein Glas und dann noch eins von unserem Essigwein, der Ben übrigens genauso gut mundet. Ach was sind wir drei beschwipst und gut gelaunt!

*

Verkatert rollt sich mein Körper am nächsten Morgen um sieben Uhr aus dem Bett, fast mechanisch bringe ich unter Deck alles in Ordnung und bereite mich auf den unvermeidlichen Abschied vor. Eine lange Umarmung von der gerührten Welmi, eine kurze, männlich-kühle von Ben folgen. Die Kinder sind bereits in der Sonntagsschule, worüber ich sehr froh bin. Ich hasse Abschiede.

»*Deabodonu!*«, danke, und auf ein Wiedersehen, irgendwann. Nukuoro, du wunderschönes allerliebstes Inselchen!

Am Strand stehen die Freunde und winken. MICO tuckert der Riffausfahrt zu. Ich heule wie ein Schlosshund. Die Passage ist einfach zu meistern, eine Meile weiter draußen am Riff geht uns ein dicker Wahoo an den Haken und lässt nach einem kurzen Kampf ein blutverschmiertes Cockpit zurück. Hinter uns liegt ein kleines Korallenatoll in den Weiten des Meeres, mit seinen Inselchen und seinen Bewohnern, die für uns elf Tage lang unsere Welt bedeuteten, und verschwindet dann langsam am Horizont.

Am Abend wird Ben im Pass trawlen. Welmi wird Pfannkuchen backen und Nucker seinen Brotfruchtbaum besteigen. Und die Kinder werden, wenn das Wetter es zulässt, ausgelassen auf dem Sportplatz herumtoben. Alles wird sein wie immer. Nur das kleine Segelboot in der Lagune wird nicht mehr da sein. Wir kämpfen uns unterdessen durch immer höher werdende Wellenberge auf der Suche nach einem weiteren winzigen Atoll gen

Norden. Und ich frage mich ununterbrochen, warum ich schon wieder auf diesem schaukelnden Ungetüm sitze und nicht bei Welmi in der Küche, wo ich meiner Meinung nach viel besser hinpasse. Und obwohl Björn in Gedanken bereits unsere zweite Reise nach Nukuoro plant, ist es kein Trost für mich. So wie während der letzten Woche wird es nie wieder sein. Der einzige Trost, der mir wirklich bleibt, ist die Erkenntnis von Jean Paul, mit der auch mein Reisetagebuch beginnt: »Erinnerung ist das einzige Paradies, aus dem man nicht vertrieben werden kann.«

Abstecher in die Vergangenheit

Ifalik

Meine wohlverdiente Nachtruhe wird durch einen markerschütternden Schrei von Björn abrupt unterbrochen: »Großsegel runter!«

Eben noch in der warmen, gemütlichen Koje dösend, stehe ich fünf Sekunden später nackt im Dämmergrau, aus dem mich der Regen horizontal anprasselt. Eine Minute danach liege ich wieder unter Deck und darf weiterschlafen – patschnass und durchgefroren. Die Squalline ist in der Ferne verschwunden, doch MICO eiert noch unsicher wie ein kleines Baby über die Wellen, und das Großsegel flappt bei jedem Wasserhügelchen.

Chuuk liegt meilenweit hinter uns und wird hoffentlich bald und für alle Zeiten aus meinem Gedächtnis verschwinden. Denke ich nämlich an Chuuk, denke ich an von Bierdosen gesäumte Straßenränder und an Supermarktregale, in denen sich Dosenschinken, Dosenfisch, H-Milchprodukte und Schlagsahne aus Maissirup stapeln. Ich denke an Alkoholmissbrauch, Videoactionfilme und eine Nach-mir-die-Sintflut-Wegwerfgesellschaft. Ich wage es sogar, über die Mentalität auf Chuuk die Hypothese aufzustellen: Je teurer das Auto, je cooler die Sonnenbrille, je neuer das *Chicago-Bulls*-Trikot, desto mehr zeigen die Mundwinkel der herausgeputzten, gelangweilten Chuukesen nach unten und die Nase nach oben.

Unser Anlasser funktioniert nach der Woche auf dieser Insel allerdings wieder eins a, und zwar dank der freundlichen Hilfe des CAT-Teams, einem zivilen Ableger des US-Militärs. Die Jungs haben nicht nur ein paar Teile erneuert, sondern auch das Schimmelgrün und Rostrot im Starter wieder in glänzendes Metallgrau verwandelt. Unter diesem Gesichtspunkt hat sich unser Stopp in Chuuk wenigstens gelohnt. Denn ganz ohne Motorunterstützung wollte ich nicht in West Fayu, unserem nächsten Atoll, einlaufen. Mir hat schon das Herumirren unter Segeln und mit QUIETSCHIES Hilfe in der Lagune von Chuuk gereicht.

Ohne ständig die Segelstellung korrigieren zu müssen, das heißt ohne allzu große körperliche Anstrengung, kommen wir nun gut voran. So gut sogar, dass wir sechzig Seemeilen vor unserem Ziel nach einem erneuten Blick auf die Seekarte (»Was, sooo klein ist West Fayu?«) kurzerhand beschließen, gleich die fünfundsechzig Seemeilen bis zum nächsten unbewohnten Atoll namens Olimarao weiterzusegeln. Oder doch gleich noch neunzig Meilen weiter nach Ifalik? Denn eigentlich wollen wir ja auch die Menschen treffen und kennen lernen, die auf den abgeschiedenen Outer Yap Islands wohnen und leben. Es ist bereits Ende März, und wir haben nur noch so wenig Zeit! Innerhalb der nächsten sechs Wochen müssen wir ein Fleckchen finden, wo wir MI COLUMPIO ein paar Monate lang vertrauensvoll zurücklassen können. Denn ab Mai beginnt die Freiluftsaison in Deutschland – und mit ihr steigen all die Festivals und Feste und Feiern, auf denen wir als *Traumtänzer und Björn de Vil* auftreten werden.

Aus den sechzig plus fünfundsechzig plus neunzig Seemeilen nach Ifalik werden am Nachmittag übrigens bedeutend weniger. Nicht, weil wir plötzlich schneller geworden sind oder ein paar Meilen übersprungen haben, sondern weil wir nach vier Monaten endlich entdeckt haben, was wir schon zu Beginn unserer Reise in Townsville hätten entdecken sollen. Unser GPS hat es gewagt, sich unbemerkt den australischen Maßeinheiten anzupassen, und ungefragt beschlossen, von nun an in britischen Meilen statt in Seemeilen zu zählen. Für mich, die ich mit Kilometerangaben aufgewachsen bin, ist Meile gleich Meile. Und *mile* steht ja auch seit drei Monaten auf der GPS-Anzeige. Bloß vorher stand dort immer nm – für *nautical mile.* Und eine Seemeile ist nun mal 1, 85 Kilometer lang, im Gegensatz zu einer britischen Meile mit ihren 1,61 Kilometern. Durfte ich nach einem halben Jahr Aufenthalt in Deutschland nicht auch mal was vergessen? Björn hat den Rest des Tages nichts Besseres zu tun, als mich zu hänseln und auszulachen. Als ob er selbst nie einen Blick aufs GPS geworfen hätte! Ich habe nur die Wegpunkte eingegeben und die Positionen in den Seekarten vermessen. Idiot!

Aber auch ihm vergeht das Lachen, als wir mit einem Mal erkennen, dass wir nicht nur eine viel kürzere Strecke gesegelt sind, als wir bis dahin gedacht haben, sondern auch, dass Mi Columpio viel langsamer gesegelt ist, als wir vermuteten. Frust breitet sich an Bord aus. All die wonnigen Etmale von hundertzwanzig bis hundertvierzig Seemeilen, die wir in den letzten Wochen regelmäßig zurückgelegt haben, sind nicht auf unsere ausgereiften Segelkünste zurückzuführen, sondern auf diesen lächerlichen Zählfehler. Wie desillusionierend und peinlich! Alle Entfernungs-, alle Geschwindigkeitsangaben dieser Reise sind schlicht und einfach falsch! Falls sich nun jemand die Mühe machen möchte, die richtigen Distanzen auf den letzten Seiten zu ermitteln, kann er das gerne tun. Ich mache es jedenfalls nicht. X mal 1,61 durch 1,85 ergibt den Wert in Seemeilen. Viel Spaß beim Rechnen!

*

In dieser Nacht verabschiedet sich Arndt mal wieder, hoffentlich nur zeitweilig. Der Kurs ist aber auch zu unruhig. Flapp, flapp, flapp machen die weißen Lappen. Unbegreiflich, warum so viele Segler von achterlichem Passatwind schwärmen. Bei keinem anderen Kurs macht Mico ihrem Namen mehr Ehre, rollt unser Schiffchen ärger von einer Seite zur anderen. Und wir gezwungenerweise mit ihm. Wie soll man dabei ein Auge zukriegen?

Erneut jagt eine Regenbö über uns hinweg. Wenig später höre ich Björns Stimme im Cockpit, die sich vor Begeisterung fast überschlägt: »Du glaubst nicht, was ich hier sehe! Du glaubst es einfach nicht! Komm raus und schau es dir an! Das ist unglaublich!«

Und es ist unglaublich. Die Regenwolke hat sich verzogen, der Vollmond strahlt in seinem blendenden Weiß hoch oben am Himmel. Und vor uns, ich traue meinen Augen kaum, leuchtet im Dunkeln ein Regenbogen. Ein echter Regenbogen in all seinen Spektralfarben, ein Regenbogen wie aus dem Bilderbuch, bloß ein klein wenig dunkler. Und das mitten in der Nacht! Staunend stehen wir beide auf dem Vordeck. Vergessen ist das Geschaukel, vergessen die Müdigkeit. Die Magie dieser Vollmondnacht mit ihrem bezaubernden Farbenspiel hüllt uns beide ein. Wundersame Natur.

Am Morgen begrüßt uns bestes Segelwetter. Lang gezogene, rauschende Wellenberge schieben MICOLITO vor sich her. Kaum ein Wölkchen trübt den leuchtend blauen Himmel oder das Glitzern des Sonnenlichts auf dem Wasser. Noch hundertdreißig Seemeilen! Echte Seemeilen übrigens. MICO will heute erst recht zeigen, was in ihr steckt, und prescht über den Ozean. Wir geben uns dabei einer Gemüseorgie hin. Das Beste von Chuuk haben wir selbstverständlich mitgenommen: Gurken, Karotten, Eisbergsalat – fein geschnippelt zum zweiten Frühstück serviert. Mal leistet uns ein eleganter Flieger, ein Albatros, stundenlang Gesellschaft, mal eine Schule rosaschnauziger Delfine. In der vergangenen Nacht flutschte sogar ein Fliegender Fisch der Länge nach übers Bimini und landete schließlich, wild um sich schlagend und einen höllischen Gestank nach altem Fisch verbreitend, genau neben mir im Cockpit.

Das Atoll Lamotrek lassen wir unbesichtigt rechter Hand liegen. Die hohen Bäume der Insel hat ein Taifun, der vor zwei Jahren über sie hinwegfegte, bis auf den letzten umgelegt. Dafür erscheinen kurz darauf zwei Inselchen vom Elato-Atoll in unserem Blickfeld. Es liegen doch erstaunlich viele Inseln in diesem Meer herum ...

Dann meldet sich unsere Angel. Beute! Sogar zu zweit können wir die Leine kaum halten, so stark ist der Zug am anderen Ende. Was da wohl dranhängen mag? Im nächsten Moment sehe ich in ungefähr siebzig Metern Entfernung den Kämpfer sich kraftvoll aus dem Wasser emporschnellen. Ein riesiger Schwertfisch zappelt da, der bestimmt seine dreißig Kilo schwer ist. Noch einmal reißt er an der Leine und noch einmal und noch einmal. Dann ist er verschwunden, und mit ihm haben uns auch Angelhaken und Stahlvorfach verlassen. Wir stehen mit leeren, aber schmerzenden Händen da. Was soll's! Was hätten wir zwei auch mit solch einem Brocken angefangen?

*

Neuerdings sind sogar unsere Nächte geruhsam. Ich schlafe in meinen Ruhephasen von elf bis zwei und fünf bis acht Uhr morgens hervorragend. Sogar wenn ich Wache habe, dämmere ich regelmäßig nach fünf Minuten weg und lasse mich nur alle halbe Stunde vom Küchenwecker wecken, um nach Schiffen Ausschau zu halten. Immerhin entdeckt Björn am Morgen in weiter Ferne eines, das Einzige.

Zur Mittagszeit baut sich achtern eine dunkle Wolkenwand auf und schiebt sich bedrohlich und keineswegs langsam heran. Innerhalb von Minuten verdoppelt sich die Höhe der Wellen. Mico rauscht über sie hinweg wie ein Surfbrett. Mühsam schaffe ich es gerade noch, das Großsegel herunterzuziehen. Immerhin passiert die ganze Chose diesmal erst nach dem Essen. Normalerweise warten Fronten immer, bis wir zu Ende gekocht haben. Wenn wir es uns dann im Cockpit gemütlich gemacht haben und den ersten Bissen zu uns nehmen wollen, schlagen sie gnadenlos zu. Lassen die Kartoffeln vom Teller kullern oder die Soße aus dem Topf schwappen oder Wellen ins Cockpit einsteigen, um unsere Suppe zu verwässern.

Eine halbe Stunde später ist der Spuk vorbei.

»Ifalik voraus!«, schreit Björn, als die Sicht wieder klar ist.

Ein paar Minuten später entdecken wir zwei weiße Segel. Werden wir vielleicht auf ein paar Yachties treffen? Nein, weit gefehlt. Zwei große einheimische Segelkanus mit rot bemalten Vorsteven nähern sich uns, die fünf, sechs kernigen, jungen Männer an Bord grüßen. Ein unglaublicher Anblick! Als wären wir in einem anderen Jahrhundert gelandet. Oder in einem Museum. Dass es solche Kanus tatsächlich noch gibt! Und hier vor Ifalik segeln und gleiten sie leicht wie Federn übers Wasser, vollführen in Sekunden eine elegante Wende und zischen dann wie Pfeile von dannen. Wow! Ifalik verspricht interessant zu werden!

Aus genau diesem Grund haben wir dieses Atoll ja als nächsten Ankerplatz erwählt. Nirgendwo in Mikronesien sollen die Bewohner so traditionsbewusst leben wie auf den umliegenden Outer Yap Islands und nirgendwo in den Outer Yaps so herkömmlich wie auf Ifalik.

Vorsichtig tasten wir uns durch die breite, aber flache und von Korallenköpfen gespickte Einfahrt in die Lagune hinein. Schon wieder ein Atoll wie aus dem Bilderbuch. Kreisrund, mit unzähligen kleinen Palmeninseln auf dem Riff und blendend weißen Sandstränden.

»Lass uns dahinten vor dieser großen Hütte ankern, das könnte die Hauptinsel sein«, schlage ich vor.

Fünf Sekunden später geht das erste Kanu längsseits. Tony und Ramon stellen sich vor und bitten uns, zu ihrem Häuptling Pekarima zu kommen, der im Männerhaus schon auf uns wartet. Wir haben zwar gelesen, dass man auf den Outer Yaps zuallererst den Häuptling aufsuchen, ihm ein kleines Geschenk überreichen und ihn um Erlaubnis bitten soll, ein paar Tage bleiben zu dürfen. Aber jetzt, da die unmittelbare Begegnung mit einem Häuptling in Wirklichkeit ansteht, sind wir beide schon ein bisschen aufgeregt. Hoffentlich machen wir nichts falsch, verletzen weder Etikette noch Ehre noch sonst irgendetwas.

Am makellosen Sandstrand empfängt uns ein stämmiger Mann mit einem Schwall von Willkommensgrüßen: »*Welcome to Ifalik.* Wir freuen uns so, dass ihr da seid. Ich bin Martin, der Dolmetscher und die rechte Hand unseres Häuptlings. Willkommen, Willkommen!«

Er geleitet uns zum Männerhaus, der großen »Hütte«, die wir schon bei unserer Ankunft bemerkt haben. Dort sitzt im kühlen Schatten der alte Häuptling Pekarima im Kreise seiner Gefolgsleute und begrüßt uns in der Inselsprache. Martin übersetzt. Die Begrüßung besteht genau genommen aus zwei Themen, wobei der Schwerpunkt eindeutig auf dem letzten liegt. Erstens: willkommen, und zweitens: Er benötige dringend Zigaretten und Batterien, vier Stück von der Größe A3. Oha! Aber kein Problem. Als halb militante Nichtraucher haben wir natürlich einen riesigen Zigarettenvorrat an Bord, der ausreichend ist, um uns auf dieser Insel tausend Freunde zu machen. Denn nicht nur beim Häuptling herrscht Zigarettenmangel. Das letzte Versorgungsschiff hat vor über drei Monaten vorbeigeschaut, die letzte Zigarette wurde vor einem Monat auf Ifalik gesehen. Seitdem heißt es warten – und leiden.

Gerne verteilen wir die in weiser Voraussicht mitgebrachten Glimmstängel unter den anwesenden Männern. Natürlich sind nur Männer anwesend. Es ist schließlich ein Männerhaus, für Frauen strikt verboten. Die stehen ein paar Meter abseits versteckt zwischen den Palmen und beäugen neugierig uns Neuankömmlinge. Warum ich als einzige Frau das Männerhaus betreten darf, ist mir schleierhaft. Wahrscheinlich, weil ich weiß bin. Oder weil ich Gast bin. Oder beides zusammen.

Auf jeden Fall genieße ich es, diese Männergesellschaft um mich herum aus nächster Nähe betrachten zu können. So sehen sie also aus, die Yapesen, die echten Mikronesier. Ein gewisser asiatischer Einschlag ist unverkennbar. Dafür fehlt mir die Offenheit der Papuas auf ihren Gesichtern. Aber die ungewöhnliche Aufmachung fasziniert mich. Nicht nur Motorboote sind auf Ifalik verboten, sondern auch T-Shirts und Baseballkappen, ja westliche Klamotten im Allgemeinen. Getragen wird, was seit Jahrhunderten getragen wird. Bei den Männern heißt das *thu*, und das ist eine schmale, durch den Schritt gezogene und um die Hüften geknotete Stoffbahn in leuchtendem Blau oder Rot. Die Frauen tragen als einziges Bekleidungsstück den selbst gewebten *lavalava*, also nichts weiter als ein achtzig Zentimeter breites und zwei Meter langes um die Hüfte geschlungenes Tuch.

Ich komme mir wie ein Voyeur vor inmitten all der nackten braunen Haut. Björn fühlt sich ähnlich. Aber es hat auch was für sich. Das Sprichwort »Kleider machen Leute« passt hier bestens. In PNG wirkten auch die Bewohner weit abgelegener Inseln viel vertrauter auf uns, dank ihrer westlichen Verkleidung, ihrer abgerissenen T-Shirts und durchlöcherten Hosen. Hier dagegen tauchen wir in eine komplett fremde Welt ein.

Zurück an Bord, die Dämmerung bricht bereits herein, schaut ein Besucher namens Romeo samt Sohn vorbei. Er hat ein Abendessen für uns. Gekochte Brotfrucht in Kokosnusscreme und Tunfisch, alles essfertig und noch warm. Grandios! Womit haben wir das verdient? Wir schlemmen, während er unsere Zigaretten genießt.

Noch wissen wir nicht genau, was wir von dieser Insel halten sollen. Das so vertraute Lächeln PNGs fehlt uns.

*

Am nächsten Morgen weckt uns unsere lärmende Ankerkette, die mit einem Korallenblock Tuchfühlung aufgenommen hat. Überdies bringt ein leichter Schwell, der über das nicht ganz geschlossene Außenriff in die Lagune schwappt, MICO zum Rollen. Wir schaukeln zum Gotterbarmen, und das Cockpit wimmelt bereits von mindestens hundert Fliegen. Äh! Keine zehn Sekunden später haben sie uns erobert und besetzt. Widerlich! Wir sollten schnellstmöglich von dieser Insel verschwinden, es ist kaum zum Aushalten!

Zwei Kanus halten auf uns zu.

»Der Häuptling wartet auf euch!«

Diesmal werden wir zu seinem Wohnhaus geführt. Was verlangt noch mal die Etikette beim Betreten eines Häuptlingshauses? Kopf und Oberkörper gesenkt halten, Blick zum Boden gerichtet. Als wir in die ganz aus Naturmaterialien gebaute Hütte treten, verstehe ich auch warum. Die Türöffnung ist noch nicht mal einen Meter vierzig hoch. Wir überreichen Pekarima die Batterien, die eigentlich für unser Miniradio gedacht waren, und er nimmt sie wie selbstverständlich entgegen und kommt gleich mit einer weiteren Forderung auf uns zu. Wir sollen eine Inseleintrittsgebühr zahlen, zwanzig US-Dollar pro Person. Auch davon haben wir bereits gelesen – und heftig geschluckt. Für einen Yachtie ist das viel, viel Geld! Wir bieten dem Häuptling einen Handel an: Wir zahlen zehn US-Dollar insgesamt in die Inselkasse, dafür machen wir für alle Bewohner eine einstündige Zauber- und Jongliershow.

Pekarima überlegt und sagt dann: »Das kann ich nicht allein entscheiden. Dafür muss ich erst meine Leute und die anderen Häuptlinge fragen.«

Wir sind gespannt. Wie wird die Entscheidung ausfallen? Etwas unwirsch drückt er uns ein Gästebuch für vorbeikommende Yachties in die Hand, bevor wir etwas unfreundlich aus der Hütte hinauskomplimentiert werden.

Ich habe es übrigens am Morgen beim Verlassen des Schiffes gewagt. Habe Sonnentop und BH an Bord gelassen und bin barbusig zur Insel hinübergefahren. Frei nach dem Motto *Wenn schon in Ifalik, do as the Ifaliks do.* Ist aber ein komisches Gefühl, so halb nackt herumzulaufen. Björn grinst sich die ganze Zeit einen. Und die anderen Männer? Werden die mich anstarren oder gar auslachen? Nichts von alledem. Sie finden das völlig normal. Brüste und viel nackte Haut sieht man hier schließlich alle Tage.

Aber die Frauen reagieren heute anders als gestern Abend. Wahrscheinlich kam ich ihnen, als ich noch »angezogen« war, sehr fremd vor. Heute bin ich eine von ihnen, mit Wickelrock, ein paar Ketten um den Hals und dem obligatorischen Blütenkranz im Haar – und werde dementsprechend behandelt.

Ohne festes Ziel schlendern wir die schmalen Sandpfade der Hauptinsel entlang. Mal schauen, wie wir den Tag hier herumkriegen werden.

Ein weiterer Martin, seines Zeichens Schuladministrator, lädt uns ein, auf zwei winzigen Bänken zwischen Hütte, Feuerstelle und Kokosnussschalenabfallhaufen Platz zu nehmen. Er und seine Frau Lucy freuen sich sehr, uns als Gäste bewirten zu können. Nicht weil sie Zigaretten von uns haben wollen – Martin ist einer der wenigen Nichtraucher der Insel –, sondern weil er gerne englische Romane mit uns tauschen möchte.

Kaum zurück an Bord, kommt John angepaddelt. Noch ein Lehrer. Er holt aus seinem Kanu eine riesige, frisch erlegte Languste hervor und präsentiert sie.

»Lass mich raten, was du dafür haben willst? Zigaretten?«

»Ja! Ihr versteht mich! Eine klitzekleine Zigarette nur, vielleicht auch zwei oder drei. Auch gegen vier hätte ich nichts einzuwenden.«

Der Knabe gefällt uns. Offensichtlich hat er Sinn für Humor. Und ein offenes freundliches Gesicht, aus dem uns, immerhin ist John gerade mal fünfunddreißig Jahre alt, fast schwarze Stummelzähne anlachen. Da hat er wohl in den letzten Jahren exzessiv Betelnuss gekaut. Und nicht nur Betelnuss, wie er uns lachend versichert. Der Tabak wird hier nicht nur geraucht, sondern in Ermangelung von ausreichenden Mengen Betelnuss zusammen mit Kokosnussschale und Kalk gekaut, was für die Zähne katastrophale Folgen hat.

Doch Ifalik hat noch ein weiteres Rauschmittel anzubieten. Und das ist *tupa*, hier die Droge schlechthin. Im Gegensatz zu den Gepflogenheiten auf Nukuoro ist *tupa* auf Ifalik nicht verboten, sondern Kulturgut. Das dazugehörende Ritual lernen wir kennen, als wir am frühen Nachmittag wieder ins Männerhaus eingeladen werden. Auf dem Boden sitzen auf einer Streu aus Holzspänen Martin 1 und Carlos und stellen Seile her, indem sie eingeweichte und bereits wieder getrocknete Kokosfasern auf ihren Oberschenkeln in meterlange Teilstücke rollen und diese dann zu einem zweiseeligen, stabilen Seil verzwirbeln. Im Dachgebälk hängen kunstvoll hergestellte Fischreusen, zusammengerollte Segel, im hinteren Bereich döst ein fünf Meter langes Segelkanu vor sich hin. Zwischen den Männern, die schon fleißig trinken und sich bei ihrer Arbeit bestimmt nicht tot machen, entdecken wir dann die zwei hohen Glasflaschen mit *tupa*.

»Kommt her, das müsst ihr unbedingt probieren. Das ist *tupa*!«, werden wir eingeladen.

Und es beginnt eine Prozedur, die in den nächsten Tagen gar nicht mehr aufhört. Tasse her, *tupa* rein, austrinken, Tasse an den Nachbarn weiterreichen. Fünf Minuten später fängt das Spiel von vorne an: Tasse her, *tupa* rein, austrinken. Sobald eine Flasche leer ist, wird sie abgeholt und an einer Palmen-Tankstelle neu gefüllt. Aus der abgeschnittenen Palmenblüte rinnt innerhalb weniger Stunden eine süße Flüssigkeit in die darunter gebundene Kokosnussschale, die dank des Kokosnusssatzes darin in kürzester Zeit fermentiert. Wie viele Tassen wir leeren? Keine Ahnung, vielleicht sieben? Oder acht oder neun? *Tupa* schmeckt einfach lecker. Und macht einen nicht betrunken, sondern lustig: Jaja, in Ifalik sind die Tage meinetwegen gleich lang, aber unterschiedlich breit. Jedenfalls haben wir mit Manuel, Marcelino, Fernando und den anderen unseren Spaß. Wir lachen viel, erzählen Geschichten, machen Scherze, und Björn zeigt ein paar Zaubertricks. Und ich sitze inmitten all der bunt beschürzten, dunkelhaarigen und -häutigen, halb nackten Männer! Nochmals prost!

Der beschwipste Marcelino kommt auf die verrückte Idee, uns zum Abendessen einzuladen. Leider weiß seine Frau noch nichts von ihrem Glück, sie fällt deshalb aus allen Wolken, als wir drei auf einmal in ihrem Gärtchen stehen. Die nächste Stunde rennen Marcelino und Nasia geschäftig-hektisch herum, organisieren dies und das von den Nachbarn, bereiten vor. Und dann, nach Sonnenuntergang, hocken wir im Schein der Petroleumlampe um einen niedrigen Tisch herum, mit Blumenkränzen aus duftenden Frangipani-Blüten auf dem Haar, die uns Nasia überreicht hat. Und ich habe keine Kamera dabei, die diesen Augenblick festhalten könnte. Uns wird Kaffee angeboten, *sweet tupa* (die Version für Frauen und Kinder ist ohne Alkohol), Brotfrucht und Fisch. Durch die dunklen Palmenwedel lugt vorsichtig der Mond hervor, und die laue Tropennacht umschmeichelt die nackte Haut.

*

Erneut bricht ein schöner Morgen über Ifalik an. Leider bekommen wir noch vor dem Frühstück nicht nur von den Fliegen Besuch. Pekarima höchstselbst scheint Sehnsucht nach uns zu haben. Vielleicht möchte er auch nur etwas von unserem Frühstück ergattern – seine eigene Gabel hat er jedenfalls mitgebracht. Björn und ich können beide dem alten Knaben nichts abgewinnen, er sieht mit seiner Hornbrille und der dicken Armbanduhr, dem Statussymbol schlechthin auf Ifalik, eher aus wie ein kleiner Finanzbeamter denn wie ein mikronesischer Häuptling. Da hilft auch das Tattoo einer nackten Frau auf seinem Oberarm nichts. Er ist und bleibt ein unsympathischer Zeitgenosse: überheblich und ständig nur fordernd. Außerdem spricht er uns heute Morgen direkt auf Englisch an. Martin, seinen Übersetzer, braucht er wohl nur für die obligatorische Begrüßungsrede und andere offizielle Gespräche.

Er scheint auch nicht im Mindesten schockiert, als ich plötzlich entdecke, dass in der vergangenen Nacht eine unserer Wassertonnen gestohlen wurde, und ihm das ziemlich aufgeregt mitteile. Der Tampen, mit dem sie festgebunden war, hängt noch, fein säuberlich durchgeschnitten, an seinem Platz. Wir sind stinksauer! Und verlangen umgehend die Aufklärung des Diebstahls. Immerhin ist er Oberchef. Ansonsten wird es weder Show noch Geld geben! Doch Pekarima scheinen der Diebstahl und auch unsere Aufregung nicht groß zu interessieren. Geruhsam paddelt er von dannen, nachdem er vorher noch nach Zucker, Zeitschriften und weiteren Batterien gefragt hat.

Dass sich der alte Häuptling um unsere verschwundene Tonne kümmern wird, ist kaum anzunehmen. Deshalb nehmen wir die Sache lieber selbst in die Hand. Mit einer identischen Tonne als Vergleichsobjekt marschieren wir von Hütte zu Hütte und versprechen demjenigen Finderlohn, der unseren für uns nicht ganz unwichtigen Wasserbehälter aufspürt. Die Tonne mag damals am Straßenrand in Panama nur einen US-Dollar gekostet haben, für uns ist sie mittlerweile unersetzbar und allein schon dadurch von unschätzbarem Wert, weil wir unterwegs darin Regenwasser auffangen können. Immerhin passen zwanzig Liter Wasser hinein, das wir, im Gegensatz zum Tankwasser, ausschließlich zum Trinken verwenden.

Bei unserem Rundgang mit der hundertmal gestellten Frage »Habt ihr vielleicht solch eine Tonne gesehen?« kommen wir auch an der Schule vorbei. Auch hier dürfen wir in einigen Klassen unser Sprüchlein aufsagen, und die Lehrer versprechen, es in den restlichen für uns zu übernehmen. Ja, die Lehrer. Jeder Mann, mit dem wir bisher gesprochen (und getrunken) haben, scheint Lehrer zu sein. Martin 1 ebenfalls. Er hat uns während der gestrigen Trinkrunde eingeladen, eine Schulstunde, die so genannte *social class*, mitzugestalten. Ein solches Angebot lassen wir uns natürlich nicht entgehen. Doch leider versteht Martin 1 unter Mitgestaltung etwas anderes als wir. Die erste halbe Stunde arbeiten die vierzehnjährigen Jungen und Mädchen ihre Aufgaben schriftlich aus, was nicht gerade spannend für uns ist. Dann hält Martin 1 einen viertelstündigen Monolog in der Inselsprache, bevor er uns großzügigerweise die letzten zwei Minuten für Fragen zur Verfügung stellt. Meint er das im Ernst?

Dem nachfolgenden Lehrer dagegen gefällt die Idee von deutscher Unterrichtsbeteiligung besser, und er lässt uns genug Zeit, um den Kindern von Wetter, Wohnen und Alltagsleben im fernen Deutschland zu berichten.

Björn hat sich mittlerweile ebenfalls den lokalen Sitten angepasst und seine kurze Hose gegen den geblümten *lavalava* aus Nukuoro eingetauscht. Fein geschmückt mit Blütenkränzen im Haar, gehen wir vor dem menschenleeren Nachbarinselchen baden, machen im flachen Wasser Fotos von viel nackter Haut. Oberkitschig und spaßig. Vor allem Björn mit seiner Schweinezahn-Kette um den Hals und den Frangipani-Blüten auf dem blonden Schopf sieht aus wie direkt einem Südseeporno entsprungen. Der Playboy des Monats, der nach der Fotosession mit seiner Mieze erst mal schnorcheln und Fische und Korallen bewundern geht.

Während wir im Wasser planschen, hat das lange ersehnte Versorgungsschiff für ein halbes Stündchen außerhalb des Atolls den Anker geworfen und per Motorboot Zigaretten und Zigaretten und Zigaretten und andere notwendige Lebensmittel auf die Insel verfrachtet. Jeder, dem wir heute noch begegnen, hat mindestens zwei Glimmstängel auf einmal in den Mundwinkeln hängen.

Nach einem fulminanten Langustenmahl auf MI COLUMPIO schauen wir, wie versprochen, bei Romeo und Familie vorbei. Dreimal war der Gute schon bei uns an Bord und hat nachgefragt, wann wir denn endlich, endlich kommen. Hier sind wir nun. Ärmlich und ungepflegt wirken Kinder, Hütte und Garten. Hunderte von Fliegen surren herum, alle Menschen hocken auf bloßer Erde beziehungsweise Korallenschutt, uns Gästen wird immerhin ein zerfetzter Mattenrest zum Sitzen angeboten. Und ein großer Topf voll Brotfrucht und Fisch. Wir erkennen die Ingredienzen erst, nachdem wir eine zentimeterdicke Schicht von Fliegen darauf verjagt haben. Keine Sekunde, nachdem ich meine Hand vom Topf weggezogen habe, ist sie schon wieder schwarz vor Insekten. Außer uns scheint sich jedoch keiner daran zu stören. Die ganze Familie steht freundlich lächelnd in erwartungsvoller Haltung um uns herum. Was soll's! Die Gastfreundschaft zwingt uns, wenigstens ein paar Happen hinunterzuwürgen. Ich hoffe, diesen angegammelten Fraß überhaupt zu überleben. Die Unterhaltung ist spärlich, das Englisch unserer

Gastgeber ist zu schlecht, es gibt kaum Gesprächsthemen. Björn zeigt ein paar Zaubertricks, um das allgemeine Schweigen zu unterbrechen. Ich fabriziere Luftballontiere für die Kinder. Das geht auch ohne Worte. Und die Familie freut sich über ein bisschen Unterhaltung und Abwechslung vom Alltag.

Immer noch mit unserer zweiten Wassertonne zum Herumzeigen bewaffnet, setzen wir unseren Spaziergang auf dem einzigen Weg der Insel fort. Vier Dörfer passieren wir und alle zweihundert Meter ein Männerhaus. Drinnen sitzen ein paar Männer und rauchen, trinken, kauen. Diese so genannten *drinking circles* beginnen in der Regel um ein Uhr mittags und enden mit Einbruch der Dunkelheit. Man kann sich leicht vorstellen, wie produktiv die Männer, darunter auch die vielen Lehrer, bei diesem Tagesablauf sind. Es wundert uns nicht mehr, dass nirgendwo gefegt ist, keine breiteren Wege angelegt sind, keine arbeitsintensiven Fruchtplantagen aufgebaut wurden, keine gepflegten Hütten zu sehen sind. Ich finde die Männer kolossal faul. Auch die Fliegenplage erklärt sich jetzt, denn die ganze Insel ist einfach dreckig. Um unsere Wassertonne aufzuspüren, kommen uns die Trinkrunden aber sehr gelegen. Wir stoppen bei jedem Männerhaus, bekommen ein, zwei Gläser *tupa* gereicht, erwähnen unsere gestohlene Tonne, und Björn muss wieder und wieder die gleichen Zaubertricks vorführen. Mittlerweile fühlt er sich von den Bewohnern zum Zauberer degradiert. Schließlich bleiben wir bei Johns *drinking circle* hängen, trinken zu viel und haben trotz alledem unseren Spaß.

*

Björn fährt in den frühen Morgenstunden mit einer Hand voll Männer auf einem ihrer Segelkanus mit hinaus zum Fischen. Kein einziger Fisch beißt. Amüsant ist allerdings die Geschichte, die die Fischer von ihrem *safety net* erzählen. Dahinter verbirgt sich kein Fischernetz, sondern der Ausdruck bezieht sich auf die

Inseln der Nachbarstaaten. Denn manchmal kommt es vor, dass der Wind abflaut, während die Segelkanus sich zwanzig, dreißig Meilen entfernt von Ifalik befinden. Dann beginnt das große Driften. Bei viel Glück erreichen sie einen Tag später das Nachbaratoll Woleai, bei weniger die Inselwelt Palaus, ein paar Tagesreisen weiter im Westen. Und wenn alle Stricke reißen, landen sie – wenn auch halb tot – auf den Philippinen, von denen sie mit irgendwelchen Dampfern dann Monate später zurückgebracht werden. Ihr größter Albtraum aber ist es, nach Süden, Richtung Papua-Neuguinea, zu driften. Denn aus diesem Land mit seinen Menschenfressern gibt es ihrer Meinung nach kein Entkommen mehr. Björn versucht lachend sein Bestes, ihnen zu erklären, dass wir inzwischen im 21. Jahrhundert leben und gewisse Dinge sich in der Zwischenzeit geändert haben.

Mittlerweile sind die Kinder erfindungsreich geworden, um Luftballontiere von uns zu ergattern. Sobald wir unseren Fuß an Land setzen, drängen sich alle um uns herum, um uns einen dieser traumhaften Blütenkränze aufs Haar zu drücken. Natürlich nur gegen Entlohnung: Hund, Katze oder Maus? Ein paar Meter weiter am Wegesrand steht, unschuldig blickend, ein Junge. Als wir näher kommen, springt ein weiterer mit Trinknüssen, Muscheln oder Blumenkranz bewaffnet hinter einer Palme hervor.

»Balloon, balloon!«

Wenn das noch lange so weitergeht, werden wir bald unter Verfolgungswahn leiden. Luftballontiere, Zaubern, Zaubern, Luftballontiere ...

Zwei Frauen locken uns mit Aussicht auf Brotfrucht zu ihrer Hütte. Und ich bastle mir eine Theorie zurecht, warum wir ständig zum Essen eingeladen werden. Nicht nur die Zaubertricks sind schuld daran – wir sind einfach zu dünn. Ohne verhüllendes T-Shirt kann man tatsächlich bei beiden von uns die einzelnen Rippen nachzählen. In den Augen der korpulenten, eher molligen Einheimischen müssen wir die letzten Hungerhaken abgeben. Arme Schlucker, die sich vielleicht ein Boot, aber nicht genügend zum Essen leisten können. Die beiden Damen wollen uns übrigens nicht mit der versprochenen Brotfrucht aufpäppeln (eigentlich schade), sondern mir aus heiterem Himmel einen weißen *lavalava* um die Hüften binden. Auch nicht schlecht. Ablehnen funktioniert hier nicht, und der *lavalava* ist wirklich sehr schön. Als Gürtel muss ein Stück Pandanusblatt herhalten. Nun bin ich perfekt gekleidet wie eine Dame von den Äußeren Yapinseln. Fehlen nur noch die dunkle Hautfarbe und ein halber Zentner mehr Lebendgewicht. Als großes Dankeschön bekommen Inesa und Samona samt ihrer Sippe von Björn eine halbstündige Zaubershow geboten – inklusive Armbanduhrenklau und Luftballons für die Kinder. Das war es doch, was sie erreichen wollten …

Irgendwann setzen wir unsere Runde von Männerhaus zu Männerhaus fort, von *tupa* zu *tupa*, von Fliegengeschwirr zu Fliegengeschwirr. Was sollen wir auch sonst auf dieser Insel tun? Pekarima hat natürlich noch nichts in Erfahrung bringen können. Bei seinem Desinteresse wird auch in hundert Jahren noch nichts passiert sein! Über unsere Jongliershow oder die ausstehenden vierzig Dollar verliert er ebenfalls kein Wort mehr.

Ein älterer Mann namens John, Schnitzer von Beruf, lobt die Qualität seiner deutschen Stahlwerkzeuge. Ob wir als Deutsche herausfinden könnten, welche Firma sie herstellt? Die amerikanischen und japanischen Schnitzwerkzeuge, die hierzulande zu bekommen sind, haben seiner Meinung nach alle im Kern minderwertigen Stahl. Beim Nachschleifen werden sie schnell weich und damit unbrauchbar. Ich fotografiere ihn mit seinem Holzwerkzeug, von denen ein Teil bestimmt seine hundert Jahre auf dem Buckel hat. Und verspreche, in Deutschland zu schauen, was sich da für ihn machen lässt.

Noch einmal sprechen wir den Verlust unserer Tonne an. Einige Männer sind der Meinung, der Dieb stamme wahrscheinlich aus dem Männerhaus des Häuptlings. Hatten wir das nicht schon selber vermutet? Das heißt, die Tonne können wir wohl abschreiben. Allgemeines Murren über das Häuptlingssystem wird plötzlich laut. Die Männer fühlen sich bevormundet vom Chef, in ihrer Entscheidungsfreiheit eingeschränkt.

»Es ist schlimm, dass wir als erwachsene Männer bei jeder Kleinigkeit die Zustimmung eines alten, senilen Mannes einholen müssen.« – »Ratet mal, warum wir euch nicht abends zu unseren Familien eingeladen haben. Hat Pekarima verboten.« – «Die Tradition auf Ifalik bewahren zu wollen, ist ja gut und schön. Aber irgendwann bedeutet Tradition Rückschritt. Ich zum Beispiel möchte mir gerne ein Solarpaneel anschaffen, aber ich darf es nicht!«

Die Männer ertränken ihren Frust im Alkohol. Das können wir gut nachvollziehen. Wir fühlen uns ja schon nach vier Tagen von Pekarima gemaßregelt und verarscht. Andererseits, wie würde Ifalik ohne Häuptlingssystem ausschauen? So wie Chuuk? Eine weitere kultur- und seelenlose Insel mit Dosenfraß und Coca-Cola im Meer des Dollarkapitalismus? Oder vielleicht auch wie Nukuoro, also ein weiteres kleines Paradies? Es ist schwierig für die Insulaner, die Gratwanderung zwischen traditionellem und modernem Leben zu meistern.

Björn hat neue Freunde gefunden, die ihn gar nicht mehr aus dem Arm lassen wollen. Bei mir als Frau sind die Kerle noch ein bisschen zurückhaltender. Noch! Es wird mehr und mehr getrunken. Einige Männer singen, andere rotzen, alle sind ziemlich blau. Wir gehen. Die Insel ist zwar fast hundertprozentig authentisch bezüglich ihrer eigenen Traditionen, doch fehlt uns hier das Urvertrauen zu den Leuten. Sollen wir morgen fahren oder nicht? Es war interessant, aber was hält uns noch?

*

Dann kommt die vierte Nacht in Folge, die wir schlaflos, schwitzend, schaukelnd verbringen. Nie wieder *tupa*! Um sieben Uhr morgens quälen wir uns aus dem Bett. Das im morgendlichen Licht- und Schattenspiel erwachende Inselchen sieht bezaubernd aus. Die ersten weißen Segel tanzen über die blaue Wasseroberfläche und lassen das 21. Jahrhundert nicht existieren. Sollen wir fahren oder nicht? Schwupps, da besetzt auch schon das erste Dutzend Fliegen unsere nackten Beine. Wir beschließen aufzubrechen. Ohne vierzig Dollar ausgegeben zu haben – und ohne Wassertonne.

*

Einige Tage später stellen wir uns die Frage: Befinden wir uns eigentlich noch im Pazifik oder nennen sich die blauen Fluten unter uns schon Philippinensee? Der Elf-Uhr-Wetterbericht auf UKW lässt uns genüsslich zurücklehnen: heute zehn bis fünfzehn Knoten aus Ost, Wellen bescheidene vier bis sechs Fuß. Wunderbares Wetter. Wie gestern. Und vorgestern. Und vorvorgestern.

Nackt und braun sitze ich auf dem Vordeck, spiele auf der irischen Flöte gedankenverloren Melodien, die mir in den Sinn kommen. Vor mir hängt die kreisrunde gelbe Sonne, unter mir schäumen die Wassermassen, die MICO unverdrossen verdrängt. Ich fühle mich wohl und geborgen und zu Hause auf dieser blauen Unendlichkeit des Ozeans. Und werde mir langsam klar darüber, dass dies hier tatsächlich für eine lange Zeit die letzten Tage und Nächte auf dem offenen Meer und vor allem auf dem so lieb gewonnenen Pazifik sind. In ein paar Wochen werden wir wieder in unserem Häuschen in Deutschland sitzen, Traumtänzer-Kostüme für die Sommersaison vorbereiten und mit Agenturen über unsere Auftritte verhandeln, während der Frühling langsam einzieht und die Bäume sich vorsichtig mit dem ersten Grün des Jahres schmücken. In ein paar Wochen ... Unser Leben in Deutschland mit Arbeit und Verpflichtungen rückt urplötzlich in greifbare Nähe. Und die freie Zeit des Herumvagabundierens liegt wieder einmal unwiderruflich hinter uns. Vor uns, in den Philippinen, wartet ein Batzen Arbeit. Weder wissen wir, wo wir MI COLUMPIO für die nächsten Monate lassen können, noch haben wir einen Rückflug nach Deutschland. Doch wir sind zuversichtlich. Das haben wir zumindest auf dieser Reise gelernt: Wenn wir dem Leben vertrauen, beschenkt es uns mit dem, was wir brauchen. Wer das Leben liebt, den liebt das Leben.

Mir scheint, als könnte ich erst dann, wenn die Zeit des Segelns fast vorüber ist, mit dem Genießen anfangen, erst dann die Schönheit des Meeres, die Einsamkeit, das fortwährende Rauschen der Wellen und den Wind voll schätzen, der die Segel füllt und uns tausende von Kilometern weit bläst. Natürlich möchte ich mal wieder länger als vier Stunden am Stück schlafen. Und mein Sitzfleisch ist langsam mürbe geworden. Außerdem hindert mich das fortwährende Geschaukel an der Ausführung simpelster Tätigkeiten. Doch dafür steht die Zeit hier still. Es gibt kein Gestern und auch kein Morgen. Nur das Jetzt zählt und erfüllt mich auf seine Weise mit tiefem Glück. Von meiner Angst um den Blister mal abgesehen, die mir nach wie vor bei jeder Wolke leichte Magenkrämpfe verursacht. Aber zum Sonnenuntergang verabschiedet sich der Wind, und motorend gleiten wir über das mit Silberfäden bespannte schwarze Tuch – einmal quer durchs Tausend-Sterne-Hotel.

Wir müssen bloß aufpassen, in Zukunft nicht zu lange am Stück in Deutschland zu bleiben. Es könnte unserer Art zu leben gefährlich werden, denn in Deutschland können wir gut arbeiten und auch nicht allzu schlecht von unserer Arbeit leben. Aber träumen können wir dort nicht. Fürs Träumen und vor allem fürs Realisieren von Träumen brauchen wir Abstand zu unserer Gesellschaft mit ihren fest gefügten Regeln. Wie oft habe ich von meiner Familie oder von Bekannten gehört: »Man muss ...« und »Das kann man doch nicht machen«. Doch hier draußen unter dem weiten Himmel höre ich eine andere Stimme. Sie sagt mir: »Du musst nichts und du kannst alles!« Und wenn ich es mir überlege, hat diese Stimme Recht. Ich muss nichts ... und ich kann alles. Ich muss es nur wollen!

Abenteuer pur...

Horst-B. Schumacher
Der Hurrikan
ISBN 3-7688-1689-3

Wilfried Erdmann
Allein gegen den Wind
Nonstop in 343 Tagen um die Welt
ISBN 3-7688-1503-X

Wilfried Erdmann
Die magische Route
Als erster Deutscher allein und nonstop um die Welt
ISBN 3-7688-0787-8

Wilfried Erdmann
Ein unmöglicher Törn
Transatlantik mit GATSBY und Gewinnern
ISBN 3-7688-0924-2

Wilfried Erdmann
Mein grenzenloses Seestück
Jollenfahrt durch Mecklenburg-Vorpommern
ISBN 3-7688-0986-2

Arved Fuchs
Abenteuer zwischen Tropen und ewigem Eis
Sea, Ice & Mountains
ISBN 3-7688-1353-3

Angelika Gebhard
Mit Rollo um die Welt
Tagebuch meiner siebenjährigen Weltumseglung
ISBN 3-7688-1584-6

Klaus Hympendahl
Logbuch der Angst
Der Fall Apollonia
ISBN 3-7688-1526-9

Beate Kammler
Komm, wir segeln um die Welt
ISBN 3-7688-1324-X

Hannes Lindemann
Ein Mann, ein Boot, zwei Kontinente
ISBN 3-7688-0748-7

Bernard Moitessier
Der verschenkte Sieg
ISBN 3-7688-0749-5

Klaus Hympendahl
Wenn das Meer brennt
ISBN 3-7688-1618-4

Klaus Nölter / Johanna Michaelis
Der erfüllbare Traum
Eine Weltumseglung
ISBN 3-7688-1392-4

Burghard Pieske
Expedition Wiking Saga
Im offenen Boot über den Nordatlantik
ISBN 3-7688-1341-X

Jutta Rabe
Die Estonia
Tragödie eines Schiffsuntergangs
ISBN 3-7688-1460-2

Hannes Lindemann
Allein über den Ozean
Ein Arzt in Einbaum und Faltboot
ISBN 3-7688-0670-7

Hubertus Sprungala / Richard Radtke
BlueShip – Zwei Männer und viel Meer
Eine ungewöhnliche Weltumseglung
ISBN 3-7688-1326-6

Erhältlich im Buch- und Fachhandel oder unter www.delius-klasing.de/shop

DELIUS KLASING